POURQUOI LES ANIMAUX TRICHENT
ET SE TROMPENT

Thierry LODÉ

POURQUOI LES ANIMAUX TRICHENT ET SE TROMPENT

Les infidélités de l'évolution

Illustrations de Dominique Le Jacques

Les aras chloroptères, *Ara chloroptera*.

Odile Jacob

© ODILE JACOB, SEPTEMBRE 2013
15, RUE SOUFFLOT, 75005 PARIS

ISBN : 978-2-7381-2974-1

www.odilejacob.fr

Le Code de la propriété intellectuelle n'autorisant, aux termes de l'article L. 122-5, 2o et 3o a, d'une part, que les « copies ou reproductions strictement réservées à l'usage privé du copiste et non destinées à une utilisation collective » et, d'autre part, que les analyses et les courtes citations dans un but d'exemple et d'illustration, « toute représentation ou reproduction intégrale ou partielle faite sans le consentement de l'auteur ou de ses ayants droit ou ayants cause est illicite » (art. L. 122-4). Cette représentation ou reproduction, par quelque procédé que ce soit, constituerait donc une contrefaçon sanctionnée par les articles L. 335-2 et suivants du Code de la propriété intellectuelle.

« Il suffit de considérer la science comme une humanisation des choses, aussi fidèle que possible ; nous apprenons à nous décrire nous-mêmes toujours plus exactement, en décrivant les choses et leur succession. Cause et effet : voilà une dualité comme il n'en existe probablement jamais – en réalité, nous avons devant nous une continuité dont nous isolons quelques parties ; de même que nous ne percevons jamais un mouvement que comme une série de points isolés, en réalité nous ne le voyons donc pas, nous l'inférons. La soudaineté que mettent certains effets à se détacher nous induit en erreur ; cependant, cette soudaineté n'existe que pour nous. Dans cette seconde de soudaineté, il y a une infinité de phénomènes qui nous échappent. Un intellectuel qui verrait cause et effet comme une continuité et non à notre façon, comme un morcellement arbitraire, qui verrait le flot des événements, nierait l'idée de cause et d'effet et de toute condition… »

Friedrich NIETZSCHE, *Le Gai Savoir*, 1882.

Sommaire

Introduction. L'évolution par inadvertance	11
1. Que sont les amants devenus ?	19
2. Le fracas des amours transversales	43
3. La mosaïque du lièvre sur les branches	63
4. Les vagabonds du temps ou les tourbillons du vivant	83
5. Sa majesté des mouches	105
6. Comment le désir vint à l'esprit	131
7. Les embryons cannibales	155
8. Des fourmis dans le bain	173
9. Qu'il n'est point de sagesse quand un cœur est à prendre	193
10. L'île des caractères perdus	213
11. Que cherche le hérisson de l'autre côté de la route ?	235
12. Les cérémonies amoureuses ou un cours d'éducation sexuelle	255
En conclusion. Le miroir aux flamants	273
Références bibliographiques	281
Glossaire	309
Index	315
Remerciements	327
Table des illustrations	329

Introduction
L'évolution par inadvertance

Darwin caricaturé en singe, publié dans le journal *The Hornet* en 1871.

« Beaucoup d'espèces durent périr sans avoir pu se reproduire et laisser une descendance. Toutes celles que tu vois respirer l'air vivifiant, c'est la ruse ou la force, ou enfin la vitesse qui, dès l'origine, les a défendues et conservées. »

Lucrèce, 98-55, *De rerum natura*.

Quelle histoire pour un singe !

Le 21 juillet 1925, accusé d'avoir enseigné les bases de la biologie de l'évolution à l'école secondaire, John Thomas Scope, enseignant suppléant, fut condamné à une amende de 100 dollars par la cour de justice de Dayton, dans le Tennessee. Il en fut bien content. Car l'histoire a retenu cela comme une victoire des évolutionnistes. L'utilisation d'un manuel d'enseignement qui affirmait la parenté entre les humains et les singes venait de donner le plus large écho possible à une théorie qui allait connaître une stupéfiante prospérité : le darwinisme.

Avec *De l'origine des espèces*, l'aventure de la biologie évolutive avait trouvé un manifeste. Pourtant, c'est plutôt à un long travail fastidieux qu'il faut en attribuer la découverte. En classant les milliers d'espèces rangées dans les tiroirs du Muséum, c'est Lamarck qui a en effet posé les fondements de l'histoire évolutive. C'était une période de grands soulèvements populaires. La révolution de 1789 avait établi que les choses n'avaient rien d'immuable. Elles changeaient selon l'effort de chacun, et rien ne justifiait plus l'oppression des travailleurs par une noblesse autoproclamée.

C'est dans ce contexte que Lamarck découvrit l'évolution biologique. Oui, la nature connaissait ses transmutations. Plus encore, la vie était née de ces bouleversements. Les êtres vivants s'étaient incroyablement transformés au cours des périodes géologiques à partir de la matière inanimée. La durée des temps expliquait tout. Buffon avait mesuré une terre âgée de millions d'années. Benoist de Maillet osa même « peut-être deux milliards ».

Intimement confondu avec l'insurrection, l'athéisme ou la subversion de cette France insoumise, le « lamarckisme » n'a jamais eu bonne presse. Les lamarckiens remettaient en question la stabilité du monde. Progressivement, les idées contre-révolutionnaires s'abattirent sur l'Europe, puis la nouvelle organisation des sociétés s'appuya sur un libre-échangisme brutal. Après les émeutes de 1848, le monde sembla définitivement assujetti au capitalisme victorien et aux vaines promesses du colonialisme. Au sein d'une bourgeoisie ainsi rassurée, Darwin put alors apporter de nouveaux commentaires sur l'évolution lamarckienne. Les changements n'étaient pas dus aux *efforts* des êtres vivants, comme le pensait Lamarck. Non, ils découlaient d'une féroce *lutte pour la vie*. Plus les organismes se multipliaient, plus s'aggravait leur compétition pour acquérir les ressources vitales, devenues de plus en plus rares. Les plus faibles étaient inexorablement vaincus. Seuls les plus forts pouvaient survivre, transmettant à leur lignée les caractères héréditaires de leur succès. Ainsi s'effectuait la *sélection naturelle*.

Une opposition vivace se construisit contre l'idée même d'évolution biologique, incluant le procès de notre petit singe. Il y eut, bien sûr, des puritains pour crier au blasphème. Mais même les conservateurs les plus libéraux ne purent admettre facilement une telle conception. Pourquoi refuser au darwinisme sa solution évolutive avec tant d'acharnement ? Pour quelles raisons ceux-là refusaient-ils encore ce travail scientifique au début du XXe siècle ?

Pourquoi ? Parce que, loin de toute morale, le darwinisme offrait apparemment une justification politique à un système d'exploitation économique insupportable. À travers une compétition acharnée pour survivre, le tri opéré par la sélection naturelle éliminait les moins aptes, pareillement à la famine et à la maladie, et récompensait naturellement les mieux pourvus dans la survie. Grâce à la concurrence, la mort des inadaptés était donc posée comme un facteur *positif* pour les vivants. Pire même, le procès de Scope montrait que l'humain et le singe étaient placés à la même échelle : la sélection s'appliquait donc aussi aux humains. En conséquence, on pouvait logiquement légitimer le refus de toute charité pour les démunis, car leur reproduction laissait une progéniture affamée qui ne pouvait qu'affaiblir les autres. Les missions caritatives et autres sollicitudes devenaient superflues puisque l'assistance publique et la générosité poussaient les pauvres secourus à davantage se reproduire. Un eugénisme monstrueux y puisa toutes ses « bonnes raisons », et certains des premiers darwiniens n'y furent pas étrangers. Et, comme les « races » étaient comparées aux espèces, le pire s'y retrouva ensuite. On comprend mieux pourquoi la théorie évolutive proposée par Darwin a pu être comprise comme un effondrement de toute morale, comme une pensée décadente de nos sociétés.

Alors, dès 1940, on relia la génétique naissante et la sélection adaptative dans une « synthèse » nouvelle : le néodarwinisme. Depuis les débuts du néodarwinisme continuent de s'opposer les hypothèses contradictoires de l'égoïsme et de la générosité du vivant. Des biologistes invoquent une collaboration spontanée favorable à l'espèce ; la plupart se fondent sur un égoïsme naturel bénéficiant aux plus forts. Mais d'où procèdent ces étranges principes explicatifs ? Si le sexe sert à perpétuer l'espèce, comment les individus peuvent-ils être égoïstes ? Et, si les individus sont bienveillants envers les autres, comment concevoir leurs antagonismes et notamment le conflit des sexes ? Comment comprendre la coopération des animaux quand la survie est en cause ? Et quel est le rôle de la concurrence dans l'histoire naturelle ?

Aujourd'hui, une théorie domine la biologie. Elle a largement influencé la sociologie, la psychologie, la vie sociale des années récentes. Depuis ses grands débuts dans les années 1960, la « théorie synthétique de l'évolution biologique », ou néodarwinisme, s'est fondée sur une idée simple, celle d'un tri sélectif des organismes : ceux qui survivent à cette sélection naturelle sont porteurs de « bons » gènes avantageux. Le débat semble être finalement gagné par les tenants de l'égoïsme naturel. Prétendant échapper à toute idéologie politique et sociale, l'évolution biologique serait ainsi une sélection des gènes favorisant la survie. Chacun pour soi. L'égoïsme serait fondamentalement une vertu du vivant, car l'intérêt serait de perpétuer ses propres gènes.

On imagine souvent les organismes vivants bien en ordre d'évolution comme dans les couloirs d'un muséum, des espèces aussi convenablement rangées que les pots de confitures sur l'étagère de nos enfances. Tout commencerait par une petite bulle prébiotique pour aboutir progressivement, après une longue transformation organique, à l'homme de Cro-Magnon. Un ensemble logique, une trajectoire cohérente, jalonnée de méduses, de poissons sortant de l'eau, de dinosaures effrayants, d'oiseaux s'exprimant dans le vent et enfin de galipettes saugrenues de singes dans les branches. Une évolution linéaire dont l'amour se concentrerait sur le seul souci reproducteur, intrépide aventure d'un vivant résolu à cette obsession gravissime : *réussir à laisser le plus de ses gènes à une descendance impertinente.*

Mais pourquoi alors les organismes les plus récents dans la phylogénie montrent-ils une progéniture beaucoup plus réduite que les espèces les plus primitives ? L'éléphant laisse moins de petits que n'en produit la morue et encore moins que n'en donne le corail. Pourquoi les éléphants économisent-ils leurs gènes ? Que viennent faire dans l'évolution ces séductions aventureuses, ces costumes bigarrés, ces fourvoiements, ces caprices, ces tromperies, ces jalousies et ces séparations ? La question serait-elle mal posée ? En passant des individus aux gènes, où se niche l'intérêt évolutif ? Finalement, l'égoïsme est-il vraiment présent dans la nature ou bien est-ce parce qu'il constitue une condition nécessaire du néodarwinisme qu'il y est trouvé ?

Il est devenu indispensable d'ouvrir un champ nouveau. Pour comprendre, il faut regarder, considérer comment le renvoi du sexe en dehors de la théorie a freiné la biologie évolutive en enfermant avec application l'évolution dans la seule épopée des gènes. Nous allons voir que les autres organismes ne sont pas obligatoirement des adversaires et que l'évolution pourrait bien se développer autrement. Une spécialisation organique sépare les êtres vivants, mais la divergence finale des espèces s'élabore avec l'épilogue de la complicité amoureuse.

Alors, tout au long de ces différents chapitres, nous essaierons de déceler comment l'évolution intervient pour changer une nature. Égoïste ou généreuse ? Il faut revoir ce que fait et défait le sexe. Et comment survient la jalousie des amants. Même les amours hybrides s'y emmêlent. Car c'est ici que s'introduisent les espèces nouvelles en insérant, parfois par effraction, des gènes nouveaux, venus d'autres espèces. Au contraire de l'arbre linéaire de l'évolution, le choc des espèces insuffle un tourbillon du vivant où les symbioses se répandent.

Au début des temps les plus farouches s'élaborent les premières esquisses du sexe qu'un simple noyau cellulaire engage. Les bactéries, elles, bifurquent vers un autre monde. Alors, de cellules en mutualismes, peut se construire le subtil château de cartes des premiers êtres vivants pluricellulaires. Voilà que même le comportement des individus ne répond plus par le simple égoïsme, mais prolonge une sensibilité archaïque. En fait, le sexe produit l'obligation d'une relation entre individus différents. Le corps va connaître ses mutualismes en admettant la reproduction interne et la viviparité. C'est le signe encore imparfait d'autres mutualismes plus complexes, révélant combien chacun a besoin des autres. Dans cette rencontre improbable d'espèces distinctes s'introduit pourtant la spécialisation des uns, la ressemblance des autres. Une différence qu'exprime un déplacement des caractères, et qui constitue la semence initiale à une divergence progressive et à la formation d'espèces nouvelles. Il faut seulement trouver comment cela peut se révéler efficace pour durer. Alors, oui, le sexe a introduit une évolution nouvelle où chacun a besoin des autres et où le conflit ne constitue qu'une porte dans la dynamique évolutive.

Mais quelle est donc cette impatience qui a conduit les amoureux à se séduire et à ne pas s'en satisfaire ? Égoïsme contre générosité ? Et si l'évolution ne connaissait aucun de ces desseins ? Il y a sans doute une autre façon de comprendre l'histoire naturelle. Nous allons voir que, résultant de la *force structurante des interactions* les plus immédiates, l'évolution est l'histoire de ce qui facilite la vie de chacun avec tous les autres.

Est-ce contrariant ? Oui, mais cette contrariété est la faille par où s'introduit l'évolution.

Avant de poursuivre, quelques précisions qui s'imposent.

À considérer le souci mélancolique ou les réactions irascibles qui ont parfois accompagné certains commentaires, il est possible de comprendre que les mécontents se sentent trahis dès que l'on aborde la critique de Darwin, opérant alors un prudent repli défensif sur des positions strictes pour jeter l'opprobre sur chaque controverse. À ceux-là, risquant de laisser la colère dépasser leur entendement, je voudrais épargner qu'ils m'accusent maladroitement d'un crime de lèse-majesté.

Premièrement, d'autres que moi, et des meilleurs, s'y sont déjà appliqués. Kropotkine et Marx, bien sûr, mais aussi des scientifiques. John Haldane, Richard Goldschmidt, Yves Christen et, bien entendu, Stephen Jay Gould, pour ne citer qu'eux, ont bousculé les poncifs de la théorie darwinienne. L'admettre ne peut qu'accentuer la crédibilité des chercheurs. Deuxièmement, en m'appuyant sur la théorie des bulles libertines, j'ai développé, depuis 2005, une conception clairement *matérialiste* de l'histoire évolutive qu'aucune médisance ne pourrait réduire. Je le répète ici, la vie consiste dans une certaine organisation de la matière émergée naturellement dans les conditions archaïques de la planète. Nulle création, nul esprit n'a incité la vie. Troisièmement, le développement de ma théorie n'implique aucune téléologie. En dépit de ce vide extrême, la vie n'a aucune fin, aucun but, pas même celui de diffuser des gènes à une éternité chimérique. Enfin, oui, la science produit des représentations, et la démarche scientifique impose qu'on doive la dégager des idéologies qui la parcourent. Il faut donc rendre la science compréhensible pour tous, dans ses découvertes les plus complexes comme dans ses hésitations. La science est grande, la science est belle, mais, élaborée par des humains, elle reste simplement une recherche de lucidité sur le monde.

L'évolution biologique s'avère la seule explication logique à l'inouïe biodiversité qui nous accompagne sur cette terre. Si Lamarck est le premier à retenir une théorie de la transformation du vivant à partir de la matière, le personnage Darwin se révèle parfois bien éloigné de ce qu'on a voulu en retenir. Il n'empêche qu'il a forgé, avec les principes de descendance modifiée et de sélection, une conception rationnelle du processus évolutif. Ce furent des contributions essentielles à la biologie. Aujourd'hui, la théorie évolutive moderne propose que l'évolution découle de changements dans la fréquence des variants de gènes. Et c'est encore à partir de cette conception de la nature que se développe ici notre réflexion. Néanmoins, je pense que la construction théorique du néodarwinisme rencontre maintenant ses limites.

L'ensemble des découvertes récentes démontre qu'il apparaît définitivement nécessaire d'ouvrir de nouvelles portes. Et cela est scientifiquement enthousiasmant.

Chapitre 1
Que sont les amants devenus ?

Le rhinocéros blanc, *Ceratotherium simum*.

> « Oui, je puis regretter d'avoir menti, d'être la cause de ruines et de souffrances, mais fussé-je sur le point de mourir, je ne pourrais me repentir d'avoir aimé. »
>
> Graham GREENE, *Le Fond du problème*, 1948.

Les choses pourraient se passer simplement. Les pinsons chanteraient, les grenouilles sauteraient, et les rhinocéros resteraient tendrement enlacés. Mais l'amour est un stratagème curieux, où le jeu des amants complique étrangement la besogne. Pourquoi semble-t-il toujours que les caresses paraissent bien plus érotiques quand on les cherche ailleurs ? Même les murs invisibles du territoire ne garantissent rien.

En dépit de la naïveté enthousiaste dont se prévalent les crédules mâcheurs de morceaux de cornes, le rhinocéros connaît bien des embarras amoureux. D'abord, le rhinocéros noir d'Afrique occidentale *Diceros bicornis longipes* s'est officiellement éteint en novembre 2011. Il ne reste plus aujourd'hui que trois sous-espèces de rhinocéros noirs.

À préjuger que le remède à l'impuissance érectile puisse provenir des excroissances de kératine qu'ils portent haut sur le nez, tous les rhinocéros ont été chassés et trafiqués sans relâche. Pour le massif rhinocéros forestier occidental, jusqu'à l'extinction, victime d'un braconnage inutile. Un malheur ne venant jamais seul, le problème des rhinocéros ne se réduit malencontreusement pas à la bêtise des marchands d'illusions charnelles.

Tout d'abord, on conviendra aisément que la rareté des partenaires ne porte pas à endiguer les difficultés de cœur. Et, chez les rhinocéros, les longues périodes d'abstinence ont entraîné une chute certaine de la libido. La chose reste notoire : le sexe se gâte d'autant plus qu'on s'en sert peu. Les animaux captifs subissent souvent un régime de longues privations sexuelles, alternant avec de brèves périodes de promiscuité forcée. Ainsi, dans l'étroitesse des zoos, les potentiels partenaires reproducteurs se consument, puis se déçoivent. Et, même dans la nature, l'indolence des animaux n'offre pas les prémices d'une véritable félicité. Il faut cependant reconnaître que le caractère un rien belliqueux de notre animal, associé à une physionomie peu avenante, n'entraîne pas toujours une adhésion voluptueuse. Pourtant, loin de s'avérer une brute aveugle et querelleuse, le grand mammifère sait aussi s'émouvoir de parfums sensuels et de délicates phéromones*. Que dire ? Voilà un rhinocéros bien subtil.

L'amour, chez les rhinocéros noirs, commence normalement par un langoureux sourire. Le mâle expose ses canines inférieures et parfois un bout de sa longue langue râpeuse en retroussant ses lèvres épaisses dans une curieuse mimique. Cette tendre exhibition aurait pour effet d'apaiser une belle de 900 kilos qui attend distraitement et, surtout, d'inciter les partenaires à poursuivre la délicate manœuvre de la séduction. Car cette conduite s'avère aussi un moyen de humer les effluves sensuels que dégage sa passive amoureuse. Les biologistes nomment

---

* Les termes suivis d'un astérisque sont définis dans le glossaire en fin d'ouvrage.

cette grimace souriante le *flehmen*, et cette inspection olfactive réveille l'érotisme de la rencontre. C'est la période de la muse, une recherche de l'inspiration galante.

Le mâle complète cette démonstration en flairant bruyamment les dépôts urinaires de sa partenaire et en se masturbant. Pourvu d'une érection encore étonnamment flexible, le rhinocéros urine et éjacule en même temps, comme incapable de contenir une excitation montante. Il faudrait plutôt dire que le mâle pulvérise son urine. Oui, dans 27,6 % des approches, le jet s'éparpille en une pluie fine et continue, ainsi que l'ont mesuré d'attentifs observateurs. Une manière bien à lui de dévoiler ses sentiments naissants. Le rhinocéros tente alors de s'approcher de sa future bien-aimée, pour effectuer un gentil tête-à-tête affectueux. Les rhinocéros se câlinent tendrement, frottant leur tête l'une contre l'autre. Bien entendu, d'autres zones, plus intimes, intéressent aussi les deux partenaires, et les animaux font ainsi connaissance tranquillement avec les émois du sexe.

Alors, la femelle chante. Enfin, notre lourde diva produit quelques vocalises rauques pour témoigner tout autant de son trouble sensuel que de son intérêt olfactif. La belle se laisse courtiser ainsi quelques jours, parfois plus d'une semaine, se dérobant encore à chaque approche trop insistante du beau garçon. Une course-poursuite de quelques pas, répétée plusieurs fois par jour. Ce jeu d'indécision dure d'autant plus longtemps que la femelle hésite à reconnaître la séduction de son hardi partenaire. Le mâle doit y mettre du sien, bousculer quelques convenances. Alors, il obtient le droit à une copulation qui dure de quelque 30 minutes à plus d'une heure si la dame le veut bien.

Mais voilà, la monte et l'obtention d'une érection ne garantissent rien d'une vraie intromission réussie. La longueur du délai exigée par la rauque cantatrice entraîne quelques faiblesses. Notre rhinocéros reste souvent un peu trop mou. Réputé hussard de l'amour, l'animal demeure, en fait, un grand timide concernant ces choses-là. Ce qui ne semble pas constituer l'essence de son caractère naturel tant on craint les colères de la bête.

Armé comme un cuirassier, le rhinocéros noir promène une apparente invincibilité qui paraît, à première vue, décourager toutes les approches hostiles. Et, cependant, les femelles adultes survivent davantage que les mâles à la pression des braconniers ! Qu'est-ce qui explique une telle disparité ? Comment cela se peut-il quand les mères restent surprotectrices et que les bébés mâles sont si patronnés qu'ils semblent les champions de la couardise ? C'est que, quoi que l'on en dise, et même grand adulte, notre chevalier noir n'exerce guère que la tactique de la fanfaronnade. Toute sa puissance bestiale tient à une simple technique du bluff. Le rhinocéros charge, mais, le plus souvent, immobilise son intimidation bien avant la bataille. Avançant, à cause de cette manœuvre tutélaire, à portée des fusils que la femelle, plus prudente, évite. Pathologiquement surprotectrice, elle préfère abriter son petit à la moindre alerte. Et elle espace les accouplements à quelques années d'intervalle. On le voit, le mâle n'obtient pas souvent ce qu'il désire. Toujours est-il qu'en outre la bête est tellement peu sexuelle que nombre d'accouplements échouent. Il faudrait vraiment prévenir les acheteurs de poudre de perlimpinpin.

Chez un brouteur des savanes comme le rhinocéros blanc *Ceratotherium simum*, ce n'est pas seulement que l'extase se refuse. Bien sûr, beaucoup de ces pachydermes querelleurs persistent à menacer tout ce qui bouge. Évidemment, cette attitude irascible réduit un peu le charme de ce chevalier blanc. À remarquer que la couleur ne fait rien à l'affaire, bien que l'un soit traité de rhinocéros noir, tandis que l'autre est nommé blanc. Les Anglais, à l'époque nouveaux venus en Afrique australe, ont simplement mal traduit le néerlandais *wijd*, « large », par *white*, « blanc ». À la suite de cette première confusion, on a cru bon de persister dans l'erreur zoologique pour distinguer le délicat cueilleur de feuilles en lui attribuant l'épithète *black*, « noir », alors que la différence d'identité tient davantage à la forme de la lèvre, fine et si adroitement habituée à la cueillette pour l'un et largement aplatie comme une tondeuse pour l'autre. Quant au nom latin, il parle seulement de « bête », *therium*, à « corne », *cerato*, rien de plus simple ! Mais, si le rhinocéros blanc n'a pas toute l'élégance de son compère, le chevalier noir, il combine l'armure d'une peau épaisse, la taille imposante de son appendice nasal et une susceptibilité caractérielle. Ce qui, chez une bête de près de 3 tonnes, en impose. Et, cependant, les étreintes du rhinocéros se compliquent tout autant.

Bien que notre rhinocéros blanc réclame beaucoup d'espace, le territoire défendu par un grand mâle se révèle bien inférieur (environ 5 km^2) aux besoins nutritifs d'une seule femelle (environ 20 km^2). Il préfère d'ailleurs souvent se cantonner près d'un point d'eau, attendant les visites. Le rhinocéros prétend cependant courtiser un harem. Aussi, si Monsieur s'accapare un terrain, c'est bien davantage pour y définir un petit fief bien à lui et affirmer sa suprématie sur d'autres mâles que pour nourrir sa future famille et ses promises. Toutefois, seulement un tiers des rhinocéros obtiennent un statut territorial. Les autres errent en se gardant de trop croiser le propriétaire. Heureusement, en dépit de leur armement nasal, même les souverains hésitent à engager des batailles dangereuses. En fait, l'arme principale du rhinocéros blanc reste aussi la vantardise. Les rhinocéros se tolèrent à distance, axant toute leur stratégie sur la crânerie et l'esbroufe quand le cours de leur promenade les amène à se côtoyer. Plus que la qualité des gènes, c'est ici le bluff qui tient lieu de réussite. Il faut paraître fort et déterminé. Notre rhinocéros s'engage dans une stratégie de propagande* (*sexual propaganda strategy*) clairement étayée par un physique robuste et des allures de bravade.

Les femelles broutent à l'écart, et il ne suffit pas de posséder un domaine pour les séduire. Alors à quoi sert-il de se battre pour un territoire si peu nécessaire ? On comprend que les mâles plébiscitent la rodomontade. D'ailleurs, bien que vociférant et exhibant ses armes cornées à tout venant, le rhinocéros blanc ne réussit pas à imposer la fidélité des femelles, même sur ses propres terres. Les belles peuvent différer un certain temps les réclamations du suzerain et accorder leurs faveurs à plusieurs beaux gosses de passage.

Même si elles visitent plusieurs territoires ou sont approchées par différents mâles, elles ne deviennent guère plus sélectives. Tout au plus se révèlent-elles plus tolérantes avec un rhinocéros plus familier. Cette absence de préférence devient un moyen pour les dames de troubler le jeu et de réduire les agressions sur les jeunes puisque chaque mâle, ainsi candauliste, pourrait agresser un de ses propres descendants en croyant chasser des intrus. Le mâle se contente d'être, lui aussi, volage et d'exercer, assez rarement il est vrai, une revendication sexuelle dès qu'une dame y consent. Plus qu'une affirmation de la qualité des gènes, la stratégie de la propagande se suffit des opportunités.

La femelle, au demeurant tout autant surprotectrice avec ses bambins que chez les autres espèces de rhinocéros, préfère nettement ses fils à ses filles. Elle pouponne les bébés mâles avec un dévouement maternel superflu, leur offrant même une adolescence protégée. À quoi attribuer un tel favoritisme sexuel ? Si l'« instinct maternel » était une réalité biologique, on pourrait supposer que les mères élèvent leurs différents petits de la même manière. Ce n'est pas le cas. Et, en surdéveloppant leur investissement auprès de leur filiation mâle, les mères insistent encore : les mâles peuvent multiplier leurs descendants en copulant avec plusieurs femelles. En favorisant les jeunes mâles, la femelle accroît la probabilité d'être grand-mère d'une vaste progéniture. Toutefois, en accentuant leur soin sur les petits mâles, ces dames aggravent considérablement le déséquilibre du *sex-ratio* des populations. Le surplus de mâles et le manque d'espace engendrent une réaction en chaîne qui paraît menacer à terme la survie des grands mammifères.

Ainsi, l'amour des rhinocéros renforce un jeu de dupes bizarre où les mâles ne montrent pas une passion de hussard, admettant même que leurs épouses vivent des aventures adultères, tandis que les mères favorisent leurs fils pour une future polygamie itinérante.

Il faut l'avouer, loin des hypothèses d'une reproduction optimale (*optimal reproduction*), l'évolution biologique a entraîné ces espèces à d'insolites amours. Toute une procédure a longuement été mise en place pendant des millions d'années pour rapprocher deux sexes dans une synchronie amoureuse. Et voilà que, loin de se contenter de l'harmonie d'une fidélité reproductrice, les animaux trichent.

Qu'est-ce que ces anomalies viennent faire dans le processus évolutif des espèces ?

Considérons le traquet. Le traquet pâtre *Saxicola rubicola* est un acrobate de l'amour. Et, cependant, tout voltigeur qu'il soit, il n'est pas dit que ses performances suffisent pour séduire et garder sa belle. La virtuosité nuptiale du traquet comporte une série d'envolées stupéfiantes que l'animal effectue comme un jouet mécanique en battant rapidement des ailes pour monter verticalement, puis chuter près de la femelle. Cette chorégraphie spasmodique au milieu des ajoncs est accompagnée de petits cris brefs. Alors que l'oiseau établit son territoire de reproduction par cette gymnastique de haut vol, la femelle, elle, garde un œil attentif sur son partenaire. D'ailleurs, Dame traquet, pourvue d'une jalousie maladive, alerte et agresse systématiquement tout intrus, et encore plus sauvagement toute femelle qui viendrait folâtrer avec les bornes de son invisible domaine. Bien que la vigilance des femelles amplifie la défense territoriale, Madame couve seule la nichée, tandis que Monsieur veille. Ou badine, c'est selon. Car, chez les oiseaux, la fidélité n'est pas de mise. En moyenne, plus de 10 % des oisillons proviennent d'un père différent. Que vient faire cette infidélité dans l'évolution ?

Géniteur précoce et forcené, le traquet est parfois si tardif pour une dernière reproduction qu'il admet une troisième couvée en début d'automne. Une telle activité génésique complique considérablement le départ en migration, et l'échéance climatique peut se montrer très cruelle. L'hiver n'attendra pas qu'il ait fini. De plus, l'oiseau doit revêtir des plumes neuves avant cette partance. La mue nouvelle est généralement sous la dépendance de la photopériode, et la théorie voudrait que le gain reproductif obtenu par une couvée tardive soit compensé par une diminution de la survie. Il n'en est rien. La reproduction tardive existe chez 40 % des couples, qui accroissent ainsi leur progéniture. Les deux sexes diffèrent la mue jusqu'à l'indépendance des jeunes sans que ce changement de plumage se réalise plus rapidement. Et, cependant, aucun coût de survie apparent ne semble associé à un tel décalage. En fait, l'espèce se révèle étonnamment flexible tant pour la mue que pour la reproduction.

En revanche, il n'est pas dit que la dame raisonne ensuite sa jalousie. Le traquet est un des rares oiseaux dont le comportement territorial du couple persiste pendant l'hiver. Même en cette saison sans reproduction, les mâles appariés avec une femelle paraissent bien plus agressifs que les solitaires. Il est alors tentant de considérer que ce maintien du ménage en hiver renforce les liens conjugaux des partenaires. Finalement, la jalousie pourrait être considérée comme un bon stratagème évolutif pour élever les futurs jeunes. Cette rassurante idée, faussement évolutionniste, fait fureur chez les bien-pensants. De fait, l'approche néodarwiniste – et plus particulièrement la « sociobiologie » développée par Edward Wilson – a régulièrement été empoisonnée par une idéologie très conservatrice et réductionniste, comme l'ont dénoncée vigoureusement Barbara Chasin ou Patricia Gowaty en biologistes féministes convaincues.

À y regarder mieux, et en dépit de la tendresse apparente de cette monogamie hivernale du passereau, l'hypothèse ne résiste guère. Les deux partenaires du jardin d'hiver ne sont pas toujours les mêmes individus que le couple du printemps. Ainsi, la territorialité hivernale reste indépendante de la réussite reproductive et ne doit pas sa conviction à une « bonne » jalousie évolutive. Bien au contraire, ici se retrouve toute la bataille des sexes, ce *conflit sexuel** énoncé par William Rice en 2000, si longtemps négligé dans la théorie de l'évolution et dont traitait notre premier volume *La Guerre des sexes chez les animaux.* La reproduction sexuelle recombine les gènes, initiant un mélange original en un être nouveau. Si le sexe reste une formidable machine à produire de la différence, les deux protagonistes ne peuvent pas s'entendre si facilement tant leur intérêt diverge, c'est le conflit sexuel (*sexual conflict*) que signe, entre autres exemples, la mante religieuse en tuant le mâle.

L'agressivité jalouse du traquet mâle en hiver répond ici à ce désir viril impérieux de contrôler la sexualité des femelles. Toutefois, cette exacerbation de la défiance n'empêche nullement les séparations. Car l'amour ne se suffit pas d'une exigence d'exclusivité. L'évolution s'introduit justement là.

Mais, au fait, pourquoi multiplier les partenaires sexuels ? Les mâles ne se posent guère la question. La séduction est leur sport favori. Peut-être après la bière. En accroissant le nombre de leurs partenaires, ces messieurs agrandissent mathématiquement leur descendance. Don Juan reçoit donc un aval évolutif. Au contraire, les femelles ne peuvent augmenter leur progéniture en additionnant les copulations et devraient se préoccuper d'abord de la qualité du géniteur. Les femelles se devraient-elles d'être dévouées ? Est-ce également évolutif ? En tous les cas, une irréductible divergence d'intérêts découle de ce principe « quantité contre qualité » qu'a énoncée Angus Bateman en observant des drosophiles, ces petites mouches du vinaigre.

Le chercheur effectue la première démonstration expérimentale de la divergence d'intérêts entre les sexes et conclut que les mâles ne peuvent maximiser leur succès reproducteur qu'en développant le nombre des partenaires. Pour obtenir ce bénéfice évolutif, ils se doivent donc de manipuler les femelles. De la sorte, l'hypothèse ordinaire de la sélection sexuelle inscrit le gradient de Bateman comme perspective immobile de l'évolution naturelle : les mâles chercheraient sans cesse l'occasion de multiplier les conquêtes amoureuses, les femelles se contenteraient de choisir le plus brillant des guerriers. Le néodarwinisme* est sauf, et il découlerait de ces désirs contradictoires la *meilleure des reproductions possibles*, nous affirme Pangloss.

Mais voilà, sans être regardant, il faut bien convenir que les animaux réels sont moins disciplinés. Le conflit inévitable des sexes produit bien des perturbations que la théorie ne comprend pas. Ainsi, bien que le manchot royal reste un monogame convaincu, l'oiseau montre un ahurissant taux de divorces. Mais, d'une manière surprenante, ces séparations ne débouchent même pas sur des mariages plus féconds. Pourquoi changer de partenaire si cela n'améliore rien ? Drôle de façon pour qui voudrait propager ses gènes. Des instants d'égarement en quelque sorte ?

De même, la femelle du gorge-bleue *Luscinia svecica* échappe à l'étouffant gardiennage du mâle (*mate-guarding*) dès qu'elle le peut, répétant avec obstination sa recherche d'amants. Ses yeux brillent pour nombre de ces beaux nouveaux venus. Quel intérêt évolutif les femelles peuvent-elles trouver dans cette exogamie* que d'aucuns nomment adultérine ? Selon la théorie traditionnelle, chez les espèces très monogames où le rôle du mâle paraît indispensable à la couvée, le taux de « cocufiage » devrait être très faible, car les femelles ne devraient pas s'aventurer à prendre le risque de tromper le mâle dont elles ont besoin. Et, pourtant, elles paraissent décidément bien réceptives à l'attrait des mâles de passage. Les femelles socialement monogames se révèlent bien souvent aussi génétiquement frivoles que les espèces polygames. Seule la menace éminente d'une sévère mortalité pour les deux partenaires (ou pour la couvée) conduit certaines rares espèces à une sage monogamie, en cas de risque de destruction mutuelle (*mutual destruction theory*).

Parmi les possibles bénéfices de ces multiples « infidélités » féminines, on peut considérer l'attrait pour une gratification matérielle (*material direct benefit*), ou une meilleure fertilité, ou encore des avantages génétiques (*indirect benefit*). La première conjecture affirme simplement que les femelles pratiqueraient le sexe avec de nouveaux partenaires plus enclins à leur procurer des cadeaux. Ici, la vénalité des dames courtisées testerait combien la générosité du mâle peut améliorer le destin ordinaire des futurs rejetons. Les diamants sont éternels, dit-on. La deuxième argumentation se fonde sur l'idée que la multiplication des copulations augmenterait la chance d'être fécondée. Enfin, la troisième hypothèse soupçonne que l'autre mâle disposerait de qualités héréditaires avantageant la descendance. Ainsi, la femelle ne placerait pas tous ses œufs dans le même nid, si l'on peut dire.

Curieusement, bien que s'inscrivant dans la ligne étroite des traditions de l'orthodoxie néodarwiniste, ces hypothèses ont été très peu testées de manière concluante. Alors que les travaux menés sur la mésange bleue *Cyanistes caeruleus* ou sur l'hirondelle rustique *Hirundo rustica* ont conclu que les femelles pouvaient chercher des aventures avec des mâles plus séduisants (*best male mechanism*), il n'y a guère d'études démontrant le caractère avantageux, qu'il soit génétique ou matériel, de ces copulations extraconjugales comparées à l'élevage de la progéniture issue d'un seul père. En dépit de nombreux efforts de recherche et d'une littérature abondante, même les travaux qui semblent apporter des données révélant un bénéfice évolutif insistent sur le caractère variable et dépendant du contexte. Bref, après des années d'effort, la théorie est enfin parvenue à ne rien comprendre, du moins pas grand-chose : seuls les mâles nouveaux paraissent attirants.

L'exemple de l'euplecte rouge *Euplectes orix* annonce le malentendu. Voilà un petit passereau africain qui adopte volontiers un comportement frivole et multiplie les copulations en dehors du couple fondateur. Notons que les deux sexes s'y adonnent. Une étude fouillée a été menée sur les avantages génétiques que pourrait révéler la nichée irrégulière. Au contraire de ce que l'on présumait, les poussins du père de référence possédaient une meilleure immunité que leur fratrie adultérine. Un constat désolant pour la théorie.

Le roselin familier *Carpodacus mexicanus*, petit pinson à la tête rouge, n'a pas apporté plus d'informations. Les cocufiages se produisent au hasard sans engendrer un plus grand succès reproducteur des femelles. Et, cependant, ces dames restent bien changeantes ou pluri-amoureuses, c'est selon. Pareillement chez un autre passereau volage, le gobe-mouches à collier blanc *Ficedula albicollis :* une recherche détaillée récente a permis d'attribuer génétiquement un père de référence à une grande progéniture extraconjugale. Les poussins nés d'aventures adultérines éclosent, en moyenne, plus précocement, mais cette spécificité n'entraîne aucun avantage attendu en termes de survie ou de succès reproducteur, quel que soit le caractère étudié.

Alors y aurait-il un gène héréditaire de l'infidélité qui porterait la femelle à tromper ? Certains journalistes scientifiques, qui restent très friands d'un tel raccourci, ont vite tiré cette conclusion après la publication des travaux de Wolfgang Forstmeier. Car les diamants mandarins *Taeniopygia guttata*, ces petits pinsons très colorés, se montrent décidément très intéressés par les aventures extraconjugales. Mais, ici, le mot « gène » est un cache ésotérique placé sur une inconnue. Nos mandarins exagèrent, simplement. Les femelles trichent sans que cela soit bénéfique pour elles. Tout au plus peut-on imaginer que ces serviables pinsons pratiquent l'adultère parce que c'est favorable pour les mâles.

C'est un peu court. L'explication de ce comportement, apparemment inadapté, viendrait donc du fait que les femelles les plus enjouées sur le sexe seraient aussi les plus portées à folâtrer avec d'autres partenaires. En quelque sorte, les femelles ne détesteraient pas faire l'amour ! Quelle découverte ! Les exemples pourraient être additionnés sur d'autres espèces – rainettes, chiens de prairie, criquets. Bref, après des années de travail, les données manquent encore pour comprendre l'incertaine rentabilité évolutive de l'« infidélité », c'est-à-dire de l'exogamie des femelles – puisque celle des mâles serait attribuable à la multiplication potentielle de leurs descendants. À croire que la question est peut-être mal posée. L'amour ne se laisse pas si facilement emprisonner, et l'exclusivité conjugale n'est peut-être pas si naturelle qu'on le voudrait. Les animaux sont peut-être plus libertaires qu'on ne l'imagine.

Cependant, ces interrogations ne sont pas rappelées pour divertir, il ne s'agit pas de devinettes amusantes. Le comportement sexuel constitue le fondement même de la vie et de l'histoire évolutive. La reproduction contient tout ce qui reste des générations du vivant, une histoire millénaire découverte sur une toute petite planète perdue dans un univers immense. Pas de biodiversité sans sexualité, ou, du moins, la biodiversité résulte des amours, l'évolution est à ce prix.

Le vivant constitue une organisation particulière de la matière. Une organisation apparemment bien rare et temporaire à l'échelle de notre univers. Il est désormais établi que les planètes sont, en quelque sorte, des sous-produits de la formation des étoiles. La seule Voie lactée abriterait probablement plus de 100 milliards de planètes. Sur Terre, la vie dérive d'un processus commencé il y a plus de 3 milliards d'années dans des bulles et de l'argile. Cela ne devrait encore durer que 1 ou 2 milliards d'années. Nous sommes déjà à mi-chemin du temps disponible. L'évolution, loin de proposer une théorie plus ou moins discutable, est un *fait biologique*. Évacuée des étoiles, la matière produit le vivant sous l'effet des contraintes physiques du globe. Mais comment ?

Avec cette question du *comment*, et en s'affranchissant du *pourquoi*, la science a effectué un pas décisif. Encore fallait-il substituer de simples interrogations modestes et concises à la vanité de prétentions stériles. Mais une extraordinaire curiosité est requise pour appréhender la vie avec toute la rigueur scientifique nécessaire face aux détracteurs et à l'obscurantisme. Déjà Xanthus au Ve siècle avait estimé que les fossiles d'animaux marins prouvaient l'existence de faunes précédentes, et Lucrèce avait compris que la diversité biologique répondait aux événements et situations. Au début du XVIIe, Vanini fut condamné au bûcher pour avoir évoqué une parenté entre l'homme et le gorille, et Benoist de Maillet imagine des changements issus de temps très lointains. Mais la première théorie de l'évolution a été l'*adaptation biologique*, définie entre 1798 et 1809 par Jean-Baptiste Lamarck dans son cours de zoologie.

Lamarck fut le précurseur qui donna une explication scientifique à l'inouïe diversité biologique. Pour lui, l'utilité est la source de la différence ; il nomme cela l'adaptation. Le biologiste fait un vrai travail de naturaliste méticuleux et démontre que les êtres vivants, confrontés aux conditions sévères de leur milieu, s'y adaptent en changeant au gré des circonstances, parce qu'ils se transforment d'une espèce à l'autre. Il expose sa conception révolutionnaire dans sa *Philosophie zoologique ou Exposition des considérations relatives à l'histoire naturelle des animaux*. Cette idée nouvelle est le transformisme*.

Le temps est le « grand ordonnateur », et déjà Lamarck annonce des ruptures dans l'« escalator des êtres », l'échelle de la nature, telle qu'on l'imaginait au XVIIIe siècle. Il suggère également que les caractères* nouveaux seraient acquis *sous la pression* des conditions du milieu, puis directement livrés aux descendants. C'est cette notion de transmission héréditaire de caractères acquis (*inheritance of acquired characteristics*) qui fera tellement couler d'encre contre Lamarck, et c'est aussi celle à laquelle on réduit généralement l'adjectif « lamarckien ».

Malgré les protestations colériques des créationnistes fixistes, Dieu n'est plus une réponse. L'obscurantisme est en cours d'être dépassé, et la légende de la création des espèces ne tient pas davantage. L'idée de l'évolution biologique cherche maintenant ses réponses scientifiques. Progressiste, Lamarck participe, enthousiaste, à la Révolution française, mais ne sera plus reconnu de son temps, éclipsé par la célébrité du rétrograde Georges Cuvier. Le transformisme sera pourtant largement diffusé en Europe pendant tout le XIXe siècle, notamment en Grande-Bretagne dès 1833, par un Charles Lyell qui jubile : « J'ai dévoré Lamarck dont les théories me réjouissent. Je suis heureux qu'il ait été assez courageux pour admettre qu'en le poussant au bout son argument prouve que l'homme descend de l'orang-outan. » Lyell l'écrit presque trente ans avant Darwin.

L'évolution, d'accord. Mais comment intervient le changement liminaire ? Lamarck propose que l'usage d'un organe ou d'un caractère le modifie progressivement. C'est une erreur. L'usage n'y fait rien. Le bouleversement vient autrement. Une seconde théorie est celle de la sélection naturelle, énoncée en 1859 par Charles Darwin et par Alfred Russel Wallace. La transformation d'un caractère résulte d'une sélection par la nature. La diversité des espèces dérive d'un long processus graduel de sélection des meilleurs. C'est l'idée de la survie du plus apte – que Darwin préféra intituler « sélection naturelle ». Pris au piège d'une concurrence meurtrière, certains se reproduisent mieux que les autres. Ici s'introduit pour la première fois l'égoïsme en tant que *principe explicatif* de l'évolution biologique. Reste à comprendre comment s'élabore la variation initiale qui sera ensuite sélectionnée : ce sera la mutation génétique*.

L'adjectif « darwinien » est improprement utilisé comme un synonyme d'évolutionniste. Un vrai travail de publicitaire anglo-saxon. En fait, comme le dévoile Sylvan Schweber, une grande part du succès de la théorie darwinienne est liée au contexte socioéconomique du capitalisme victorien, prônant la concurrence « sauvage », y compris entre ouvriers contre les conventions collectives. La théorie de Lamarck marque une rupture décisive en biologie, notamment contre le créationnisme, en ouvrant l'idée du changement des espèces. Assimilée à la révolution et à l'athéisme, cette conception restait politiquement dangereuse à l'époque. Mais Darwin finit par admettre la notion de la transformation au fur et à mesure qu'elle dérangeait moins l'ordre libéral : « Je suis presque convaincu (d'une manière assez opposée à mon opinion de départ) que les espèces ne sont pas immuables. » De fait, beaucoup des idées exposées étaient déjà conjecturées avant lui, bien qu'on ait souvent affirmé le contraire. D'ailleurs, Lyell écrivait à Darwin : « La théorie lamarckienne que vous avez développée [...]. »

Mais Darwin n'aimait guère ce rappel et, vexé, il répondit vertement : « Vous faites allusion à mes idées comme étant une modification de la théorie de Lamarck mais je ne partage pas votre avis, je crois que sa façon de poser la question de l'évolution a été très nuisible à son acceptation et je considère après l'avoir lu à deux reprises comme un livre misérable dont je n'ai tiré aucun profit. » Et, cependant, c'est ce même Lyell qui évita à Darwin le ridicule de certains exemples, retirés dans les éditions suivantes de *L'Origine des espèces*, comme celui de la baleine trouvant son origine dans un ours ouvrant grande la gueule pour avaler les poissons. Et, toujours dans ses correspondances de 1858-1861, Lyell corrigeait encore : « Lamarck rendit à la science l'éminent service de déclarer que tout changement dans le monde organique [...] est le résultat d'une loi et non d'une intervention miraculeuse [...]. On ne peut certainement pas dire que les naturalistes les plus éminents aient rejeté l'idée d'évolution des espèces [...]. Vous ne devriez pas oublier non plus Geoffroy Saint-Hilaire. » En fait, c'est généralement l'édition de 1896 de *L'Origine des espèces* qui fait référence.

Pourtant, la pensée de Darwin constitue un tournant important, insistant sur la compétition au sein de l'espèce et soulignant le mécanisme aveugle de la sélection biologique. Tout comme le capitalisme condamne cruellement les pauvres, la sélection naturelle ne laisserait vivre que les « meilleurs ». C'est cette justification d'un système économique brutal fondée sur la « libre concurrence » qui heurta le plus. Il reste toutefois de nombreuses incohérences. Dans *De l'origine des espèces au moyen de la sélection naturelle ou la Préservation des races favorisées dans la lutte pour la vie*, il évoque par exemple les adaptations qui « sont favorisées, en certains cas, par l'usage et le non-usage », une formule très lamarckienne. Mais le fourvoiement le plus connu est probablement sa théorie des gemmules sur laquelle il insista jusqu'à sa mort. Il emprunte cette conception de l'hérédité à Hippocrate. Il veut développer une théorie de l'acquisition des caractères, théorie nécessaire pour que la sélection puisse agir. Darwin tente de répondre à la question « comment apparaît la variation initiale ? », car cette réponse conférerait une vraie crédibilité à la théorie. La modification préliminaire doit être à la fois minuscule et sans effet, pour rester présente sans réduire la vie de l'organisme, et fabriquer de la différence ensuite, sans doute en s'accumulant, pense Darwin.

Partisan convaincu de l'hérédité des caractères acquis par effet de l'environnement (c'était une idée courante au XIXe siècle), Darwin évoque alors l'existence de minuscules corpuscules invisibles. Ces gemmules hypothétiques, provenant des différents organes du corps, se logeraient dans les fluides sexuels pour développer les mêmes structures chez les descendants. Reprenant alors l'opinion de Lamarck sur la loi d'usage et de non-usage, il soutient que l'emploi assidu d'un organe charrierait la circulation de davantage de gemmules, entraînant un développement plus prononcé de l'organe dans la génération suivante. C'est une erreur, les gemmules n'existent pas. L'idée paraît effarante aujourd'hui car le néodarwinisme s'est édifié sur l'idée qu'il n'existait pas d'hérédité de l'acquis. Pour faire bonne mesure, on attribua ensuite cette idée des acquis au seul Lamarck. En fait, le darwinisme résulte d'un gigantesque effort de promotion par Thomas Huxley et Ernst Haeckel.

Reste un Darwin relatant la sélection. Darwin le premier a introduit une conception matérialiste de l'évolution avec le principe de descendance modifiée. La théorie de la sélection naturelle, ou principe de la « descendance avec modification », se heurte aussi à quelques embarras, mais a ouvert de considérables perspectives. Il est tout de même assez étonnant d'entendre Ernst Mayr affirmer en 2004 : « Si l'on examine les modifications des théories darwiniennes entre 1859 et 2004, on découvre qu'aucun changement n'affecte la structure même du paradigme darwinien. » On peut ne pas être d'accord et considérer, au contraire, que le paradigme a besoin de quelques remaniements.

Le « néodarwinisme » résulte de la tentative de réconcilier la théorie de l'information génétique et de la génétique des populations avec la théorie de la sélection biologique. La théorie néodarwiniste affirme la sélection naturelle des meilleurs gènes. En quelque sorte, le Darwin qui nous est présenté depuis lors est devenu une simple convention imaginée par Julian Huxley, Ernst Mayr, Theodosius Dobzhansky et George Gaylord Simpson, en partie épurée du fatras réactionnaire de son temps. Aujourd'hui, cette synthèse énonce que, si la différence entre les variants d'un gène (ou allèles) produit un avantage en termes de survie ou de reproduction, alors la fréquence de cet allèle va augmenter au cours des générations suivantes. La majorité des biologistes actuels admettent certains des postulats implicites de la théorie, mais bien peu en mesurent les tenants et aboutissements. J'ai déjà détaillé cette histoire dans mon précédent ouvrage *La Biodiversité amoureuse*, mais nous allons voir comment progressivement en sortir.

En Europe, le public assimile souvent le darwinisme avec une forme critique des errances des croyances religieuses et considère avec bienveillance la supposée conception agnostique de la théorie – en fait, Darwin cite un créateur jusque dans la seconde édition de 1860 de *L'Origine des espèces*. Mais nombre de biologistes anglo-saxons, américains surtout, persistent à vouloir démontrer combien le néodarwinisme reste compatible avec la foi religieuse. Certains ont même publié, encore récemment, cet argument de la compatibilité dans des revues scientifiques comme *Nature*, et l'hégémonie de la langue anglaise renforce cette curieuse affirmation.

La théorie néodarwiniste fait la part belle à une conception particulière du *tri* des caractères biologiques, déclinée en une sélection naturelle – le tri se fait par la nature – et une sélection sexuelle – le tri réside dans le choix du partenaire. En cela, le néodarwinisme paraît d'abord une application de simples observations démographiques. Ensuite, la théorie de l'information génétique répond à la question de l'origine du changement. Alors s'est élaborée une grande synthèse théorique entre 1940 et 1960, dénommée « théorie évolutive moderne », « théorie synthétique de l'évolution » ou encore « néodarwinisme » pour la distinguer de la poussiéreuse version darwinienne. Une grande part de son succès tient aux épithètes – « théorie synthétique et *moderne* de l'évolution ».

La génétique posait pourtant problème puisqu'elle montrait que les caractères se transmettaient statistiquement sans variation. Il fallut du temps pour concilier les deux approches contradictoires, le changement des corps et l'hérédité des caractères. Quand les artisans du néodarwinisme ont privilégié le rôle des mutations, c'était surtout parce que des variations de petite amplitude perturbent moins le fonctionnement du vivant que de grands bouleversements. Des variations sans importance pouvaient accumuler une forte différence. Ainsi se conservait le gradualisme* de Darwin : chaque modification se produit graduellement au cours d'un long processus d'accumulation.

Ensuite, pour entériner le mariage avec la génétique, cette variation organique minime a été transportée vers le gène. Le gène devenait, en quelque sorte, le matériel de l'information d'une variation microscopique, une particule informative plus qu'un morceau d'ADN*, mais susceptible de changer, de muter. Dès le début, le gène reste une explication abstraite, je l'ai déjà exposé en détail dans un livre précédent. Mais, en additionnant ses mutations infimes, la variation peut être continue et progressive. C'est toujours l'*individu* qui est sélectionné, insiste Mayr, l'égoïsme continue d'être le garant de la survie. Seules seront conservées les variations profitables : c'est ainsi inscrire la survie du plus apte dans la sélection des meilleurs gènes.

Peu à peu, la théorie néodarwiniste de l'évolution va poser le vivant comme une amélioration de procédures organiques grâce à la diffusion des « bons gènes* ». L'évolution est donc conçue comme un progrès naturel. En cela, la base de la théorie est restée plus ou moins confusément eugéniste à ses débuts. L'eugénisme* a été fondé vers 1880 par le biométricien Francis Galton, cousin de Darwin, qui, à partir des idées de Malthus et du darwinisme, a soutenu qu'il fallait réduire la reproduction des faibles, alors assimilés aux classes sociales pauvres. Une politique eugéniste a été promue et a déferlé sur les États-Unis, sur l'Europe et sur d'autres parties du monde jusqu'aux années 1970, parfois associée à une politique ségrégationniste ou raciste. Si Yves Christen ou André Pichot, par exemple, notent que Darwin sympathisait avec les vues eugénistes, d'autres, comme Patrick Tort notamment, plaident que la plupart des phrases douteuses ont souvent été suivies par d'autres sentences les atténuant ou les contredisant. Il n'est évidemment pas question ici d'affirmer que Darwin est à l'*origine* du racisme ou de l'eugénisme. Toutefois, on ne peut nier que le darwinisme ait connu ce que, pudiquement, on nomme des dérives extrémistes, eugénistes et racistes, dont on ne peut l'affranchir d'un seul trait de plume. Contester cela ne constituera jamais une stratégie efficace contre les errances et les falsifications des obscurantistes.

Cet eugénisme, en outre, se retrouve clairement ensuite dans les propos de darwinistes convaincus comme Haeckel ou Huxley, bien qu'il soit fondé sur un Malthus dont les données n'ont rien de scientifique. Il gêne cependant les biologistes qui, le renfermant peu à peu dans l'organe, puis dans le gène, offrent le moyen de neutraliser son aspect politique. Passé au crible de la sélection naturelle, un organe ou un mécanisme devient optimal. Peu à peu, des glissements sémantiques ont atteint la conception, et nombre de biologistes ont contribué à modifier la théorie presque sans s'en apercevoir. Aujourd'hui, la théorie annonce que l'évolution découle de la propagation de certains variants d'un gène (allèles) qui engendrent un avantage pour les générations suivantes. Cela n'est pas contestable, mais des conceptions radicalement contradictoires, nous le verrons, sont désormais plus ou moins admises en tant que variantes acceptables de la théorie principale.

Seulement, l'hypothèse d'une accumulation avantageuse de petites variations est une explication abstraite qui se heurte à une réalité concrète bien visible, et déjà établie par Georges Cuvier en 1818 ou par Étienne Geoffroy Saint-Hilaire vers 1820, bien que de manière contradictoire. C'est le principe de corrélation des caractères : « Tout être organisé forme un ensemble, un système unique et clos, dont les parties se correspondent mutuellement et concourent à la même action définitive par une action réciproque. Aucune de ces parties ne peut changer sans que les autres changent aussi. »

Pour Cuvier, il y a des combinaisons nécessaires, mais également des combinaisons impossibles : les dents carnivores ne s'allient pas avec le sabot, affirme-t-il. Les parties n'existent que par leur tout. En bon réactionnaire, Cuvier refuse alors la position transformiste, car, croit-il, la corrélation démontre la fixité des espèces, chacune étant mutuellement nécessaire à l'autre, comme proie et comme prédateur dans un équilibre divin du monde. Geoffroy Saint-Hilaire penche davantage pour l'opinion que, toutes les variations provenant d'un schéma organique préalable, la structure physique ne peut que rester cohérente. Garantie théorique contre l'idée d'évolution chez Cuvier, la corrélation s'ouvre au transformisme chez Geoffroy Saint-Hilaire. Pour lui, la corrélation témoigne des conditions d'existence du vivant. Aussi la corrélation des parties, la subornation des formes ou l'unité du vivant ne s'opposent-elles pas à l'affirmation d'une évolution des espèces. Au contraire, la corrélation des caractères révèle comment la différence s'introduit en évolution, c'est-à-dire brusquement.

En effet, les parties d'un organisme sont interdépendantes, et le moindre changement entraîne des réactions en chaîne. Ce que le néodarwinisme nomme la « sélection naturelle » ne peut plus être alors compris que comme la sanction temporaire d'un mécanisme organique provisoirement efficace. Cette définition conteste le concept de base, en insistant sur l'instabilité ou plutôt sur une stabilité provisoire, ce qui n'est pas la même chose, mais admet une part de la conception de Wallace sur « la survie du plus apte ». À la condition toutefois d'y adjoindre la mention « provisoire » et de ne pas adopter le « plus apte » autrement que face aux circonstances. Mais l'évolution n'a rien d'une course au progrès ; c'est une histoire, une histoire évolutive.

Au contraire d'une transformation graduelle, les discontinuités biologiques sont partout révélatrices d'une évolution brutale, et non continue. Seule l'incroyable durée des temps géologiques masque ces modifications. En outre, si la « sélection naturelle » s'exerce en éliminant les plus faibles au sein de la même espèce, il n'existe pas d'explication satisfaisante à l'apparition d'une espèce nouvelle. Ce n'est pas en massacrant tous les rats de la terre que pourra apparaître un seul écureuil. Tout cela parce que l'évolution est conçue comme une concurrence triant les *individus* qui portent des changements. Et la survie individuelle est encore garantie par l'égoïsme des individus. Mais voilà. Nous allons voir que l'évolution consiste plutôt dans un processus de formation d'espèces *différentes* parce que les interactions sont fondamentales. L'égoïsme n'a pas grand-chose à y voir. Il convient donc de s'approcher enfin d'une réelle écologie évolutive, où l'on tienne compte de l'environnement vivant de chacun en développant un modèle de coévolution* écologique (*ecological coevolution model*) parce que l'évolution de chacun dépend d'abord des autres.

Et c'est ici que l'introduction de la *différence du sexe* a tout changé dans le jeu évolutif. Car l'apparition de la sexualité a entraîné trois conséquences majeures sur le monde.

Tout d'abord, le sexe a définitivement brouillé une « sélection » prétendument impersonnelle en favorisant le *choix* des partenaires en tant que force évolutive. Voilà qu'il fallait être deux, et non plus un seul individu, pour réussir, et il fallait que chacun des partenaires décide ensemble. D'un seul coup, la *relation* devenait plus importante que l'individu. Née d'une sensibilité primordiale qui rend les uns attirants pour les autres, voilà que l'histoire évolutive dépend maintenant de la liberté du désir.

Le deuxième résultat de l'émergence de la sexualité consiste dans l'opposition inévitable des deux genres. À partir de la spécialisation des gamètes*, l'un petit, mobile, le spermatozoïde, l'autre gros et plein d'énergie, l'ovule, une divergence incroyable confronte les deux partenaires, et ce conflit invraisemblable se déroule dans le corps des protagonistes. Quand les mâles peuvent multiplier les copulations pour accroître leur descendance, les femelles ne le peuvent pas. Loin d'une optimalisation des conduites pour propager des « bons gènes », la sexualité se fourvoie dans une guerre des sexes où chacun doit endurer les manipulations de l'autre. Alors commence à s'entreprendre la grande stratégie des réconciliations amoureuses, menant progressivement à l'organisation de relations mutuelles précaires et magnifiques.

Enfin, le sexe biologique produit la variation, la différence essentielle. Au lieu de s'égarer dans une amélioration continue de performances d'une espèce qu'une crise viendrait réduire à néant, la reproduction sexuelle s'engage dans une diversification infinie, recombinant les gènes des uns avec les gênes des autres pour former une individualité nouvelle absolument originale. De toutes ces imprévisibles conséquences, il découle une subtile interdépendance des uns et des autres.

La reproduction n'est pas optimale. Le sexe et la reproduction ne sont pas des mécanismes conciliateurs, mais un grand bouleversement des cartes d'où émerge la *différence* évolutive. En associant les gènes de deux êtres distincts, le sexe en produit un troisième irrévocablement différent d'eux. Les espèces se construisent génétiquement de continuer à s'aimer. À l'opposé, si la relation ne prend pas, la divergence des amours conduit alors à des individus incapables de se reproduire entre eux. La répétition de ces contrariétés entraîne à terme la formation d'une nouvelle espèce, où certains se sont reproductivement isolés des autres. C'est de cela que dérive la diversification évolutive.

Les aventures extraconjugales insèrent une porosité dans chaque population. Et nous avons notre réponse à l'infidélité des rhinocéros et des oiseaux. Puisque la biodiversité, la variété des espèces, résulte des amours contrariées, c'est que l'évolution se nourrit aussi des « infidélités ». Les adultères contribuent à la divergence des populations. Avec la mise en évidence du rôle fondamental de la *relation*, la dynamique évolutive se nourrit par conséquent des désaccords et des inconstances. Une vision bien nouvelle de l'amour.

Le sexe est un mécanisme à introduire la différence. Chacun y met librement son originalité, son illusion, pourrait-on dire, même si les amoureux ne mentent pas vraiment. L'amour est une aimable tricherie où l'autre est vu à travers le prisme des émotions, et celui qu'on voit est toujours magnifique.

Chapitre 2
Le fracas des amours transversales

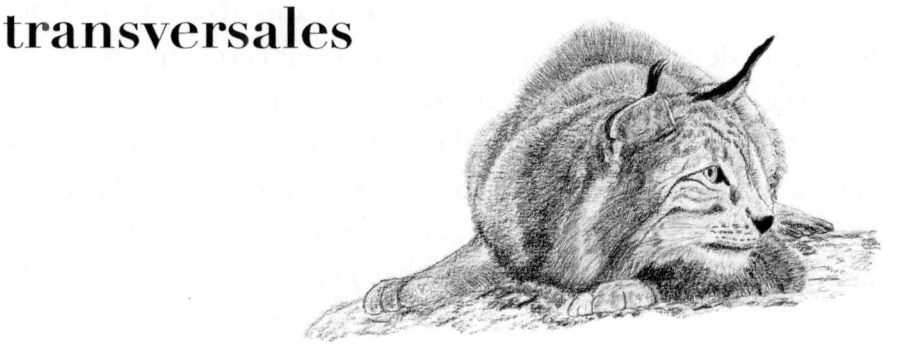

Le lynx boréal,
Lynx lynx.

« Il ne semble jamais plus agréable que lorsque l'on ne sait s'il va vite ou bien lentement. »

Ivan TOURGUENIEV, *Pères et fils*, 1862.

Donc, les animaux se trompent. Et divorcent aussi. Finalement, le poisson zèbre *Archocentrus nigrofasciatus* a le sexe mauvais. Dès qu'il pense à se reproduire, ce petit habitant des cours d'eau montagneux d'Amérique centrale expulse tous ceux qui se promènent alentour.

Gare aux indécis. Le poisson ombrageux se fâche, poursuivant les étourdis, afin de se garder un coin de rivière pour établir son nid. Mais la femelle peut tout autant se montrer revêche. Elle manifeste de sévères exigences matrimoniales et, en dépit des efforts territoriaux du mâle, elle peut décider de le quitter à tout moment. Car Monsieur n'est séduisant que par sa taille. Pour que le couple s'entende, il faut que le mâle soit grand et fort, arborant les dimensions les plus conséquentes possibles, sans autre prétendant plus avantagé dans le secteur. Sinon, le couple se sépare irrémédiablement. L'attrait de la femelle reste donc relatif.

Néanmoins, pour qu'il y ait évolution, il ne suffit pas qu'il y ait attirance pour une belle taille, choix sélectif de caractères singuliers ou dominance de comportements nouveaux. Il faut encore que ces variations entraînent des différences favorables dans la contribution de chacun à la génération suivante selon le principe darwinien de descendance avec modification. Il s'agit d'obtenir une progéniture plus abondante et qui, elle-même, puisse accéder à l'âge reproducteur. Cela revient à considérer la reproduction différentielle*, c'est-à-dire le succès reproducteur *relatif* des individus par rapport aux autres. C'est ce que les biologistes nomment la *fitness*, à la suite de la définition proposée par John Burdon Sanderson Haldane en 1924. La postérité constitue en quelque sorte la mesure de l'évolution. Un comportement, une aptitude physiologique, un trait physique n'ont de « valeur sélective » que s'ils favorisent la reproduction différentielle. Tout est une question de descendance et d'héritage.

De la sorte, le choix amoureux constitue un paramètre important du succès reproductif des espèces, surtout chez les êtres monogames qui investissent leur descendance sur un seul compagnon. Aussi, le changement de partenaire a-t-il souvent été interprété comme une tactique particulière pour obtenir une meilleure progéniture, une stratégie d'augmentation de la *fitness* ou hypothèse de la meilleure option (*fitness-increasing strategy* ou « *better option* » *hypothesis*). À bon compère, bons gènes attendus. Comme le soutient la théorie, les individus n'auraient pas d'autre « but » que de disperser les meilleurs gènes. Aussi, les animaux ne se quitteraient que parce que l'un des deux apercevrait un partenaire encore meilleur, pourvu de davantage de « meilleurs gènes » (*best male mechanism*). Une sanction conjugale légitime pour améliorer la lignée.

Tout irait pour le mieux dans la reproduction néodarwiniste la plus optimale possible. C'est aussi ce que certifient les principes de la discipline biologique qui a pris le nom « d'écologie comportementale » pour qui tout comportement n'existe que pour diffuser les bons gènes. Les analyses détaillées du comportement des oiseaux ont, un temps, étayé ces hypothèses. Comme chez le poisson zèbre, les femelles refusaient statistiquement des mâles trop médiocres, trop peu empressés ou trop parasités. On les comprend. Pourquoi s'embarrasser d'un incapable ? Quelque chose restait un peu confus dans la décision finale, certains animaux déclinaient cette simplicité, mais il était sûrement possible d'attribuer ces choix erronés à l'établissement d'un compromis subtil (*trade-off*) entre coûts du divorce et bénéfices du changement, comme l'affirment Frédérique Dubois et Franck Cézilly. La séparation conclurait finalement un arrangement profitable pour les individus.

Toutefois, certains allaient se montrer beaucoup plus indisciplinés. Ainsi, le guillemot de Troïl *Uria aalge* est un petit pingouin bien récalcitrant. Résolument monogame, notre oiseau pélagique s'installe pour nidifier en petites colonies sur les falaises rocheuses de Bretagne, d'Angleterre ou d'ailleurs. Le guillemot délimite son espace sur un aplomb rocailleux et pond directement sur les roches un œuf ovale, quasi piriforme. Cette structure géométrique empêche l'œuf déséquilibré de chuter dans le vide. Mais il faut d'abord s'enticher d'un partenaire. Au pays de Brocéliande, la recherche du Graal, d'une certaine manière. Il faut un participant actif, ardent défenseur de l'espace territorial, capable de pêcher par les temps de grosse mer et pourvu de ces qualités confidentielles qui font des amours une équipée ésotérique. Or l'aventure conjugale tourne court pour plus de 10 % des couples. Une navrante méprise apparemment puisque, dans 85 % des cas, les infortunés qui convolent avec un nouveau venu accueillent ensuite une moins bonne couvée que ceux qui restent, et non pas une meilleure comme attendu. Quitter les épousailles pour échouer ensuite. Décidément, le guillemot trouble la théorie.

La chose empire chez la marmotte des Alpes *Marmota marmota*. Ce rongeur débonnaire et fouisseur se fait bien remarquer, à la sortie de l'hiver, par ses petits cris inimitables qui sonnent dans la montagne. Des sifflements aigus et tonitruants alertent contre l'aigle royal et proclament tout autant la richesse d'une vie sociale un rien bougonne. Mais, quand commence la saison de reproduction, une entente indispensable s'impose aux époux sous peine de graves retentissements. Car, après une brouille définitive, les marmottes divorcées sont incapables d'arracher un nouveau statut reproducteur dominant, et nombre d'entre elles, errantes, bannies des sommets, sont retrouvées mortes dans quelques ravines. Non seulement les individus ne remportent aucun gain génétique ou matériel en divorçant, mais les rares marmottes séparées, qui n'échouent pas à procréer, élèvent une plus petite progéniture.

Un revers inattendu. Et, cependant, près de 17 % des adultes se hasardent au péril implacable d'une séparation conjugale plutôt que de persister dans une relation sans affection. Le plus souvent, aucun des deux adultes ne trouve un avantage à la sécession, et le nouveau partenaire, s'il y en a un, ni n'est de meilleure qualité ni ne possède de meilleurs gènes. Pourquoi quitter le ménage et sombrer dans de tels déboires ? La bataille des sexes s'est simplement révélée plus puissante que la *relation* amoureuse, c'est l'hypothèse du divorce forcé qui amène l'explication du désordre (« *forced divorce* » *hypothesis*).

Le sexe n'est jamais où on l'attend. Loin de promouvoir la tendresse des accords, les obstacles se multiplient en amour. Depuis l'apparition de la théorie du conflit sexuel en 2000, l'effet des divergences d'intérêts se manifeste partout, illustrant combien, sur la base des contrastes naturels, l'émotion amoureuse travaille à la difficile réconciliation des partenaires. La dissemblance des intérêts introduit une bataille inéluctable où chaque sexe résiste à l'autre, en produisant des comportements nouveaux, des organes nouveaux même, dans un tir à la corde évolutif* (*evolutionary tug*) provoquant une coévolution antagoniste* (*antagonist coevolution*). Ici apparaît la dynamique évolutive. Par exemple, le mâle d'écureuil dispose un bouchon de mucus qui ferme le vagin de la femelle sur cette ceinture de chasteté, mais certaines femelles savent l'enlever, nettoyer leur vulve et trouver un autre partenaire. Face à ces résistances, le conflit ne connaît que des gagnants illusoires, sauf dans le drame final où la femelle mante religieuse dévore le mâle et où le mâle tyrannique de l'éléphant de mer s'empare d'un harem sans discussion.

Chez la marmotte, la séparation des amants dérive de l'intrusion d'un individu extérieur qui révèle et amplifie un conflit insupportable entre les amants. Ce n'est pas le nouveau venu qui génère la bagarre, mais sa présence qui déclenche la possibilité du divorce dans le couple en conflit. Et ce changement reste indépendant du succès reproducteur antérieur. La relation bat de l'aile en dépit de la qualité des partenaires, en dépit de la propagation des gènes. Il faut donc admettre que l'évolution a consenti à ces amours-là, à ces aventures et à ces ruptures. Ou plutôt que l'évolution en découle justement.

L'égalité n'existe pas en biologie. Les protéines, les cellules, les êtres vivants n'ont rien d'égal. L'inégalité, non plus, n'existe pas. Elle n'est qu'un préjugé sur la différence, et on ne pourra jamais la justifier naturellement. Ceux qui emploient la nature pour démontrer l'inégalité « rendent la nature complice du crime d'inégalité politique », comme le dit Condorcet. C'est toujours la diversité qui l'emporte. L'égalité est une exigence juridique de justice. Il n'y a que dans l'histoire que la discrimination entre les personnes ou entre les destinées peut se trouver prétendument légitimée par les oppresseurs. Cependant, la distinction de la singularité des organismes commence avec leur divergence. Et nous ne pouvons ignorer l'importance de l'antagonisme inévitable des sexes qui partout affleure en évolution et entraîne d'inouïes variations. Le processus évolutif valorise à la fois les erreurs et les ententes pour fabriquer non pas de l'inégalité, mais de la différence.

Il faut bien que la variation émerge avant que la reproduction ne s'en empare. Et qu'on soit lynx boréal *Lynx lynx* ou lynx gris *Lynx canadensis*, chacun sait parfaitement l'honorer. Les taches et la couleur du pelage des félins affichent des teintes foncées, rougeâtres ou claires selon l'individu. C'est l'affaire de mutations, rappelez-vous. La question est complexe quand bien des gènes interviennent dans l'exposé des coloris. Chaque ton s'élabore à travers le concours de plusieurs locus* génétiques en même temps, arborant des noirs, des bruns, des blancs, des crème, des orange et des rouges dans une palette nuancée. Toutes les couleurs n'apportent pas la séduction attendue. Mais, parfois, le lynx devient clair. Dans la toundra arctique, il n'atteint pas la blancheur du renard polaire *Vulpes lagopus* ou du lièvre arctique *Lepus arcticus*, dont les pelages quasi immaculés en hiver paraissent indétectables sur la banquise. Le lynx, il est vrai, habitant les forêts clairsemées, est moins exposé à la clarté des neiges. La fourrure pâle, subtilement pigmentée de rosaces à peine brunes, met cependant en valeur la discrétion de la physionomie du lynx qui guette dans le manteau neigeux.

Même le hasard semble montrer des caprices. Et si le poil s'éclaircit très au nord, c'est qu'il confère quelques avantages. Posez la question à l'hermine, à l'ours blanc. À chercher le changement évolutif, la mutation est apparue bonne candidate. La théorie néodarwiniste plaide pour la lente accumulation progressive de petites différences héréditaires. Comme chez Lamarck, « le temps est le grand ordonnateur ». Respectant l'hypothèse de variations infimes se déroulant fréquemment, mais graduellement au cours des temps géologiques, la mutation génétique imprime la modification d'une base dans l'ADN. Elle entraîne ainsi la rectification d'une protéine, à terme, la transformation d'un organe. Le changement reste courant, mais minime, et se fixe tranquillement, s'il est favorable, sans déchaîner de morbidité organique. La mutation procède d'un glissement ou du remplacement de quelques bases sur la molécule d'ADN.

Du coup, la lecture du message devient différente. Un peu comme pour la ponctuation. Souvenez-vous de la dissemblance des phrases selon la position d'une virgule. L'énoncé « le professeur dit : Jean est un imbécile » diffère sensiblement de la sentence « le professeur, dit Jean, est un imbécile ». Juste une infime mutation grammaticale. Bon, la pigmentation des pelages dépend de nombreux gènes différents, et un seul locus génétique n'y peut pas grand-chose. Mais la mutation est censée s'accumuler innocemment puis, à partir d'un certain seuil, transformer radicalement des organes.

À la suite des arguments de Karl Pearson, la génétique défendait donc un gradualisme intouchable. Il y eut controverse avec William Bateson qui avait émis l'hypothèse que certaines variations pouvaient apparaître de manière discontinue. Ainsi, l'évolution aurait pu aussi s'exercer par bonds successifs, par sauts irréguliers, c'est-à-dire d'une manière saltationniste*. Mais cet audacieux point de vue ne rencontra que des quolibets. Quant aux travaux de Richard Goldschmidt vers 1950 sur l'existence de monstres prometteurs (*hopeful monsters*) qui avançait que des macrochangements pouvaient affecter brusquement toute la morphologie, transformer des corps, ils furent rapidement regardés comme une incongruité par les néodarwinistes. De toutes les façons, il n'y avait pas d'autres possibilités connues que la régulière succession des mutations du gène. Le gradualisme intangible du néodarwinisme s'est donc affirmé même à travers la génétique des mutations. Génétique et adaptations étaient maintenant devenues d'accord.

Et, cependant, en considérant les petites frasques paléontologiques de l'évolution, Stephen Jay Gould a complètement réexaminé quelques grandes portions du paradigme néodarwiniste. Cela suscita une forte opposition et quelques querelles assez inimaginables chez des gens raisonnés comme pourraient le paraître les scientifiques.

Ce n'est pas un lapin en retard qu'Alice aperçut. S'il est un animal qui a oublié l'heure, l'ornithorynque *Ornithorhynchus anatinus* est celui-là. Comme arrêté dans l'évolution, l'ornithorynque d'Australie a conservé nombre d'anomalies. Il pond des œufs bien que mammifère, son bec de canard porte des fausses dents, et sa température n'atteint pas 32 degrés. Quand il fut découvert vers 1798, on crut à une mystification. Son étrange bec recèle pourtant des trésors de modernité. Il comporte en effet un organe électrique qui lui permet de détecter les champs électromagnétiques de ses proies et de les débusquer. Apparu parmi les premiers mammifères du jurassique, il fut encore le contemporain des grands dinosaures. Excusez du peu, l'ornithorynque a quasiment connu le tyrannosaure.

Imaginez cette équivoque rencontre entre le dinosaure et cette petite boule de fourrure, il y a 70 millions d'années. Descendant directement de ces premiers ornithorynques, l'espèce actuelle révèle un âge canonique, ce qui en fait le plus vieux mammifère actuel connu. Mais personne ne sait contre quel ennemi archaïque les mâles de cette paisible taupe aquatique détiennent un crochet venimeux sur les pattes arrière. Lorsque a été décrypté son petit génome* nucléaire d'environ 18 500 gènes, l'ornithorynque a révélé sa parenté avec les oiseaux et les mammifères. Il semble, de plus, avoir conservé intacts des séquences génomiques autrefois réservées aux reptiles et des chromosomes* sexuels apparentés aux oiseaux. Cette espèce panchronique* est comme immobilisée dans l'évolution. Suivant le terme de Darwin, il s'agirait d'un « fossile vivant », ce qui reste impropre, car l'espèce a continué d'évoluer. Toutefois, l'ornithorynque paraît vraiment une extravagance de l'évolution.

Le gradualisme n'est plus une obligation désormais. La biologie évolutive a su se rendre à ces raisons. En fait, la démonstration fut laborieuse et s'entreprit pendant plus de dix ans, entre 1979 et 1995. Et cette bousculade a davantage enrichi la théorie de l'évolution qu'elle ne l'a déroutée. D'ailleurs, aujourd'hui, incorporant de plus en plus de dérogations, la théorie de l'évolution présente une conception bien différente du néodarwinisme des années 1960-2000. De partout s'ouvrent des fissures incroyables qui rendent passionnantes les nouvelles recherches. Les jeunes chercheurs se voient offrir à présent une porte sortant sur un inconnu fascinant. Rien n'empêche d'essayer de pousser cette porte, au lieu de se borner à encombrer la littérature par la répétition continuelle de travaux conformes à sa carrière. Combien de publications scientifiques sont-elles personnelles et originales ? Pourtant, l'indiscipline, la liberté et une insatiable curiosité ont toujours amplifié le dynamisme des chercheurs scientifiques, et c'est ainsi que l'humanité a inventé son avenir. Les avancées de la réflexion ont entraîné tout autant le transistor, les rayons X que les antibiotiques, parfois le pire, quelquefois le meilleur. Mais jamais il ne fut plus enthousiasmant que de poursuivre l'aventure biologique d'aujourd'hui. Car, sans rien ruiner du passé, tout est à reprendre.

Mais revenons à Gould, l'indocile. Le cambrien est une époque formidable. Une diversité inouïe est apparue. Les traces du vivant sont conservées dans des schistes et des argiles. Les sédiments des mers chaudes du cambrien témoignent d'une multiplication soudaine des organismes vivants, une radiation explosive des espèces, il y a 540 millions d'années. Mais comment expliquer cette si brutale explosion du vivant ? Les partisans du gradualisme y détectent seulement des carences de sédimentation, provoquant des déficiences de fossilisation. Ces oublis donneraient une fausse impression de proliférations soudaines. Il manquerait simplement des pages sur le registre fossile. À l'époque, Nils Eldredge et Stephen Gould ne l'admettent pas. Pour les deux compères, la rareté évidente des fossiles intermédiaires désavoue tout gradualisme. Il n'y a pas déficiences, mais discontinuités ! Ce ne sont pas des pages qui ont été arrachées au répertoire, mais des chapitres qui n'ont jamais été écrits, disent-ils.

Eldredge et Gould développent alors une interprétation singulière des faunes du cambrien, l'époque héroïque de la diversification fondamentale. Une variété incroyable de groupes différents apparaît, chacun représenté par un très faible nombre d'espèces. Ces ruptures semblent démarquer de grandes crises d'extinction. Partout, l'examen de ces faunes archaïques atteste de brusques interruptions, comme si le vivant avait effectué un bond dans l'avenir, ouvert les portes du temps sans donner de formes intermédiaires. L'évolution ne paraît plus graduelle.

Il faut sauter le pas. Les extinctions massives accidentelles doivent avoir imprimé toute l'histoire du vivant.

Les catastrophes de l'évolution laisseraient-elles des lacunes précipitamment comblées par des explosions soudaines de vie ? Voilà ce qu'affirment Gould et Eldredge sur la base de ces observations incongrues. Le rythme de l'évolution n'apparaît pas linéaire, mais se brise et s'arrête, c'est la théorie des équilibres ponctués (*punctuated equilibrium*), façonnée pendant vingt ans, qui remet en cause le gradualisme néodarwiniste indispensable à la mutation. Presque toute la vie sombre dans une de ces nombreuses perturbations globales, ces crises sans appel, hormis certaines formes du vivant qui s'en sortent au hasard.

À partir de ces résistants de l'imprévu, la faune parvient à une nouvelle diversification maximale. Les équilibres sont *ponctués* d'extinctions massives. Mais chaque fois, le nombre de groupes se réduit même si un plus grand nombre d'espèces prolifèrent. De nouveaux venus apparaissent subitement, relativement aux périodes géologiques, et la transformation peut s'effectuer tandis que l'espèce ancestrale et la nouvelle cohabitent. Aussi, cette spéciation* ponctuée nuance même l'orthodoxie néodarwiniste de l'exclusion compétitive, une espèce devant éliminer la précédente quand elles occupent une niche similaire. Or Gould montra que deux espèces pouvaient s'équilibrer, résister côte à côte sans changement des années durant. Cette stase des espèces ne contredit pas entièrement l'existence d'une formation graduelle du vivant, mais affirme que les deux processus, évolution graduelle et équilibres ponctués, agissent en provoquant une évolution radicalement différente. Le modèle des équilibres ponctués explique le succès évolutif de certaines familles et incorpore le hasard dans le déroulement des extinctions.

La nouvelle idée a longtemps agacé les néodarwinistes qui, progressivement devant tous les témoignages accumulés, en admettent cependant l'éventualité, en pestant comme Mayr. Et Gould, encouragé par cet écho impromptu, persévère et démontre que les extinctions d'espèces ne dépendent plus de leur aptitude à survivre ou de leur avantage adaptatif, mais découlent seulement d'*événements aléatoires*. La sélection naturelle n'agirait plus qu'entre deux catastrophes successives, puisque les causes d'extinctions deviennent hasardeuses. L'évolution se déroule comme une loterie qui laisse une bonne fortune aux survivants du hasard. Ainsi, Gould révèle que la plupart des animaux extraordinaires de la faune fossile, dite du Burgess, se sont éteints. Même les plus armés des prédateurs de l'époque ont subi cette extinction. Et, cependant, un petit animal a résisté que rien ne semblait prédestiner à cette survivance. Un heureux hasard. À l'échelle de l'évolution, l'aléa règne donc en maître, et c'est par une chance inouïe que ce minuscule chordé, le *pikaïa,* a survécu aux crises majeures. Ce qui est fantastique, c'est qu'il portait en lui la dynastie de tous les vertébrés, de tout notre lignage. Oui, insiste Gould, la vie est belle.

Alors, la conception d'une évolution lente et graduelle, ce gradualisme obligatoire n'a plus de valeur. D'autant qu'aujourd'hui la découverte des gènes homéotiques a permis de valider tant l'intuition des monstres prometteurs (*hopeful monsters*) de Richard Goldschmidt que la critique de Stephen Gould. Ces gènes peuvent modifier une grande structure organique en une seule fois car ils gouvernent l'architecture de ce développement. En conséquence, le rejet complet de l'évolution saltationniste et des monstres prometteurs a constitué, comme le rappelle Gunther Theißen, une erreur majeure du néodarwinisme, qui a longtemps freiné la biologie évolutive. Les monstres tiennent leur revanche.

Dans son dernier livre, Gould prend toutefois bien garde à défendre la rigueur scientifique du personnage Darwin et à ne pas trop molester les tenants du néodarwinisme orthodoxe. Tout cela en dépeçant complètement deux des principes majeurs. Car il conteste la logique de la théorie de la sélection naturelle, véritable pilier de la théorie, et réfute la position doctrinaire du gradualisme, inscrit dans « cette époque victorienne d'expansion industrielle et coloniale ». Tout en diminuant la portée de Lamarck, c'est avec malice, et en flattant Cuvier, qu'il annonce un retour du catastrophisme dans la macroévolution du vivant. Contrairement à ce que dit Gould, Lamarck avait largement admis des ruptures au sein du vivant. Mais Gould dénonce aussi le dogmatisme du néodarwinisme qui, dominant la biologie des années 1960 à 2000, a désavoué toute nouvelle approche.

La sélection naturelle se réduit à certains moments, et Gould sacrifie en même temps l'adaptation évolutive, puisque presque tout se fait au hasard. Voilà qu'on reconnaît l'importance de la stabilité dans l'existence des espèces…, mais la question « quel est le processus du changement ? » reste entière. Car d'autres discontinuités biologiques troublantes posent un nouveau problème. L'un des plus grands préceptes du néodarwinisme va encore être dérouté par d'autres travaux. Après la vitesse d'évolution, voilà maintenant que va s'introduire la contestation du principe de l'hégémonie de la descendance avec modification.

Le lynx gris n'y est pas pour rien. Prise dans la plaisante inconscience du sexe, une américaine féline s'est laissé séduire par un étranger roux. L'amour a des secrets, et la découverte impromptue d'un beau mâle exotique a fait trembler son cœur. Ne craignant rien des chemins de traverse, le lynx gris *Lynx canadensis* a cru bon d'être ému par le lynx roux *Lynx rufus*. L'affaire fit grand bruit aux États-Unis où gardes-chasse, naturalistes, généticiens et anatomistes furent dépêchés pour confirmer l'événement.

Voilà bien des lynx impudents qui oublient leur propre espèce pour convoler avec une autre. Non que gris et roux fassent dans la divergence autoritaire. Leurs différences restent, somme toute, assez minces selon le point de vue qu'on adopte. Le lynx roux, aussi appelé *bobcat* ou lynx bai, ressemble aux autres espèces, ornant ses pavillons d'oreilles d'un toupet de poils noirs et déguisant presque sa queue féline en un court appendice terminé par un plumet noir et blanc. La distinction tient surtout à la coloration plus soutenue et aux raies noires qui barrent ses pattes antérieures. Le terme de la reproduction complique un peu l'engagement amoureux puisque la gestation s'avère plus brève chez le lynx roux. Mais, de toutes les façons, leur hybridation n'était pas si facile à admettre.

Les relations sexuelles entre espèces dissemblables ont souvent été interprétées comme des erreurs de la nature. Les animaux n'y révélaient qu'un fourvoiement aveugle, et il était convenu que cette conduite délictueuse n'avait aucun intérêt évolutif. Au niveau *individuel*, la question restait entière, mais qu'en est-il au niveau de l'intérêt évolutif de la *relation*. Car, quand l'infraction entraîne une descendance, ces amours transversales tiennent de la trahison biologique. Et, dans le cas de la descendance croisée entre lynx, comme chez des milliers d'autres espèces hybrides, les femelles se révélèrent fécondes.

Une des règles les plus intangibles du néodarwinisme traditionnel est que les espèces existent en tant qu'entités réelles, séparées par la reproduction. Cet isolement reproducteur (*reproductive isolation*) constitue l'essence même de l'espèce biologique. C'est sur ce fondement absolu qu'Ernst Mayr a installé en 1966 les charpentes de la synthèse néodarwiniste et établi la part principale de sa carrière. Ce « dogme fondamental » (*sic*) de la biologie institue que « l'espèce est un groupe de populations interfécondes et reproductivement isolées de tout autre groupe ».

L'isolement peut être total, prézygotique, les deux espèces ne comprenant rien de la séduction de l'autre, ou postzygotique, et conduire à une fausse couche précoce, une stérilité inévitable ou à une déchéance des possibles descendants. Cela ne signifie pas que les hybrides ne se rencontrent pas, mais ils n'existent pas comme réalités évolutives. L'accident hybride ne devrait aboutir qu'à une impasse évolutive (*evolutionary dead-end*) enfermant les individus dans un puits hybride dont on ne sort pas (*hybrid sink hypothesis*). Les hybrides sont connus depuis la nuit des temps et ont fait l'objet d'études assez fouillées par les naturalistes français du XVIII° siècle notamment. Au XIX° siècle, Paul Broca décrit l'improbable croisement entre un lièvre et un lapin.

Quant à Darwin lui-même, il s'amuse de l'existence d'hybrides entre lémurs au jardin zoologique. Tant que cela se réduit à des épisodes exceptionnels ou à des manipulations d'acclimatation d'animaux, le phénomène ne contredit rien de la théorie. D'autant que John Burdon Haldane avait énoncé en 1922 les règles d'un tel mixage des gènes, ou règle de Haldane (*Haldane rule*). La dissemblance chromosomique rend peu viable ou stérile l'hybride à deux chromosomes différents, par exemple le mâle XY chez les mammifères ou les femelles ZW chez les oiseaux. L'explication tient peut-être dans l'assemblage composite que l'hybride réalise, empêchant le déroulement normal de la réduction chromosomique lors de la méiose, à cause de distorsions de ségrégation (*meiotic drive*) ou de la variation de longueur des chromosomes sexuels. Les hybrides continuent d'être perçus comme des monstres inutiles. Pendant plus de cinquante ans, l'étude du produit naturel de ces amours improbables fut ainsi confinée à de plaisantes fantaisies sans importance.

Le problème reste que l'hybridation naturelle constitue un fait beaucoup trop fréquent pour être cantonné à une simple anomalie. On sait aujourd'hui que de l'ours blanc à l'anguille, de l'iris à l'orchidée, en passant par les papillons et les escargots, des milliers de métissages apparaissent partout, naturellement. Les espèces s'exercent toutes à ces charmes inattendus, et des générations hybrides garnissent les populations. Pas moyen de glisser une raillerie sur ces événements qui se déroulent dans la nature. Mais pourquoi s'intéresser à ces amours coupables ?

Revenons à l'exotisme de la chose. Car l'accident n'est tout de même pas banal. Notre lynx gris femelle consent à convoler avec un beau mâle de lynx rouge. Deux espèces, deux érotismes dissemblables. L'événement anéantit la séduction d'une reconnaissance spécifique pour préférer un désir inhabituel. Étant entendu que les lynx natifs ne sont pas les seules espèces à s'abandonner devant l'attrait des étrangers à leur lignage, un enseignement doit en être tiré.

Tout d'abord, cette expérience pourrait ne pas correspondre à une attitude empressée, mais à une obligation. La pénurie des amants pourrait entraîner les espèces rares à jeter leur dévolu sur un émigré de passage, selon la théorie de la rareté des partenaires (*scarcity of mating partners hypothesis*). Le très rare vison d'Europe *Mustela lutreola* franchit le pas. Il admet de partager ses introuvables amours avec un petit carnivore de nos bocages et marais, le putois, *Mustela putorius*. Cet arrangement est, en outre, facilité par une étroite parenté, les deux espèces ayant divergé il y a moins de 50 000 ans.

Il faut pourtant avouer qu'il paraît étrange de se séparer en deux groupes distincts pendant des siècles pour ensuite ignorer la différence charnelle. Cette façon de faire pose bien des questions sur la *nature* des espèces. La faible fertilité des hybrides de ces mustélidés pourrait conduire à un puits hybride. Mais c'est apparemment la seule solution qu'ont trouvée les résistants visons de la dernière heure pour développer une progéniture, fût-elle modique. Face à la rareté des soupirants, les visons s'hybrident naturellement dans les régions où ils s'abritent en si faible densité que leur extinction est néanmoins prévisible à très court terme. En quelque sorte, le vison est notre panda occidental.

Cependant, nombre d'événements hybrides témoignent d'un autre principe. Certains animaux préfèrent clairement l'exotisme d'une liaison hybride à la monotonie d'un galant familier. La tentation pour un phénotype* nouveau constitue bien une donnée à prendre en compte.

Ici, l'usage de l'outil s'avère un moment d'importance. En général, les attributions généalogiques utilisant l'ADN mitochondrial – ces petites inclusions cellulaires – sont très efficaces pour identifier les lignages phylogénétiques. Néanmoins, les hybrides bouleversent l'établissement des normes. La perméabilité génétique qu'occasionnent les événements d'hybridation montre qu'il convient de considérer avec beaucoup de prudence l'assimilation de souches d'ADN mitochondrial à des espèces propres. Les hybrides sont parmi nous.

Le rose est une couleur terrible. Regardez le sébaste rose *Sebastes fasciatus*. Au large de Terre-Neuve, ce poisson, que les Canadiens appellent joliment le poisson rouge d'Acadie, connaît lui aussi des amours canailles. Cet habitant océanique ressemble à une grosse perche commune, mais se révèle beaucoup plus surprenant. Bien que le sébaste acadien connaisse une croissance très lente, il entame sa sexualité dès l'âge de 8 ans, ce qui pourrait passer pour une précocité relative si notre galant ne persistait pas dans l'activité copulatoire jusqu'à 85 ans ! C'est de famille, puisqu'une étude de Gregor Caillet a estimé à 205 ans l'âge d'un spécimen d'une espèce parente, le sébaste à œil épineux *Sebastes aleutianus*. Pourvu de cette plus brève longévité, notre poisson rose s'ébat dans un vaste océan où il pourrait toutefois patienter pour convoler en justes noces.

Et, cependant, notre poisson impatient n'aime rien mieux que de séduire un autre sébaste, *S. mentella*, et pratiquer avec lui ces relations coupables. Avec l'immensité des mers pour promenade et aucune barrière pélagique pour entraver ses chemins, le sébaste rose semble tout de même se précipiter dans l'étourderie. Certes, le nombre d'hybridations reste modeste, mais là n'est pas la question. Car il advient, de ces croisements-là, que des morceaux d'ADN passent d'une espèce à l'autre. Alors des fragments entiers de gènes se fixent dans le patrimoine héréditaire d'une autre espèce. Ce processus se nomme l'introgression* génétique (*introgressive hybridization*). La persistance d'un taux d'introgression des sébastes, atteignant 15 % alors que les deux espèces se maintiennent comme entités séparées, pose un difficile problème. Mais l'océan n'y fait rien, les anguilles américaines *Anguilla rostrata* et européennes *Anguilla anguilla* voient aussi leurs amours se confondre. En Islande, les hybrides varient de 7 % à 100 % des anguilles, et l'incorporation des gènes de l'une ou l'autre espèce se poursuit sur plusieurs générations. Voilà que des êtres vivants gardent en eux-mêmes des gènes d'autres espèces. Un mélange détonnant.

De fait, l'assortiment* de gènes propres et de gènes étrangers a pu contribuer à menacer l'intégrité de certaines espèces. Cette pollution génétique peut entraîner des anomalies de fonctionnement physiologique et, bien entendu, provoquer des stérilités ou même accroître la mortalité. Ainsi, les croisements avec des animaux domestiques peuvent conduire à l'extinction de l'ancêtre sauvage. Il en fut sans doute ainsi du cheval originel ou de l'aurochs par exemple. Une même alarme menace peut-être la caille des blés *Coturnix coturnix* perturbée par ses rencontres avec la caille japonaise introduite *Coturnix japonica*. Mais nombre d'événements hybrides concernent des animaux qui choisissent d'eux-mêmes, naturellement, ces métissages. Et tout devient bien différent.

Des écureuils, comme les tamias rayés américains, *Tamias ruficaudus* et *Tamias amoenus*, tolèrent parfaitement de mêler leurs gènes, c'est-à-dire que les individus sont manifestement impliqués dans la promotion et le maintien de ces flux génétiques incertains. Pourvus d'os péniens très disparates, ces petits animaux bigarrés devraient limiter leurs intentions copulatoires à leur seule espèce. Mais il faut croire que l'exercice autoérotique leur paraît ennuyeux, du moins pour un certain nombre qui préfèrent des amours plus exotiques.

Le tamia à queue rousse et le tamia amène pratiquent tant et tant les copulations hybrides que leur patrimoine héréditaire est devenu tout mélangé. Les deux espèces se maintiennent, mais partagent de nombreux fragments de gènes en commun. L'introgression génétique reste asymétrique, car les femelles de tamias à queue rousse choisissent des mâles de tamias amènes. Ce que l'analyse des ADN mitochondriaux révèle d'autant plus facilement que les mitochondries*, ces petites organelles cellulaires, sont transmises par les mères seulement. Les cas qui affectent l'ADN mitochondrial restent les introgressions les plus fréquemment décrites, mais l'ADN du noyau aussi peut amalgamer une mosaïque de caractères.

Ainsi, hardis visiteurs des enchevêtrements génétiques, les écureuils apportent une contribution étrange à chacune des deux espèces. D'autant qu'un premier événement se poursuit souvent par des rétrocroisements. De génération en génération, les descendants hybrides prolongent l'imbrication génétique. Du coup, il est patent que l'introgression constitue aussi une source de la diversité des populations naturelles, produisant d'infinies combinaisons. La relation hybride révèle son importance.

En fait, l'introgression est un événement très partagé, omniprésent, des plantes aux animaux. Le panachage complexe des gènes parentaux entraîne les espèces dans un véritable kaléidoscope génétique qui se complexifie au fur et à mesure de la longueur du voyage. Des générations s'amalgament, tandis que d'autres s'ignorent, interrompant le processus ou le multipliant, selon les circonstances et les séductions. Ainsi se forment pendant des milliers d'années des hérédités entrelacées et morcelées. Les espèces ne sont pas seules, isolées, singulièrement compartimentées loin des autres. L'étanchéité des êtres vivants n'existe que dans la définition préalable du néodarwinisme. L'isolement reproducteur ne constitue pas une réalité biologique, mais réside seulement dans un gradient d'érotisme des autres. À l'opposé de la conception isolationniste, l'évolution des espèces consiste dans ce charme indicible qui attire ou qui, au contraire, n'émeut pas. Le sexe et l'amour en sont aussi les maîtres.

Parfois, une diminution ou un empêchement de la reproduction sexuelle apparaissent, à cause des conflits de génomes (*genomic drive*). L'hybridation est facilitée par la proximité génétique, et deux espèces apparentées peuvent s'échanger davantage de gènes. Contre l'orthodoxie du néodarwinisme, l'hypothèse est parfaitement compatible avec les équilibres ponctués. Alors l'espèce peut être entraînée à une asexualité, une parthénogenèse, ou reproduction des « vierges ». Issues d'une lignée hybride, les femelles des lézards *Aspidocelis uniparens* se débrouillent toutes seules, sans mâles, sans fécondation. Elles produisent un ovule capable de se développer après que deux femelles ont accompli un enlacement sensuel, en l'absence de copulation. Une descendance, évidemment féminine, surviendra de cet épisode charnel sans intromission où ces dames ont définitivement dépassé l'opposition initiale avec les mâles oubliés. La perméabilité des espèces découvre partout une manière de résister, d'expérimenter des métissages et des érotismes nouveaux, et cela se révèle tout aussi efficace.

Mais il y a plus encore. Comme le pressentait depuis des années Michael Arnold ou comme l'affirme James Mallet aujourd'hui, il existe une formation d'espèces, une spéciation hybride (*hybrid speciation*). Des espèces nouvelles peuvent résulter de ces croisements intempestifs et de ces introgressions répétées. Loin d'une évolution graduelle où chacun transporterait une hérédité irrémédiable à sa descendance, l'évolution exagère la diversité du vivant. Les gènes que chacun diffuse intercalent des fragments inattendus, des imbrications hétérogènes. Les événements hybrides forment une troisième force qui peut insérer des gènes et les combiner encore. Ces incroyables assortiments engendrent des individus différents qui trouvent progressivement leur place à travers l'originalité d'un patrimoine métissé. Les introgressions génétiques s'infiltrent à l'intérieur des espèces, démontrant qu'une étonnante perméabilité organique existe encore.

Des gènes exotiques s'abritent au cœur des espèces fabriquant des parentés insoupçonnées. Toute l'histoire évolutive des primates dépendrait des hybridations, depuis les plus anciens loris jusqu'aux catarhiniens, ces singes d'Afrique et d'Asie, assurent Arnold et Meyer. Il y a du chimpanzé dans l'humain, du macaque, du gorille et du néandertalien aussi, comme il y a du lion dans le tigre. Notre parenté s'exprime aussi bien dans le regard profond d'un lémur que dans la vivacité d'un furet. Loin d'établir de longues histoires irrémédiablement séparées, l'évolution de chacun connaît des nœuds évolutifs qui rendent toutes les espèces plus proches les unes des autres qu'on ne l'imagine.

Et ces gènes introduits dans nos espèces remettent même définitivement en cause le grand principe de la descendance avec modification…

Chapitre 3
La mosaïque du lièvre sur les branches

Le lièvre mandchou, *Lepus mandshurica*.

« Il était bien audacieux, l'homme qui le premier mangea une huître. »

Jonathan SWIFT, *La Conversation polie*, 1696.

Un malentendu poursuit le lièvre. Mars n'est pas son mois favori. L'affairement sexuel du lièvre d'Europe *Lepus europaeus* s'étend bien davantage que ce que l'on en dit, depuis février jusqu'à novembre. Quant à sa « folie de mars », ce que les Français appellent le « bouquinage », elle dépasse largement l'équinoxe et commence en février pour durer jusqu'en novembre. Diantre ! Aussi pourrait-on croire que l'animal reste finalement plus avide de fornication qu'on ne l'imagine. D'autant que, capable de superfétation, notre hase peut donner naissance successivement à deux portées de pères différents. La fécondation n'est pas inhibée par les sécrétions endocriniennes lors de la gestation.

Et, cependant, la pudeur du lièvre le retient de proliférer autant. Bien que s'adonnant à la recherche de sa muse, notre lagomorphe demeure bien plus timoré. Rien à voir avec nos soupçons de frénésie génésique. Il déteste dévoiler les détails de son activité sexuelle devant trop de congénères, et sa reproduction diminue quand les densités de lièvres s'amplifient. Une forme de timidité ? La reproduction ne témoigne donc pas d'une volonté intrinsèque de propager ses gènes, mais au contraire diminue avec la densité, comme si la simple présence des autres pesait sur la dynamique des lièvres.

Cette pudibonderie est d'ailleurs encore plus ordinaire chez le lièvre variable, que les zoologues qualifient carrément de timide *Lepus timidus*, lui qui, comme le lièvre arctique *Lepus arcticus* blanchit en hiver, se confondant avec la neige. Le lièvre variable cache dans les Alpes quelques reliques de populations glaciaires, égarées çà et là. Mais l'espèce déploie sa répartition jusqu'à la Chine et la Corée. Et, dans cet Extrême-Orient lointain, il rencontre d'autres lièvres avec qui il vit des relations bien plus que croisées. Les lièvres bouquinent entre eux, sans se limiter à leur espèce, alors qu'ils diminuent leurs performances quand leur densité s'intensifie. Quelque chose les trouble. Au moins six espèces de lièvres différentes s'accordent impunément à de vraies amours transversales, et le choc des hybrides a entraîné un bouleversement qui, loin de montrer une transformation linéaire, semble construit en un maillage bizarre, ce que les biologistes vont appeler une évolution réticulée*…

Bon, l'hybridation reste une inclination décidément étrange bien que largement répandue, mais en quoi ferait-elle trembler l'édifice néodarwiniste ? Le mélange des gènes perturbe la notion d'espèce, d'accord. Il n'y aurait donc qu'à modifier la définition trop exiguë de Mayr et attribuer à l'espèce une conception plus large. On y pensa. Mais la tentative se révéla beaucoup plus laborieuse que soupçonné. Il est vrai que tant Lamarck que Darwin avaient désapprouvé le concept d'espèce dont l'apparente fixité risquait de souiller la construction du transformisme. Longtemps, on s'accorda vaguement sur des critères morphologiques, d'autant que les physiques différaient, semblant correspondre à une rupture entre les espèces.

Il fallut pourtant ajouter des surespèces, des sous-espèces, puis des variétés, des phénotypes écologiques. Tout cela ne suffit pas. La multitude des variations phénotypiques posait tant de complications que Dobzhansky réclama des clarifications dès 1935. On ne pouvait pas travailler dans ces conditions. Une définition plus intelligible de l'espèce se fit attendre encore, même bien après l'institution de la « synthèse moderne » du néodarwinisme. Pourtant, on installait résolument une biologie *spécifique*, c'est-à-dire fondée sur l'espèce.

Vers 1963, récupérant l'idée de Buffon sur la reproduction, Ernst Mayr proposa sa nouvelle conception, celle de l'isolement reproducteur : l'espèce était scientifiquement définie en tant que « groupe de populations *reproductivement* isolées de tout autre groupe ». Les espèces ne se reproduisent pas entre elles, c'est la définition biologique de l'espèce (*biological concept of species*). Enfin une notion rigoureuse. Cette définition, cependant, ne résista que quinze ans. Déjà, le concept était ardu à utiliser sur le terrain où l'identification continuait de se faire sur des bases purement morphologiques. Comment reconnaître un rouge-gorge sinon par l'orange de sa gorge ? Ensuite, bien des exceptions apparaissaient qu'on ne pouvait longtemps dissimuler, et dans quelle rubrique placer les espèces asexuelles ? Et puis comment faire pour conserver une biodiversité si mal identifiée ?

Décidément, l'espèce était difficile. Il fallut se rendre à l'évidence : l'étroitesse du concept ne contenait pas bien la réalité des flores et des faunes existantes. Aussi, Edward Wiley osa attaquer les limites de la définition en 1978 en argumentant que « l'espèce est une lignée de descendants de populations ancestrales qui maintient son identité et qui dispose de ses propres tendances évolutives et de son devenir historique ». En proposant le concept d'espèce évolutive (*evolutionary species concept*), Wiley voulait réintroduire l'espèce dans son histoire. Il ajouta surtout sa vague relativité. Depuis lors, plus de vingt-six opinions divergentes se sont bousculées sans que l'on sache encore très bien lesquelles amènent des clarifications utiles ou des nuances superflues.

Diantre, l'espèce serait-elle une simple abstraction ? Et, pourtant, tout le monde s'accorde à distinguer une mouche d'un éléphant ! Alors que la théorie s'ancrait fermement sur une biologie spécifique, la spécification elle-même disparaissait dans les limbes. Enfin, Hugh Paterson proposa en 1989 de convenir d'une définition plus modeste, mais aussi plus délicate à employer, et seulement axée sur le système de reconnaissance spécifique (*specific mate recognition system*). Les animaux d'une même espèce seraient ceux qui se reconnaissent assez pour se séduire. Le sexe revenait en force dans l'évolution. Mais, du coup, les lièvres n'entraient plus dans aucune définition. Pourtant, ils bouquinent !

Revenons. L'unique figure qui illustre *De l'origine des espèces* montre un arbre. Pour Darwin, l'arbre décrit l'évolution entre tous les êtres vivants. La métaphore de « l'arbre à remonter le temps », selon la sympathique expression de Pascal Tassy, reste l'une des plus connues des conceptions évolutives. On parle d'arbre phylogénétique, car il s'établit sur des relations de parenté mesurées par la *quantité* de similitudes génétiques. « Le modèle des arbres phylogénétiques est l'un des concepts les plus puissants des sciences », s'émerveille Pascal Picq. Pourtant, l'image de l'arborescence souligne en même temps combien linéaire et verticale est restée la conception néodarwiniste de l'évolution. L'arbre phylétique ordonne les espèces dans un espace vertical où chaque branche découle des autres, et Darwin ajoute : « Par analogie tous les êtres organiques qui ont vécu sur cette terre descendent d'une seule forme primordiale. » À l'origine, l'ancêtre unique, l'individu, l'hypothétique LUCA (*last universal common ancestor*), qui fonde l'arbre du vivant, rappelle Douglas Theobald, puis chaque groupe qui évolue, additionnant des bifurcations nouvelles en un branchage de plus en plus ramifié. La distance qui sépare chaque ramure correspondrait au degré de la parenté génétique mesurée. Tout semble tellement graduel, fractal, que cet ordre tend les pièges à la fois du gradualisme, de la hiérarchie et d'un finalisme pervers, avec l'humanité comme cause finale et aboutie de l'univers.

Nombre de scientifiques s'en défendent. Mais regardons. Depuis longtemps dans la conception néodarwiniste, les aïeuls et les descendants correspondent à une relation hiérarchique de groupements biologiques selon un modèle de parenté et d'héritage, les reptiles descendraient des amphibiens, les amphibiens, des poissons. Puis intervient une seconde discrimination entre les reptiles eux-mêmes, entre tous les amphibiens, entre tous les poissons, ainsi de suite. Aussi l'évolution est-elle présentée comme une série de rameaux verticaux qui, partant des bactéries, iraient jusqu'aux singes et feraient trôner l'humain presque tout au-dessus. Dans un élan quasi finaliste, Jean Chaline propose même d'en calculer les bifurcations et la direction « prévisibles ». Un plan divin ? Outre que l'idée reste finalement très proche de l'image idéologique d'un « règne humain », elle a autorisé une allégorie commune éculée, encore plus alignée et montrant les étapes de la transformation de la locomotion, depuis le singe à quatre pattes vers un humain debout, en passant par des prédécesseurs préhistoriques trottinant à demi dressés. L'humain se serait relevé et aurait offert ce privilège à sa lignée ! Une erreur empoisonnante.

La logique hiérarchique de l'arbre phylétique est si profondément ancrée que certains groupes sont pendant longtemps identifiés par l'*absence* d'un organe que le groupe « supérieur » posséderait. Les invertébrés n'auraient pas encore obtenu de vertèbres, les agnathes attendent encore l'« invention » de mâchoires, mais, en quelque sorte, la « destinée » de leur lignée serait d'acquérir cette magnifique conquête évolutive. Un rien finaliste en sorte. Alors, tout dérive chaque fois d'un ancêtre commun unique (monophylie), chaînon manquant mythique, quasi déiste, qui revient à réclamer Adam et Ève comme gestation de l'humanité. Que dire de ces formules « Ève mitochondriale » ou « Adam chromosome Y » directement tirées de la légende chrétienne, bien que leur réalité génétique n'ait aucun rapport avec le mythe ? Cette appétence pour la littérature sacrée peut-elle vraiment cohabiter avec un travail matérialiste ? Un biologiste a hardiment sauté le pas en assurant avoir prouvé qu'Ève était noire puisqu'il identifiait des gènes primordiaux, associant naïvement une couleur de peau avec des mitochondries au risque de réactiver les niaiseries sur les prétendues races. Ces allégories ambiguës n'apportent rien d'autre que de la confusion dans les esprits, outre que leur évocation révèle une bien étrange connivence. Quel intérêt ont ces formules ou l'étonnante tolérance religieuse dont font preuve bien des néodarwinistes, alors que le public assimile facilement le darwinisme à une forme critique des religions ?

Les scientifiques gagneraient à s'affirmer résolument athées. Si Darwin s'est bien gardé d'en parler, le célèbre chercheur britannique Richard Dawkins l'a fait dans son essai *Pour en finir avec Dieu*, suivant en cela des chercheurs comme Paul-Henri d'Holbach qui revendiquait son athéisme dès 1770. Il faut oser le dire. Comment peut-on être scientifique en approuvant la prépondérance de la croyance sur le raisonnement ? Le doute est un respect rendu à la lucidité. La science ne saurait exister sans un matérialisme épistémologique fondé sur le principe de la raison. Toutes les Églises ont connu leurs expéditions punitives contre le développement de la science, et les scientifiques pourraient élever des monuments mortuaires pour les humanistes assassinés au lieu d'exposer une indifférence conservatrice. En refusant la raison, les obscurantismes commencent à traiter les scientifiques en hérétiques et étendent ensuite leurs victimes à la population. Rien ne justifie non plus une « hypothèse créationniste » qui, de fait, se résume au refus d'une interprétation biologique rigoureuse. Comment élaborer un travail scientifique, tout en tolérant le fatras d'une révélation céleste, quand la foi ou la superstition remplacent une explication rationnelle ? Il y a longtemps que l'athéisme devrait être un acquis de la science.

Bien entendu, l'Ève mitochondriale n'existe pas. L'individu ancestral n'a jamais existé. L'humanité, à ses débuts, comportait déjà des centaines de représentants. Il n'y a jamais eu d'ancêtre unique, dans aucune espèce. L'évolution du vivant réside dans une organisation des multiples interactions de la matière, des milliers de molécules associées, des centaines de milliers d'hésitations et de réussites. Il suffit de seulement penser que vous, lectrice, lecteur audacieux, vous descendez probablement de quatre grands-parents et de seize arrière-grands-parents. En quelques dizaines de générations, nous avons déjà des milliards d'ancêtres. En fait, pensée finaliste, cette dérive tire son inspiration hiérarchique du modèle d'une société victorienne toute-puissante, qui tient l'héritage pour un droit divin. Les biologistes ont une lourde responsabilité dans la promotion des idéologies d'un certain darwinisme. Il faudrait enfin reconnaître les dimensions sociales, normatives, politiques et philosophiques des sciences. La biologie aussi fait de la politique lorsqu'elle valide des fourvoiements. Richard Goldschmidt le souligna encore en 1949. La droite capitaliste, avec Carnegie ou Rockefeller, s'est réclamée du darwinisme pour affirmer que le libre-échange et la concurrence constituaient des lois naturelles et pour justifier l'exploitation d'une main-d'œuvre sous-payée. Les représentations dominantes pèsent sur l'élaboration des conceptions scientifiques qui, en retour, peuvent les disculper. Cela n'est pas obligé, on peut y prêter attention. La biologie, la génétique ont longtemps fleureté avec le racisme. Par exemple, Alexis Carrel, prix Nobel 1912 et pétainiste ensuite, plaida pour une « hygiène » eugéniste, pour « le reconditionnement par le fouet », « l'euthanasie des criminels » et « l'élimination pure et simple des enfants humains inférieurs » afin de « restaurer l'humanité ». On le sait. Toute l'histoire des idées est tendue soit de ruptures, soit de criminelles complaisances.

Enfin, une vache a voulu bouleverser l'arbre. Excusez du peu. En 1966, Hennig publie son livre iconoclaste. L'histoire du saumon, du dipneuste et de la vache a failli, une première fois, casser l'édifice du néodarwinisme. En inventant le cladisme, ou systématique phylogénétique, Willi Hennig a proposé de distinguer irrévocablement les dipneustes des poissons. Ces paisibles habitants des mares des milieux subarides gardent une conformation assez inhabituelle. Les dipneustes, comme *Neoceratodus fosteri* ou son confrère le protoptère africain *Protopterus dolloi*, peuvent ramper dans la vase et respirer de l'air. Capables de survivre sans eau pendant les saisons sèches, ils s'installent dans un cocon de mucus qui les protège de la dessiccation. Ces animaux aquatiques savent aussi sortir de leur mare pour en coloniser d'autres. Répandus presque partout jusqu'à l'époque du trias, les dipneustes ont vu leur domaine se restreindre devant le succès des poissons à nageoires rayonnées, ceux-là mêmes qui ont engendré le saumon, le thon ou le poisson-clown.

Mais voilà, la vache et le dipneuste détiennent en commun quelque chose dont ne disposent ni le saumon ni les autres poissons, une adaptation *originale*. Le dipneuste avale de l'oxygène par ses choanes, orifices postérieurs des fosses nasales, et emmène l'air dans ce que ne possède aucun poisson, des poumons fonctionnels. Bref, Hennig, dans un célèbre brouhaha scientifique de contestataires, annonce que le dipneuste n'est plus un poisson et qu'il est davantage apparenté aux vaches, qui ont des poumons, qu'aux saumons, qui n'en ont pas. Il ne faudrait pas croire que tous les biologistes soient obtus, perclus d'orthodoxie. Du coup, l'évolution devenait une affaire d'apparition de caractères adaptatifs *nouveaux*. Mais, alors, la méthode cladistique (*cladistics method*) ne retient plus ni les populations ni la mutation fondamentale pour la théorie, proteste David Hull. Oui, l'arbre du vivant, ou clade, construit seulement des hypothèses évolutives. Ainsi, en inventant la cladistique, Hennig a implicitement reconnu que l'*apparition de la différence* était un moment essentiel de l'évolution.

Le dipneuste ne ressemble pas à la vache ? Qu'importe ! Il faut abandonner les classifications usant de similitudes (plésiomorphies), proclame Hennig qui insiste sur les caractères nouveaux (apomorphies). Ce sont les seuls qui autorisent la construction des fourches évolutives, les clades phylétiques. La cladistique propose de traiter les êtres vivants comme une série hiérarchique emboîtée et non pas comme une suite graduelle régulière. Les oiseaux, les humains tout comme les dipneustes entrent dans la boîte des crâniates et des choanates. Mais, en adoptant l'œuf protégé par une membrane amniotique, les oiseaux et les mammifères ouvrent la boîte des amniotes, laissant du coup derrière eux les amphibiens et les dipneustes, et leurs œufs presque nus. Encombré de notions vagues et confuses, arc-bouté sur l'idée d'une adaptation indéfinissable, ancré sur le gradualisme, accroché à la théorie de la sélection naturelle et au concept d'espèces biologiques, le néodarwinisme non seulement ne disposait pas de méthodes de classification systématique, mais il est arrivé à dépendre d'un consensus totalement arbitraire pour comprendre l'histoire évolutive. Reconnaissant la différence comme fondamentale dans l'évolution, la cladistique s'avère, par conséquent, un immense pas théorique dans la compréhension du vivant. Mais, cependant, la logique de la hiérarchie évolutive reste encore quasi intacte.

Pourtant, l'arbre va rompre. Avec l'amélioration des techniques moléculaires, nombre de biologistes s'accordent très vite sur une représentation beaucoup plus buissonnante de l'évolution, illustrant la complexité des échanges génétiques entre les différents groupes, les taxons* biologiques. Le manque de congruence entre les caractères morphologiques et les données moléculaires entraîne la construction d'arbres de plus en plus incertains. Des dizaines de propositions alternatives, plus buissonnantes les unes que les autres, vont tenter de redonner une figure acceptable de l'évolution biologique. James Lake annonce même que l'arbre se transforme en un anneau du vivant. Le modèle hiérarchique initial se décompose peu à peu.

Et les lièvres persistent. Quand les lièvres asiatiques s'amusent à des jeux érotiques, leurs ébats tiennent davantage de l'échangisme que de la pornographie. En analysant le phénomène, on découvre que le lièvre chinois *Lepus sinensis* entretenait de coupables relations avec le lièvre laineux *L. oiostolus*, le lièvre manchou *L. mandshurica*, le lièvre Yarkand *L. yarkandensis*, le lièvre du Cap *L. capensis* et même avec le timide de la famille, le discret lièvre variable *L. timidus*. Pour être complet, il est sans doute possible d'y adjoindre le lièvre de Hainan *L. hainanus* au statut encore un peu confus. Quand s'ajoutent à ces fornications multiples les introgressions génétiques entre les lièvres européens *L. europaeus*, *L. granatensis* et *L. castroviejo*, on conçoit que le mélange des gènes trouble la notion arborescente de l'évolution.

Il n'y a pas de lièvres sur les branches. Voilà, les lièvres et des milliers d'autres espèces ont clairement bouleversé les convictions orthodoxes. Un assortiment hétérogène d'ADN différent élabore une évolution réticulée (*reticulate evolution*), un buisson de caractères, une mosaïque évolutive. Pourtant, toute l'ossature du néodarwinisme reposait sur la suprématie de la transition verticale que souligne le principe de descendance avec modification. Ici se fonde cette théorie que, sans plaisanter, Allen Orr et Jerry Coyne instituaient encore fièrement en 2004 comme « l'horizon indépassable du néodarwinisme » (*sic*).

Le voilà bien dépassé. Loin de simplement dessiner quelques nuances, les lièvres, les fouines, les iris, les loups, les passereaux, les éléphants, les papillons, les singes et même les micro-organismes vont révéler combien la découverte des amours multiples entraîne une transformation radicale de l'idée qu'on se faisait des processus évolutifs. Jusqu'ici, peu de chercheurs étaient encore assez intrépides pour accepter la fin du néodarwinisme et pour appeler à une vraie écologie évolutive, une conception buissonnante, écologique et non hiérarchique de l'évolution (*ecological coevolution model*), car les êtres vivants ne changent pas seuls, mais les uns par rapport aux autres. Il faut reconnaître que nommer synthèse moderne (*modern synthesis*) le néodarwinisme le plus orthodoxe fut un sacré mirage ! Qui voudrait ne plus être « moderne » quand bien même cette modernité remonterait aux années 1940 ! Pourtant, l'édifice craque tellement que nombre de biologistes, même parmi ceux qui s'escriment encore à sauver le néodarwinisme, admettent qu'il faut parler d'une *évolution de la théorie évolutive*. Et cette évolution-là est radicale, révolutionnaire.

En dépit de son incroyable hégémonie, il ne faudrait d'ailleurs pas imaginer le néodarwinisme comme un corpus maîtrisé et scientifiquement partagé par la majorité des chercheurs. Il s'agit d'un consensus. Beaucoup de biologistes fondent leurs travaux sur des éléments conceptuels épars et sur des théories implicites, souvent admises par simple conformisme. L'apparente adhésion au système néodarwiniste donne parfois l'impression de résulter d'une certaine méconnaissance non seulement de ses postulats et de son histoire, mais aussi du mode de fonctionnement de la science. Ce n'est pas l'amélioration de la bougie qui a autorisé l'invention de l'électricité, mais une *rupture épistémologique* avec la théorie : au lieu de consumer, il fallait empêcher de brûler. Bachelard persévère. La science est faite de ces ruptures, de ces contradictions, soulignant l'importance scientifique des dissidences. Et nous voilà au seuil d'une rupture profonde, incroyablement fructueuse.

Il est aujourd'hui évident que l'arbre non seulement ne dessine pas la vraie diversité de l'histoire évolutive, mais qu'il symbolise également une conception erronée. Même la cladistique de Hennig ne peut y échapper en dépit de sa valeur descriptive. La principale contestation développée contre la cladistique reste que cette classification réformée ignore toujours la fragmentation des espèces et leur évolution réticulée. Mais, en s'appuyant sur les caractères nouveaux, elle appréhende cependant une réalité biologique. Johann Peter Gogarten avertit maintenant que « la métaphore originelle d'un arbre ne correspond plus aux données provenant des récentes analyses de génomes », et Didier Raoult complète : « L'arbre darwinien n'existe pas. » Même LUCA, l'ancêtre hypothétique de tous les êtres vivants, pourrait ne pas constituer un concept utile de l'évolution, insiste Carl Woese. Il faut le dire. Il est temps d'envisager une approche originale qui synthétise enfin les nouvelles découvertes. Car, loin de partir d'individus hiérarchisés affirmant un égoïsme nécessaire à leur survie, l'évolution des espèces, depuis les bactéries jusqu'aux tigres, et pour toutes les formes vivantes, s'est davantage élaborée comme un réseau d'interactions où chacun influence les autres.

L'évolution des uns est l'évolution des autres. Voilà comment revisiter l'histoire évolutive. Carl Woese appelle à la « constitution d'une nouvelle biologie pour ce nouveau siècle » afin d'en finir avec l'obsession de la « métaphysique réductionniste ». Et, en 2009, l'année même où nombre de biologistes et d'officiels fêtaient sans nuances la double gloire des deux cents ans de la naissance de Darwin et des cent cinquante ans de son livre vedette, Eugene Koonin pouvait enfin courageusement écrire que, désormais, « tous les grands principes du néodarwinisme ont été, si ce n'est carrément annulés, du moins remplacés par une vision nouvelle des aspects clés de l'évolution. Donc, pour ne pas mâcher les mots, on peut dire que l'ancienne "synthèse moderne" est caduque ». C'est la première annonce officielle de la mort du néodarwinisme.

Les fouines *Martes foina* aussi participent au bal des gènes. Les introgressions génétiques s'inscrivent au plus profond de l'ADN de ces petits mustélidés, témoignant d'incessantes hybridations. La martre des pins *Martes martes* a pris et donné quelques-uns de ses caractères. Bien que la fouine ait remplacé ses rochers en résidant dans des granges et des paillers, elle n'est pas insensible à sa forestière parente. Les introgressions prouvent qu'il y a eu quelques réticences entre les deux espèces, mais rien n'empêchant leurs relations sexuelles.

Et les rendez-vous amoureux extravagants ne manquent pas. Car, en évolution, chacun s'encombre volontiers de gènes inutiles. Chez le putois *Mustela putorius*, chez le vison *M. lutreola*, chez le putois des steppes *M. eversmani*, le furet *Mustela domesticus* et bien d'autres encore se dessine une évolution faite de petits morceaux. L'histoire évolutive de la plupart des espèces ressemble bien davantage à une mosaïque de gènes combinés dans un réseau d'échanges sauvages de matériel génétique. Voilà qu'il devient manifeste que l'évolution est réticulée (*reticulate evolution*).

Encore aujourd'hui, de nombreux biologistes voient les espèces comme des unités séparées, hiérarchiquement disposées dans un arbre ordonnancé, plutôt que comme des mosaïques de gènes provisoirement installées dans un corps. Pourtant, l'hypothèse d'une hiérarchie du vivant doit être abandonnée, clame enfin Eugene Koonin qui assimile les nouvelles découvertes à un vrai *Big Bang* évolutif, marquant les transitions majeures de l'évolution. En effet, comment reconnaître une hiérarchie naturelle dans une évolution si buissonnante que chaque rameau en rattrape un autre pour former un réseau inextricable ? L'évolution n'est pas limitée à une transmission verticale d'une génération à la suivante. Le rôle prédominant d'une modification atavique des caractères est réfuté. Voilà que l'histoire évolutive reconnaît aussi un *processus latéral*, malicieux et désordonné. Et cette évolution-là ne laisse pas indemne le néodarwinisme.

L'héritage de caractères adaptatifs à travers la progéniture constituait la base essentielle de la théorie de la sélection naturelle. Les gènes mutaient, l'individu était sélectionné, la population évoluait. De telle sorte que le concept d'arbre hiérarchique du vivant et la notion d'espèce biologique formaient ensemble le piédestal fondamental, le principe central de toute la « théorie synthétique de l'évolution ». Il reste peu de chose de l'arbre métaphorique et de l'évolution des meilleurs vers la bonne descendance.

Le sexe est vraiment sans gène. Car la « théorie moderne » du néodarwinisme se heurte à une autre réalité. Si la parade amoureuse ou si la sélection naturelle servait vraiment à trier les meilleurs partenaires, ceux qui possèdent les « bons » gènes, il y a longtemps que tous les individus seraient déjà issus des meilleurs depuis les milliers de générations que la sélection opère. Les mauvais seraient déjà triés et éliminés. Il n'y aurait donc plus lieu de choisir. D'autant que, tous les individus ayant déjà été sélectionnés, les variations devraient être réduites. Nous serions déjà tous les enfants des meilleurs gènes. C'est ce que l'on nomme le paradoxe du lek* (*lek paradoxe*) ; la sélection effectuant le tri évolutif des organismes, la diversité diminue à chaque génération, et le choix et le tri sont de moins en moins pertinents. Ainsi, l'écrémage des organismes effectué par la sélection naturelle ne pourrait que réduire la biodiversité. La variation devrait nécessairement être plus réduite après le tri qu'avant celui-ci. Or c'est le contraire qui se déroule : l'évolution produit de la diversité, des espèces nouvelles apparaissent.

Rien ne fonctionne non plus comme le certifient les orthodoxies de la théorie de « l'écologie comportementale ». Au contraire, le sexe multiplie les différences et la diversité des descendants. Loin d'élire les « bons gènes », le sexe produit la différence. Alors, la liberté des choix jette un trouble amoureux sur la mécanique biologique. En outre, les introgressions hybrides mélangent tout, et, en remontant dans le temps, la machine évolutive ne découvre pas des ancêtres bien rangés en structure ordonnée que seuls des chaînons manquants viendraient corrompre. Que nenni ! Pas de direction prévisible ! Pas plus d'aïeuls uniques que de calendes grecques ! Adam et Ève peuvent aller se rhabiller !

Pourtant, en 2011, la rigidité néodarwiniste resurgit. Douglas Theobald tente encore de contester cette vision moderne, réaffirmant que la verticalité de l'arbre du vivant reste une réalité contingente que la découverte de l'évolution réticulée n'a pas détruite. Déjà, les phylogénies ne sont altérées que par des petits morceaux d'ADN. Rien de méchant, plaide-t-il. De plus, soutient-il encore, à la base de l'arbre résisterait encore LUCA, l'ultime ancêtre commun à toutes les formes de vie (*last universal common ancestor*). Car l'évolution a transformé les espèces, mais un organisme primitif hypothétique en serait à l'origine. Toujours le mythe fondateur.

Mais rien n'y fait. Même en présumant un ancêtre ultime de tous les êtres vivants, l'évolution reste réticulée. En relisant les travaux antérieurs, on allait mettre la main sur des documents encore plus dérangeants pour la verticalité. L'évolution arborescente linéaire ne pouvait plus illustrer la réalité évolutive.

Il fallait, pour cela, observer de bien petits êtres vivants. Les micro-organismes qui pullulent à côté de nous semblent très étranges. Ni animaux ni végétaux, les bactéries dominent un monde microscopique dont on ne connaît guère que les pathologies qu'elles occasionnent. Tuberculose, typhoïde, choléra, tétanos, méningite en sont les dénominations les plus redoutables.

Avec une taille comprise entre 0,1 micron à 5 microns et restreintes à une seule cellule, les bactéries sont quasiment deux cents fois plus petites que la plus minuscule cellule des végétaux et des animaux. Les bactéries sont si minces qu'un seul gramme de terre peut en contenir entre 500 millions et 10 milliards, et plus de 10 millions de bactéries peuvent se disséminer sur une simple pointe d'épingle. À côté de l'univers des virus et de celui des archées* (micro-organismes souvent extrêmophiles), les bactéries élaborent des réponses minimes dans leur environnement, mais dont l'effet déploie d'incroyables répercussions. Il était patent que les microbes – impliqués dans toutes les réactions fermentées depuis le yaourt jusqu'au vin, dans la digestion et dans de multiples autres interactions – allaient aussi influencer leur part de l'histoire évolutive. D'autant qu'ils furent, sans doute, parmi les pionniers sur la terre.

Or les microbes préfèrent la donation à l'héritage. En effet, les bactéries se donnent des gènes. Comme ça, juste en s'approchant l'une de l'autre et en se touchant, et cette pratique existe à grande échelle. Déjà les virus ne savent guère exister autrement qu'en prenant des gènes aux bactéries, et on pense qu'ils auraient peut-être commencé l'histoire. Mais les bactéries ont su prendre le relais. Le transfert horizontal direct de gènes (*horizontal gene transfer*) d'une bactérie à une autre a été mis en évidence par Nancy Kleckner dès 1981. En étudiant des constructions circulaires étranges d'ADN, les *plasmides,* que les bactéries possèdent, elle s'aperçut que ceux-ci pouvaient passer d'une cellule bactérienne à l'autre. Cela, sans intervention du laboratoire, mais de manière naturelle. Une part du matériel génétique pouvait être absorbée, mais il advenait souvent des péripéties singulières aux fragments qui circulaient. Une fraction des gènes ainsi inoculés s'incorporait dans l'autre bactérie, lui apportant des caractères nouveaux, mais permanents. Non par descendance, mais directement. Parmi ces caractères innovants, les plasmides généraient une résistance aux antibiotiques par exemple. Ainsi, les microbes s'échangeaient entre eux, horizontalement, les recettes pour nous contrarier. Voilà bien de quoi nous méfier de ces microscopiques engeances.

En fait, « échange » de gènes s'avère ici un mauvais mot, puisque la taille de la portion génétique capturée dépend simplement de la *durée* du contact entre les deux cellules microbiennes. En outre, l'une prend à l'autre souvent sans rien lui céder. Les transferts ne sont pas réciproques. Depuis lors, d'autres procédés naturels de passage de fragments de gènes d'une bactérie à une autre ont été décrits. Il s'agit probablement de la plus fréquente manière qu'ont les bactéries d'acquérir des caractères nouveaux.

C'est tout un monde, ne connaissant presque rien de l'héritage, qui a été surpris en plein bouleversement de la théorie néodarwiniste. Le franchissement des gènes d'une cellule à l'autre est largement facilité par les plasmides, mais des virus spécialisés, les phages, peuvent contribuer à cette transmission. Enfin, les bactéries savent aussi se rapprocher toutes seules lors de ce qui est improprement nommé la « conjugaison » bactérienne, une étreinte gourmande où l'une attire le matériel génétique de l'autre à l'intérieur d'elle-même. Cette entreprise resterait un rien cannibale, révèle Rosemary Redfield, si le morceau de gènes ne réussissait pas à s'amalgamer au patrimoine circulaire de la bactérie la plus gastronome. Les bactéries prennent bien souvent l'ADN des autres au petit déjeuner et elles se délectent même plus volontiers de leur congénère morte. Mais, même si une recombinaison* existe, elle reste beaucoup plus partielle qu'avec la sexualité. Des gènes passent. Les transposons (ou gènes sauteurs) jouent à faire entrer l'ADN dans les cellules bactériennes. Mais rien n'y fait, la recombinaison reste si incomplète qu'on ne peut parler de sexe. D'ailleurs, même les gènes appelés REC (recombinants) chez les bactéries ne dérivent que d'un système partiel de réparation génétique.

Alors, Michael Syvanen osa, en 1985. Dans un article modeste, mais impitoyable, il proposait d'en finir avec le modèle unique et avançait comme nouveau principe d'évolution que les gènes pouvaient se transmettre horizontalement. Il appelait encore cela « le modèle inter-espèces de transfert de gènes », mais le transfert horizontal de gènes (*horizontal gene transfer*) venait d'être affirmé. « Si cette idée est correcte, disait-il, des gènes transposés à partir d'espèces étrangères permettraient à l'organisme d'intégrer ces gènes-là et de changer des traits morphologiques. » Une révolution conceptuelle. Des gènes sont transvasés entre les espèces, et l'importance de ces mélanges induit des variations ou des similitudes inouïes. Évidemment, cette innovation radicale offrait enfin un éclaircissement aux sursauts et aux interruptions des archives fossiles. Tout cela apportait une explication définitive à la difficile description des phylogénies. Mais la découverte désavouait prodigieusement la notion fondamentale de l'obligatoire « descendance avec modification ». Voilà que la conception verticale de l'évolution, l'arborescence du néodarwinisme était complètement démentie par les bactéries.

On tenta de sauver le soldat Darwin. Était-on sûr de ce qu'on avait observé ? Cela fut vérifié. Mais, alors, le transfert horizontal ne devait se dérouler que de manière exceptionnelle, ou ne concerner que de rares organismes, ou encore n'exister que chez certains microbes. Les horizons de Syvanen ne furent pas admis sans querelle, et certains firent mine de ne pas s'y intéresser, dans l'espoir ridicule qu'en négligeant ces travaux scientifiques ceux-ci resteraient minorés. Cette stratégie de l'oubli ou tactique de la citation lacunaire reste trop fréquente encore en science. On omet une référence dérangeante ou le travail d'un collègue jalousé comme si, en les taisant, on en diminuait l'intérêt. Cette petite délinquance (*misbehaviour*) est probablement la fraude scientifique la plus courante, pourtant tout aussi grave que le lissage des données (*cooking data*). De toutes les façons, il était refusé que les transferts horizontaux puissent intervenir de quelque manière que ce fût sur la structuration évolutive des animaux « supérieurs ». En bons néodarwinistes convaincus, James Brown, Craig Volker ou John Longsdon le soutenaient, il fallait rejeter l'hypothèse que des vertébrés, et plus particulièrement l'humain, puissent posséder des gènes originaires de bactéries (BVTs, *bacteria-to-vertebrate transfert*).

Mais, progressivement, devant l'accumulation des preuves amoncelées par nombre de microbiologistes, d'évolutionnistes et de biologistes moléculaires, il fallut se rendre à l'évidence : la radiation adaptative d'un arbre évolutif n'était plus le seul processus par lequel la biodiversité rayonnait. Le refus d'admettre l'évolution latérale a été une autre obstruction majeure du néodarwinisme à la compréhension de l'évolution.

Au moins depuis 2005, il est désormais reconnu que le transfert horizontal (*horizontal gene transfert*) ne constitue pas un phénomène accidentel mais qu'il est, au contraire, prédominant dans les mondes microbiens et protozoaires. Une procédure non darwinienne venait d'être reconnue. Admise pour les bactéries, la constatation se prolonge ensuite à d'autres êtres vivants. Nadir Alvarez et Nicolas Galtier le prouvent avec les coléoptères, *Acanthoscelides obtectus*. D'autres auteurs le découvrent avec des plantes, des insectes, des singes. Alors, en 2009, Patrick Keeling réfute la relégation des transferts horizontaux de gènes aux seuls univers microbiens ou aux organismes asexués. Le transfert horizontal remporte une vraie signification évolutive.

Enfin est reconnu que le matériel génétique s'échange aussi latéralement, même chez les animaux qui apprécient les exercices sexuels, sans que ce matériel génétique ne soit charrié par la reproduction. Des gènes se faufilent et s'intègrent sans passer par la reproduction sexuelle ! Des virus, des bactéries laissent un peu de leurs gènes aux animaux, juste en passant ! Et les introgressions hybrides incorporent aussi des nouveautés évolutives. Du coup, notamment chez les espèces asexuées, l'évolution peut procéder d'une manière quasiment « lamarckienne », au sens original de « héritant de caractères acquis », y compris par d'autres organismes bactériens ou même animaux. Voilà bien un retour inattendu qui frappe de plein fouet l'orthodoxie. L'évolution réticulée ne peut plus être niée.

Si l'être vivant est dépouillé de son environnement et des espèces qui l'accompagnent, il est séparé de sa propre histoire. La vie est irrévocablement liée à son milieu et à son histoire évolutive, et il en découle des variations originales que la plasticité phénotypique* exprime notamment. La flexibilité des apparences conduit à des phénomènes adaptatifs insoupçonnés et contribue à une différenciation génétique, à des formations d'espèces nouvelles. Les organismes vivants présentent toutes sortes d'états variables qui interréagissent de façon complexe, y compris par des rétroactions, des résistances et des réponses imprévisibles. L'évolution dépend de la relation des uns avec les autres, l'évolution s'avère d'abord et plus exactement une *coévolution* des êtres vivants, dont le transfert de gènes prouve la validité définitivement concrète.

La coévolution devrait être comprise comme le plus important des mécanismes évolutifs qui ait organisé la diversité du vivant. Nous allons voir que la porosité des êtres vivants attaque aussi l'idée qu'on se fait des bifurcations évolutives. Car l'évolution s'est aussi faite grâce à une sensibilité primordiale, depuis le niveau de la cellule jusqu'à celui des corps, c'est ce que l'on nomme le mécanisme de facilitation*. Loin d'une concurrence acharnée, il faut comprendre la facilitation (*facilitation mechanism*) comme un processus qui, à travers les interactions individuelles, qu'elles soient apparemment négatives ou positives, produit des effets coévolutifs à l'échelle de la communauté et structure les mutualismes. Nous n'avons, décidément, plus affaire à un modèle d'exclusion compétitive, mais, au contraire, à un processus d'interrelations et de mutualismes*, une écologie de la facilitation. L'égoïsme commence à s'y perdre.

En fait, désormais, la question fondamentale ne réside plus dans l'existence d'un processus de transfert horizontal des gènes, la preuve en est faite. Il s'agit plutôt de savoir si une telle transmission peut fournir des atouts adaptatifs. C'est *l'évolution latérale.* Voilà que l'enjeu de l'étude des processus latéraux, de l'évolution réticulée, se précise.

Et c'est ce que racontait le lièvre sur sa branche.

Chapitre 4
Les vagabonds du temps ou les tourbillons du vivant

Le loup d'Abyssinie,
Canis simensis.

« Nous sommes tissés de l'étoffe dont sont faits nos rêves. »

William SHAKESPEARE, *La Tempête*, 1611.

Il existe bien des façons d'aimer le café. Il faut le confesser, le scolyte *Hypothenemus hampei* l'adore. C'est de famille. Tous les scolytes s'intéressent à l'agriculture. Ce groupe de minuscules coléoptères est compté parmi les grands ravageurs de cultures, car leurs larves s'appliquent avec obstination à consumer des végétaux dont nos sociétés exploitent l'intérêt. Pourtant, on pourrait devenir sensible aux artistiques figures étoilées que trace, involontairement sous l'écorce, son compère xylophage, le scolyte typographe *Ips typographus*. L'animal, en grignotant, reproduit d'incroyables galeries géométriques en forme de constellation, lentement sculptées dans l'aubier. Mais ces insectes gardent toujours la détestable habitude de venir nous disputer les plantes et les arbres que nous voulons. Pourtant, une certaine tolérance pourrait subsister puisque ces coléoptères participent aussi à la régénération forestière.

D'autant que nos scolytes ne peuvent digérer ni la lignine ni la cellulose. Reconnaissons, toutefois, que ces matières pauvres sont à peine comestibles. Alors, comment opérer pour s'en nourrir ? C'est simple, les scolytes s'associent à d'autres organismes. Nos petits dessinateurs arboricoles transportent une provision de spores de champignons microscopiques. Le champignon inoculé attaque l'écorce, ou la graine, et le scolyte se nourrit de cette bouillie prédigérée.

Mais, dans le cas du scolyte du café, l'explication ne tient pas. Aucun champignon n'est suffisant à l'opération de prédigestion. Comment notre petit amateur d'arabica a-t-il pu développer des enzymes capables de casser les sucres spécifiques d'une graine aussi amère ? Son tube digestif ne possède rien d'une flore microbienne indispensable. Le fait a été vérifié.

Mais notre scolyte dispose d'une arme secrète. Le coléoptère détient au plus profond de son génome un gène apte à digérer le café. Et ce gène provient d'une bactérie. Car le scolyte a chapardé cela à un microbe. Encore une fois, un transfert génétique horizontal s'est réalisé. Et l'insecte a réussi cette capture du matériel génétique bactérien bien avant de déguster du café. En effet, le gène existe dans 16 différentes populations de scolytes tandis que d'autres espèces, qui n'apprécient pas le café, ne montrent aucun locus semblable. Un transposon, un gène sauteur, s'est inséré directement dans un animal. Maintenant, il confère visiblement à notre scolyte une aptitude écologique qu'il n'avait pas. C'est-à-dire que le transfert horizontal de gènes a généré un nouveau phénotype, un caractère original inexistant auparavant chez l'insecte. Nous avons répondu à notre interrogation précédente. Ici, l'évolution est latérale, et le transfert horizontal constitue un incontestable mécanisme évolutif. Voilà que ce processus introduit des traits radicalement nouveaux sans que la mutation n'en soit à l'origine. Le néodarwinisme craque encore.

Les pucerons aussi sont des voleurs. Déjà ces insectes fripons avaient aiguillonné la curiosité des chercheurs. Les minuscules insectes parasitent la sève de nombreuses espèces de plantes. Les prédateurs le savent et les pourchassent impitoyablement. Ce n'est pas drôle, une existence de puceron. Alors, plutôt que de voir la vie en rose, les pucerons *Acyrthosiphon pisum* résistent en deux couleurs : certains arborent une livrée verte, d'autres préfèrent vivre en rouge. Cela perturbe les guêpes daltoniennes. Les coccinelles dévorent les pucerons rouges bien visibles sur les tiges, tandis que les guêpes ne distinguent que les verts. Les pucerons quasi écarlates réussissent donc à échapper à certains de leurs ennemis, même si les coccinelles restent encore redoutables. Mais le vêtement incarnat n'est pas disponible si aisément dans la nature.

Il a donc fallu que les insectes réussissent à dévaliser la nature pour se l'approprier. Des pigments de la famille des caroténoïdes sont primordiaux pour acquérir cet accoutrement rouge, mais aucun animal n'a jamais réussi à les élaborer chimiquement. Les pucerons sont quasiment les seuls animaux connus à pouvoir synthétiser ces pigments qui, en outre, stimulent l'acquisition de la vitamine A. Comment ont-ils obtenu ces pigments ? Ils ont chapardé un gène. Les petits aphidés peuvent croquer des plantes sans vitamines, parce qu'ils ont capturé le gène d'un champignon, il y a quelque 30 à 80 millions d'années. Le larcin est si ancien qu'il y a désormais prescription. Mais, constatez. Une porosité étrange existe, même entre eucaryotes* ! Et une évolution latérale découle directement de cet incroyable transfert de gènes, là encore sans mutation génétique.

Et, cependant, comment identifier les fantômes du passé ? Comme le génome de beaucoup d'animaux demeure quasiment inconnu, les scientifiques ignorent vraiment à quel point le phénomène de transfert horizontal est répandu. En tout cas, la capture adaptative d'ADN a révélé l'existence d'un nouveau processus évolutif qui contredit la verticalité de la vieille « théorie moderne ». Voilà que l'évolution peut être *horizontale* et peut ne pas suivre le principe de descendance. Que le mécanisme soit rare ou très fréquent n'y change rien, une autre évolution est possible. En outre, les modèles montrent que le transfert horizontal, en introduisant de nouveaux gènes déjà « évolués » dans des génomes existants, accélère l'histoire évolutive des espèces.

Ici, les espèces ne sont plus isolées dans la solitude de leur niche écologique, mais chaque être vivant influence l'histoire des autres. Voilà que se dessine enfin l'exigence d'une nouvelle conception, un modèle de *coévolution écologique*, une synthèse évolutive originale qui prend en compte l'écologie comme point nodal, une écologie évolutive. Car les êtres vivants ne sont jamais seuls et évoluent les uns avec les autres dans un environnement changeant. Alors que la biologie évolutive tentait de comprendre comment les transformations du vivant s'effectuaient à travers les gènes et dans la descendance, l'écologie coévolutive analyse l'évolution du vivant comme résultat des interactions multiples et cohérentes qui fondent flores et faunes dans une histoire commune.

Il ne s'agit pas d'affirmer que la théorie néodarwiniste est caduque simplement pour se satisfaire de sa fin annoncée. Non, la bientôt séculaire théorie doit être regardée comme périmée parce que l'orthodoxie prégnante du néodarwinisme comporte *aussi* des conceptions confuses et erronées qui réduisent la visibilité des processus évolutifs.

Les idées ont vieilli. Que ce soit le prétendu isolement définitif de l'espèce, la mutation obligée, le principe absolu de descendance, la supposée verticalité des arbres, le gradualisme obligatoire, la conjecture des ancêtres uniques, la prépondérance de la compétition intraspécifique, la formation d'espèces nouvelles par hybridation ou dans un même milieu (sympatrie) et tant d'autres questions encore que nous analysons pas à pas, combien de postulats et de préceptes, considérés comme intangibles et incontestables il y a encore quelques années, ont réduit ou envenimé la réflexion ? Combien d'anathèmes ont été jetés accusant chaque débat, chaque controverse évolutive de signer un retour forcé vers les stupidités créationnistes ? Bien sûr, les biologistes ont changé, et nombre de conceptions ont été modernisées. Mais le néodarwinisme reste encore fondamentalement inscrit sur l'hypothèse d'une concurrence entre individus foncièrement égoïstes. Or un point est absolument certain : l'arborescence linéaire n'illustre pas correctement la réalité évolutive.

Au contraire, en affirmant l'émergence d'un modèle écologique de l'évolution, que je défends depuis plusieurs années, il s'agit d'introduire enfin de nouvelles directions de recherche. Notamment, il est raisonnable de souligner l'importance des interactions entre les individus, en tant que *force diversifiante*, en tant que mécanisme primordial de déploiement de la *différence* dans un environnement composite. La présence des autres est nécessaire à l'histoire commune d'une évolution réticulée. Il s'agit de développer la conception originale d'un nouveau modèle écologique de coévolution.

En fait, imaginons. Concevons ici la nouvelle théorie du tourbillon évolutif ou modèle de coévolution écologique (*ecological coevolution model*) comme une hélice perméable, une série de couches multiples dans un environnement hétérogène et changeant depuis la nuit des temps. Mon scénario ne présente pas d'arbre ou de candélabre, mais une coévolution hélicoïdale (*helical model*) au sein de laquelle transferts horizontaux et évolution réticulée prennent place.

Des bulles s'organisent dans les argiles sous le soleil, mais la vie aurait pu tout aussi bien tirer son énergie de la chaleur terrestre elle-même, comme le font certaines bactéries acétogènes. Point de départ d'un tourbillon, un mouvement de molécules qui organise la vie avec autant de force qu'un cyclone. Sur l'hélice du vivant, chaque spirale présente des points d'accroche, de fusion avec les autres, de telle manière qu'à chaque tour des échanges se produisent, depuis la gravité, depuis des réactions minérales inertes vers des structures virales ou microbiennes simples, aussi bien que des virus ou des bactéries vers des formations génétiques végétales ou animales plus complexes, mais toujours sans étanchéité complète. Chaque organisation force sur les autres et peut se fondre ou être expulsée, accomplissant une ronde biologique en hélice et, en cela, réduisant la portée de la compétition.

Une « sélection naturelle », c'est-à-dire une efficacité provisoire, déloge certaines structures du tourbillon, écarte certaines relations selon leur degré d'efficience. Ici, la nature est régie par une *coévolution,* et, contre la solitude de la sélection compétitive, des organisations mutuelles, des événements symbiotiques, des « coopérations » apparaissent et sont conservés tant que la relation reste stable, efficace, selon un principe d'efficacité temporaire (*principle of temporary efficiency*).

Un tourbillon de vie. Bien évidemment, cette distribution n'admet rien de linéaire, pas de démarcation très distincte. Les délimitations sont moins nettes, les groupes et les espèces ne forment pas des compositions imperméables les unes aux autres. En spécialisant les portes d'entrée, l'étanchéité devient sélective, la sensibilité apparaît. Les échanges se continuent, se prolongent même après des escales, des stases ou des accélérations selon la force des échanges. Cette pression discontinue d'une formation biologique sur une autre provoque et multiplie des chocs latéraux qui, en retour, produisent des contractions ou des expansions de l'hélice du vivant. Il existe des pauses biologiques de l'organisation, selon le degré d'étanchéité obtenu. De nouvelles « branches » originales se détachent provisoirement de la continuité des spirales multiples. Et, si ces organisations génétiques apparaissent provisoirement assez stables dans un environnement plus riche et plus inattendu, elles parviennent à encore plus se distinguer des autres, formant des haltes temporaires qu'on nomme « espèces ».

Ces agencements biologiques multiples appuient les uns sur les autres, engageant progressivement en cascade des modifications des flores et des faunes. Il n'y a pas d'évolution solitaire. Apparaît alors un rayonnement évolutif. Ces transferts vivants massifs entraînent comme des vagues évolutives, qui éparpillent une diversité biologique nouvelle, construisant un épisode d'explosion des formes du vivant. Les flores et faunes nouvelles émergent ensemble. Parfois, des accidents aléatoires déchaînent, au contraire, des extinctions dramatiques. Sous l'effet d'une simple pression extérieure, des groupes entiers s'arrachent du tourbillon vivant, pour disparaître en même temps que les structures originales qu'ils avaient arrangées. Un simple hasard accroît encore la pression entre organisations biologiques, entraînant l'anéantissement évolutif d'autres groupes.

Chez les animaux, on peut concevoir que la multiplication des copulations répétées, en accroissant l'étanchéité des populations, renforce l'identité momentanée des nouvelles « espèces » tant que dure l'émotion de leurs amours. Les espèces deviennent plus aptes à se reproduire et, en préférant certains traits originaux de leur physionomie, consolident encore les caractères de cette séduction. Le sexe y gagne une place remarquable.

La vie commence dans des bulles parce que les premières molécules génétiques ne pouvaient résister sans la protection d'une membrane si diaphane soit-elle. À partir des échanges génétiques pratiqués par quelques bulles libertines* primitives (*libertine bubble theory*) enfouies dans une promiscuité archaïque, un mécanisme complexe de maintien des gènes s'est mis en place. La promiscuité a obligé aux transferts de gènes, mais il en a découlé un avantage inattendu : les gènes transférés ont changé les enzymes des bulles qui les obtenaient. Si l'on préfère, les bulles qui ont été les plus libertines sont celles qui ont accru leur réussite révélant combien le sexe est né d'une interaction primitive immédiate. Il fallait juste que chacun soit sensible aux autres, que chacun reconnaisse les molécules de l'autre. Conséquence secondaire de réactions métaboliques primitives, le sexe provient de cette sensibilité élémentaire qui a conduit à accroître le succès reproducteur des individus les plus sensibles, ceux qui interagissaient ensemble. Là s'est constitué, sous l'effet de la pression d'un matériel génétique surabondant, et à partir d'un outil de réparation de l'ADN, le dispositif réducteur de la méiose. L'ADN se sépare de son couple répétitif. Cela entraîne un effet boule de neige, ce que les biologistes nomment un emballement de Fisher* (*Fisher runaway*), seuls les processus efficaces sont retenus.

Sous la pression de caractères corrélés, le sexe a ensuite impliqué deux cellules qui se sont différenciées, spermatozoïdes et ovules. La relation entre les deux devient obligatoire, mais cette divergence initiale a engagé le conflit sexuel d'intérêts. Les mâles spécialisés dans la dispersion des cellules fécondantes et les femelles réceptrices produisent un troisième être nouveau, totalement original. Une variation organisée s'introduit résolument en évolution, infiltrant en même temps un antagonisme inévitable au sein des corps dont les organes se mettent à fabriquer les armes de cette querelle biologique, mâle contre femelle, femelle contre mâle. L'évolution rayonne pourtant de cette bataille-là, quand le rapprochement invite à la reproduction et au mélange des gènes.

La différence s'affirme encore. Car, loin d'un déterminisme austère, l'ADN est comme un livre de recettes que chacun confectionne à sa façon personnelle dès qu'il le peut – cette théorie du gène livre de cuisine (*gene cookbook theory*) est largement développée dans mon précédent ouvrage, *La Biodiversité amoureuse*. Tous les gènes ne sont pas activés au même moment et dans les mêmes conditions. La machinerie cellulaire effectue la lecture des recettes pour produire des réponses à leur tour affectées par d'autres facteurs internes. Beaucoup de biologistes en conviennent désormais, la génétique doit être repensée, et le gène n'est pas beaucoup plus qu'un concept, rappelle Jean Deutsch. Et des paramètres de l'environnement influent aussi sur l'expression génétique, c'est l'épigénétique. Cependant, en séparant les cellules sexuelles du reste du corps organique, les espèces sexuelles deviennent un peu plus étanches à l'inoculation de gènes étrangers, moins ouvertes aux intrusions latérales, aux pressions horizontales des autres, adoptant des structures organiques plus stables, occasionnant une certaine étanchéité. Le dispositif biologique change encore en séquestrant le développement embryonnaire dans le corps lui-même, par la gestation vivipare.

La mosaïque des organismes découle alors de la bousculade des gènes. La charge de chaque espèce sur chaque autre stimule des évolutions réticulées, des développements embryonnaires différents, des déplacements de caractères (*character displacement*). Nous y reviendrons. Les espèces peuvent dériver les unes des autres, simplement à travers d'improbables relations amoureuses.

Ainsi, le loup est devenu rouge. Entre loup gris et coyote, une espèce s'est distinguée. Promenant sa curieuse physionomie, le loup rouge *Canis rufus* a longtemps été assimilé à un « vulgaire » hybride entre le coyote *Canis latrans* et le loup gris *Canis lupus*. Il fut même décrit comme une espèce « dégénérée », révélant une fois encore qu'un eugénisme diffus et des idées de pureté de la race avaient contaminé la théorie néodarwiniste.

Le coyote a profité d'un opportunisme certain pour étendre son domaine d'activité et atteindre l'Alaska au nord et le Guatemala au sud, empiétant largement à l'est sur les terres du loup rouge. Déjà extrêmement rare dans sa région d'origine, le loup rouge ne dédaigne pas de mélanger ses amours avec ce nouveau partenaire. Malheureusement, cette aubaine a amené à l'hypothèse d'un hybride sans intérêt. Mâtiné de coyote et ayant divergé trop récemment du loup gris, la distinction paraissait trop faible, le rouge carnivore passait donc inaperçu. Mais il n'y a pas d'amours malpropres. C'est au plus profond de son génome que le loup rouge acquit enfin un statut d'espèce à part entière et, par la même occasion, d'espèce endémique en déclin. La divergence entre les trois canidés s'est construite à la fois de leurs différends et de leurs attirances passagères. Le loup rouge est en train de se former comme une espèce nouvelle. Restreint à quelques poches de populations au sud-est du Texas et en Louisiane, l'avenir du loup rouge reste incertain bien que le programme de restauration semble porter ses fruits. Mais voilà, son génome emporte une mosaïque de caractères dérivés de ses relations extraconjugales aussi bien avec les loups gris qu'avec les coyotes. Faut-il définitivement lui interdire ces mariages adultérins ?

Une autre histoire de loups vient combler notre interrogation. Auparavant considéré comme un chacal ou comme un renard, le kebero ou loup d'Abyssinie *Canis simensis* a vécu longtemps sans qu'on s'y intéresse. Égaré dans les montagnes du Simen, le coloris orangé et blanc de son pelage et la grande taille de ses pattes le distinguent pourtant bien des autres canidés. Enfin, sa parenté génétique avec le loup fut établie. Du coup, l'intérêt pour ses mœurs augmenta, et la protection de l'animal devint d'actualité. Il reste encore aujourd'hui le canidé le plus menacé du monde. Cependant, l'analyse génétique continua de se révéler complexe. Le kebero a divergé du groupe qui a donné le loup, le coyote et le chien il y a 3 à 4 millions d'années. Abandonné dans son désert éthiopien, le loup d'Abyssinie connaît donc très mal les autres canidés africains, renards et chacals. Il pourrait alors se tenir à l'abri des événements hybrides. Mais voilà, des chiens domestiques *Canis familiaris*, retournés à la vie sauvage, se disputent son amour, et le loup éthiopien n'y est pas insensible. La rareté des partenaires et la proximité des chiens engagent notre loup dans d'insolites épousailles. Car, outre la rare présence de populations du loup gris *Canis lupus pallipes*, une autre sous-espèce très discrète, d'aucuns disent cryptique, *Canis lupus lupaster*, pourrait aussi folâtrer en Afrique, du nord à l'ouest selon les analyses d'ADN mitochondrial. Alors, doit-on regarder comme anormale, comme illégitime toute séduction du loup rouge ou toute hybridation du loup d'Abyssinie et doit-on les empêcher ?

L'amour est désinvolte. À comprendre la spéciation hybride, il est possible de raisonner autrement. Les hybrides posent un problème évolutif qui n'a rien à voir avec des expérimentations aléatoires ou des distractions humaines. Aussi, tant que le processus reste naturellement induit, il n'y a rien à en dire. Pas de races pures ni d'espèces dégénérées en évolution. Au contraire, une mosaïque de caractères et une biodiversité toujours amoureuse. Ici, le chien domestique intervient non naturellement, il est issu d'un processus historique qui l'a façonné au service des humains. Même si ses populations s'étendent à la vie sauvage, il a été introduit, et les copulations qu'il réalise interfèrent avec la vie naturelle du loup d'Abyssinie. Il en va autrement du loup rouge qui vit ses unions hybrides avec des partenaires sauvages. Peut-être ces épousailles restent-elles un moyen de conserver les derniers morceaux de son identité ?

Quand bien même, il y a sans doute lieu de restreindre les aménagements trop favorables à la nouvelle répartition du coyote pour réduire l'appel sentimental des amoureux. Rescapé des amours mosaïques, le loup rouge persiste en si faibles populations et dans une Amérique si étroite aux animaux sauvages que sa survie n'est pas assurée. Mais, dans ces palettes de couleurs qui, provenant des temps lointains, se prolongent dans un avenir approximatif, qui dira si le gris va changer le rouge ou si l'inverse sera vrai ?

Le choc hybride des espèces, la collision latérale d'une espèce sur une autre peuvent exercer une force évolutive considérable selon les conditions de l'environnement. C'est aussi de cela que rend compte le modèle de coévolution écologique. Il y eut même des organismes qui sont venus se glisser à l'intérieur des autres et s'y installer longuement en ajustant une symbiose* interne, une endosymbiose*. Le terme est né en 1879 sous la plume de Heinrich Anton de Bary, qui voulait transcrire l'activité d'êtres différents vivant ensemble une association. Le poisson-clown n'est pas seul dans son anémone. D'autres mutualismes existent.

Il va falloir entamer une double expédition. Une aventure intérieure d'abord, dans le minuscule, certes, mais non dans le dérisoire. Ensuite, il faudra se projeter dans les temps immémoriaux, à ces époques grandioses où, vous ou moi, chère lectrice, cher lecteur, étions à peine une mince probabilité à venir.

Tout d'abord, regardons soigneusement le contenu d'une cellule vivante. Les eucaryotes, les organismes possédant des cellules à noyau, regroupent protozoaires, végétaux, champignons* et animaux. Vous et moi. Il y a un noyau renfermant de l'ADN, une membrane externe et de drôles de petites constructions un peu insolites, des inclusions. Les eucaryotes, depuis les paramécies jusqu'à nous-mêmes en passant par les bolets et les platanes, possèdent, dans leurs cellules, de minuscules inclusions : les mitochondries ou les chloroplastes, selon que la tendance est animale ou végétale. Les mitochondries constituent de microscopiques structures qui participent au cycle de la respiration cellulaire, le cycle de Krebs. Les chloroplastes, eux, organisent la photosynthèse des plantes. La taille de ces organelles* ne dépasse pas celle des bactéries, moins d'une dizaine de microns, et elles disposent chacune de leur propre ADN.

Les mitochondries sont-elles individualistes ? En tout cas, elles se divisent seules à la manière des bactéries sans faire intervenir la machinerie cellulaire. Une telle autonomie est surprenante à ce niveau. Aussi est-il tentant de se demander ce qu'ils font là, ces organites*, d'où viennent ces étranges structures microscopiques ?

En fait, il est probable que les mitochondries et les chloroplastes soient des visiteurs du temps.

Imaginez la terre primaire en ébullition, à l'époque de cette « aurore de pierres », comme le dit si joliment Antoine Danchin. Venues de ces périodes farouches où l'oxygène commençait à envahir la planète primitive comme un poison gazeux, les mitochondries ont joint leurs compétences pour renvoyer les gaz à nos cellules eucaryotes. Les mitochondries ont permis la respiration cellulaire en s'intégrant. Et cela, à un moment crucial où cette association respiratoire était bénéfique et nécessaire. Les mitochondries ont fait respirer le monde vivant. Voilà. La théorie endosymbiotique (*endosymbiotic theory*), si célèbre en biologie évolutive, a proposé que l'organisation des cellules actuelles témoignât de tels événements symbiotiques. Les mitochondries seraient donc des voyageurs temporels arrêtés net dans l'espace étroit de nos cellules.

Aussi loin que vous chercherez, on vous présentera Lynn Sagan Margulis, décédée en 2011, comme la chercheuse scientifique qui a découvert l'endosymbiose, c'est-à-dire qu'elle serait la biologiste à l'origine de l'idée que les inclusions d'organelles proviendraient d'une symbiose archaïque originelle entre bactéries et eucaryotes. Et ce n'est pas elle. Elle publia pourtant en 1967, sous son nom propre de Lynn

Sagan, le papier fondateur du scénario. Doit-on vraiment croire à ce récit d'une jeune étudiante, observant vers 1955 des chloroplastes au microscope, tel que les historiens américains nous le racontent ? Scientifique célèbre, Margulis a rédigé, depuis 1970, des dizaines de publications sur cet incroyable épisode. Au début, l'idée de la symbiose intérieure restait écoutée dans l'ambiance froide d'un scepticisme généralisé. Progressivement, cette théorie est devenue très célèbre en biologie, au fur et à mesure que les travaux scientifiques la rendaient plus vraisemblable, et, vers 1980, l'idée commença à devenir la plus officielle des hypothèses de la formation des eucaryotes. Alors, Christian de Duve applaudit, estimant que les mitochondries étaient probablement les premiers symbiontes de la planète.

Sans rien ôter au considérable travail de Lynn Margulis, je n'ai pas trouvé que soient mentionnées de manière claire et indéniable ses inspirations particulières. On nous décrit une étudiante se battant contre tous pour imposer une conception originale tellement en avance sur son temps. Une révolution à l'américaine. Pourtant, le vrai pionnier de cette découverte de l'endosymbiose est Paul Portier qui énonça en 1919, dans son livre *Les Symbiotes*, une théorie révolutionnaire pour son temps : le principe d'évolution par « association ». Il y développe aussi une conception microbienne des mitochondries, les voyant comme des symbiotes de la cellule vivante. Que les Anglo-Saxons l'ignorent, c'est peu probable. À l'époque, la littérature biologique était largement rédigée en français, et les chercheurs savaient lire la langue de Voltaire.

Décédé en 1962, Portier était un physiologiste marin très réputé. Probablement codécouvreur des allergènes des méduses, il laissa Charles Richet être récompensé seul par un prix Nobel. De toute manière, le livre de Portier a reçu une critique publique dans la revue *Nature* en 1919. Il suffisait donc de bien faire son travail de recherche. L'idée de l'endosymbiose de Portier a fait sourire et fut considérée comme une aimable hérésie, sinon une sottise. Quoi, les mitochondries seraient des vagabonds du temps, échoués au cœur de nos cellules ?

Et, pourtant, l'étrange transhumance des bactéries est largement étayée par les analyses modernes. Nul ne doute aujourd'hui que les mitochondries trouvent leur origine dans un événement endosymbiotique entre une bactérie primitive (α-protobactérie) et un proto-eucaryote, ce qui fait de la théorie endosymbiotique (*endosymbiotic theory*) l'une des plus fameuses conceptions de la biologie de l'évolution.

En fait, après quelques déboires, la théorie ne fut réellement admise que dans les années 1990 et parce qu'elle concernait des micro-organismes à un stade très primitif. Irrecevable en 1919, l'endosymbiose paraissait déjà moins impie plus tard. Que la terre primordiale puisse être le théâtre de ces événements baroques entre bactéries, à l'époque où la vie restait dans ses balbutiements, semblait devenu une hypothèse plausible. Il fut ainsi plus aisément accepté que des interactions entre organismes archaïques aient pu engendrer ces inclusions à la manière de parasites s'incorporant dans un être vivant. Mais déjà commençait à apparaître l'importance du choc latéral entre des organismes vivants.

Écologiste convaincue et partisane d'un « principe d'association », Margulis a longtemps reproché au néodarwinisme « de se vautrer dans une zoologie capitaliste et d'avoir trompé Darwin, en valorisant la concurrence et des interprétations de coûts et de bénéfices ». En 1970, elle s'associa avec James Lovelock pour transcrire une grande conception du vivant, la théorie Gaïa (*Gaia hypothesis*). Ce concept holistique assure que les êtres vivants formeraient avec la planète, avec leur environnement inorganique, un complexe interdépendant, symbiotique et autorégulé, une planète vue comme un superorganisme dans l'espace. Ainsi, toutes les formes de vie participeraient d'un grand ensemble symbiotique supra-organique vivant, Gaïa.

Directement inspirée des théories de l'organisation, la vie est ici comprise à la manière d'un grand tout supérieur à ses parties. Cette conception diffère de l'appellation « biosphère » proposée en 1926 par Vladimir Vernadski, sur la base des définitions de Lamarck d'abord, puis d'Eduard Suess, pour intégrer l'histoire biogéologique et écologique de la constitution du globe : la biosphère reconnaît les interrelations entre inorganique et biologique, comme dans le cycle du carbone par exemple. Ici Gaïa constitue un ensemble vivant. L'idée fit sensation auprès tant des écologistes de l'époque que du grand public. Bien que théoriquement « vivante », l'hypothèse ne retient pourtant pas ce qui fait le fondement de tout être vivant : l'aptitude à se reproduire. La scientifique émit aussi l'hypothèse audacieuse de symbioses archaïques entre les animaux et des spirochètes – un groupe de bactéries flagellées dont certaines sont agents de la syphilis ou encore de la maladie de Lyme. Ces accidents symbiotiques, favorisant la présence des flagelles chez les spermatozoïdes, auraient pu modifier le système immunitaire des vertébrés. Enfin, en 2009, Lynn Margulis connut une ultime controverse en affirmant, faussement, que le sida n'était pas une maladie virale. Une erreur incompréhensible.

Touristes intercellulaires, certaines bactéries sont donc entrées par effraction et sont intégrées dans nos cellules. Mais il y a plus gros : les euglènes. Nous allons vraiment parler de « petits bonshommes verts ». Ne croyez pas qu'il soit nécessaire d'observer Mars ou d'avaler différents alcools pour apercevoir ces choses-là. Que nenni ! Les euglènes sont vertes parce qu'elles transportent avec elles des visiteurs d'un autre temps. Ces protistes, plus ou moins vaguement apparentés aux paramécies, ont vécu une de ces transformations radicales de l'évolution qui a dû changer le monde. Le choc latéral des inclusions a bouleversé la planète en inventant la botanique.

L'aventure des plantes commence ici. Les protistes ne comportent qu'une seule cellule, l'euglène est unicellulaire. Il apparaît difficile d'imaginer que, bien que près de mille fois plus grands qu'une bactérie, les unicellulaires prolifèrent par milliers dans une simple goutte d'eau croupie. L'euglène y est. Elle peut se nourrir comme une cellule animale, par phagotrophie. Mais l'euglène se colore aussi en vert, parce qu'un petit passager s'insère dans sa cellule. L'organisme peut en effet utiliser des chloroplastes pour exploiter la lumière et s'alimenter par photosynthèse à la manière des plantes. À l'époque, il n'y avait pas de végétaux, et l'euglène illustre comment cela s'est probablement passé. Ainsi, la chlorophylle peint les euglènes. Or les chloroplastes proviennent de bactéries archaïques. Et les euglènes disposent de plusieurs types de chloroplastes parce qu'il y a de nombreux types de cyanobactéries auxquelles les euglènes ont emprunté à la fois la couleur et le chloroplaste.

Vous voyez, les petits bonhommes verts existent à cette échelle miniature. Ils sont entrés et ont perdu leur autonomie relative. Ici encore, loin d'un égoïsme fondamental, une endosymbiose primitive a eu lieu. Le chloroplaste est un promeneur intercellulaire qui annonce le premier stade d'une nouvelle lignée : les végétaux. Par l'inclusion des plastes, les euglènes rappellent l'aventure héroïque de la première apparition des plantes, celles-là mêmes qui vont coloniser le monde. Margulis en conclut : « Nous avons un lamarckisme après tout, voilà un héritage des génomes acquis. » Pourtant, ce n'est pas exactement la proposition de Lamarck, et cela paraît beaucoup plus incroyable encore : il s'agit de l'acquisition des caractères d'un autre organisme !

Pour la biologie, la symbiose est un mutualisme particulier. Ce qui est censé différencier la symbiose du mutualisme est le caractère obligatoire, reproductible et durable de la fonction symbiotique, mais cela n'est pas aisé à prouver, excepté peut-être chez les organismes pour lesquels l'événement fut très ancien. Le mutualisme consiste également dans l'établissement d'interrelations bénéfiques. La définition de la symbiose reste difficile, car les avantages ne peuvent souvent être inférés qu'après l'événement et peuvent être invisibles ; en outre, d'autres relations mutuelles, mais regardées comme négatives celles-là, comme le parasitisme ou le commensalisme*, sont assez répandues. Darwin n'avait opté que pour la compétition, mais d'autres relations sont possibles et tout autant importantes en évolution. La concurrence privilégiée par le néodarwinisme parce que l'égoïsme était présumé foncièrement *naturel* ne constitue, en fait, qu'une interaction parmi d'autres. Quoi qu'il en soit, le mutualisme défini en tant que *relation biologique* qui influe, que ce soit en positif, apparemment neutre ou négatif, sur des individus distincts, notamment d'espèces différentes, révèle son importance évolutive. En fait, l'individu singulier n'existe pas, nous sommes tous faits d'intégrations et de mutualismes.

Et cela continue encore avec les organismes beaucoup plus grands, les multicellulaires. Des bactéries envahissent des champignons. Et, dans les débuts de l'occupation des milieux terrestres, le choc des inter-relations symbiotiques entre certaines algues* et des champignons produit des organismes pionniers : les lichens. Ceux-là s'incrustent sur les pierres, fabriquant le sol. Alors que, pendant des décennies, l'existence de mutualismes biologiques a été contestée au nom de l'égoïsme fondamental du vivant, voilà désormais que, depuis les mitochondries jusqu'aux abeilles pollinisatrices, les nomades des relations mutuelles semblent partout. Décidément, la porosité ancestrale des êtres vivants admet les inclusions latérales et l'évolution s'affirme d'abord en tant que coévolution. On voit combien la *relation* entre les êtres vivants constitue un facteur à ne pas négliger.

Une énigme résiste encore. D'où viennent les premiers eucaryotes ? Quand se sont-ils différenciés des bactéries ? La divergence entre bactéries et eucaryotes reste certainement la plus grande discontinuité évolutive jamais produite, une révolution naturelle qui sépara deux organisations biologiques à jamais. Apparus quelque part dans les vapeurs sulfurées et les argiles primitives ? C'est peu probable, l'atmosphère primordiale aurait empoisonné les débuts de cette vie. D'où viennent alors les organismes eucaryotiques qui se diversifient ensuite en plusieurs clades de protistes, en champignons, en plantes, en animaux ?

Nous sommes, vous êtes des eucaryotes, dont l'étymologie grecque, *eu* signifiant « véritable » et *caryos* « noyau », annonce que nos cellules ont un *vrai noyau*. Une coupure incroyable nous sépare des autres. Ici s'affirment deux domaines plus étranges, plus opposés que n'importe où ailleurs. En face des eucaryotes existent des univers totalement différents, sans noyau cellulaire : d'un côté, les virus, de minuscules coquilles de protéines entourant un ADN, et, de l'autre, les bactéries procaryotes*.

En fait, les anciennement nommés « procaryotes » constituent en réalité deux groupes d'êtres vivants apparemment très primitifs : les bactéries vraies et les archées qui, en divergeant, ont colonisé des milieux extrêmes. Toutes les bactéries et les archées sont des êtres unicellulaires, répandus partout, dans le moindre interstice, depuis le plus petit brin d'herbe jusqu'aux sources d'eau brûlante. Elles se divisent sans cesse, proliférant.

À la différence de ces organismes simples, les eucaryotes sont, eux, organisés d'une manière beaucoup plus complexe, même les plus élémentaires d'entre eux. Une cellule eucaryotique est mille fois plus grande qu'une bactérie. Et nos cellules possèdent le fameux noyau typique des eucaryotes.

D'où vient ce gros compartiment nucléaire ? Est-il un produit des visiteurs du temps ? Il est tentant d'imaginer que le noyau, caractéristique de tous les eucaryotes, trouve aussi son origine dans un épisode symbiotique. Il y a des pistes. Ainsi, le génome des eucaryotes, notre patrimoine génétique, paraît une mosaïque d'éléments de différentes provenances. Des analyses montrent que des gènes de bactéries et d'archées sont amalgamés à l'intérieur de nos cellules. Néanmoins, l'examen des gènes impliqués n'aboutit pas à la reconstruction d'un passé univoque. Et les eucaryotes possèdent aussi leurs gènes propres, inconnus des autres, mystérieusement disposés au cœur de la cellule. On ne comprend pas tout.

Rappelons-nous que tout cela commence à l'époque des toutes premières cellules, un monde microscopique. Des briques de protéines, des morceaux d'ADN, des bulles de lipides. Le monde des premiers procaryotes, des bactéries archaïques qui survivent dans des flaques d'eau toxique, sur des argiles brûlantes. Les bactéries s'ébrouent partout et colonisent la planète. Comment imaginer, dans cette ambiance infernale, la construction rudimentaire de vraies cellules complexes à noyau ? La composition fondamentale d'organismes aussi délicats reste assez incompréhensible dans le bouillonnement de ces époques inquiétantes.

Imaginons des procaryotes présents depuis des millions d'années. Sommairement, il fallait que les premières cellules primitives s'approchent l'une de l'autre pour une symbiose. Le noyau serait aussi un vagabond intercellulaire sédentarisé en quelque sorte. Elles auraient pris leur temps pour cette promenade élémentaire, près de 1 milliard d'années. Plusieurs théories se disputent cette construction primaire. Le modèle syntrophique (*syntrophic model*), selon Margulis, propose qu'une intégration progressive s'est effectuée à la fois avec des archées et des bactéries, et que, petit à petit, le transfert horizontal de gènes a privilégié l'import du matériel provenant des archées.

Au contraire, le modèle des éocytes (*eocyte model*) de James Lake est resté beaucoup plus controversé. Lake suppose des ancêtres communs (des *éocytes*) entre les archées et les eucaryotes. Ce groupe ancien hypothétique des éocytes se serait d'abord différencié des bactéries, puis aurait développé, d'un côté, les archées et, de l'autre, nos ancêtres eucaryotes. Cela expliquerait pourquoi nous avons affaire à un tel mélange. Et nos parentes seraient les archées. Toutefois, si des bactéries symbiotiques ou parasites sont connues, il n'y a pas encore d'exemples d'archées symbiotiques.

Enfin, une dernière conception développée par Philip Bell en 2001, le modèle de fusion virale (*viral eukaryogenesis*), subodore que le noyau attesterait d'une fusion élémentaire avec un virus. Un virus pénétrant un procaryote pour s'unir à lui et former le premier eucaryote. Chaque fois, l'événement endosymbiotique est d'autant plus facilement admis que cela concerne de minuscules organismes au stade encore unicellulaire.

Quel phénomène pouvait bien rapprocher ces colons défiant toute règle ? Les bactéries devaient pouvoir assimiler des substances organiques pour se nourrir à partir d'autres bactéries, autotrophes celles-là, c'està-dire générant leur propre matière organique à partir d'éléments minéraux et en utilisant la lumière comme énergie. Dans les vapeurs brûlantes ou le bouillonnement des terres, les premières structures de la vie ne semblent devoir connaître que des relations négatives – prédation, parasitisme peut-être. La nourriture dissoute s'absorbait par osmose, une diffusion directe de très fines particules à travers la membrane. Manquait l'aptitude à assimiler de plus gros éléments, ce que l'on nomme scientifiquement la phagotrophie. La phagotrophie, ou phagocytose, semble une des conditions nécessaires pour qu'une cellule primitive puisse absorber une bactérie, ne pas la dissoudre cependant et accomplir la symbiose provoquant l'apparition des eucaryotes.

Mais la terre primitive en furie ne laisse guère de place à un tel scénario. Si l'histoire privilégie des bactéries (ou d'autres procaryotes) comme premières organisations de la vie, c'est parce qu'elles paraissent à la fois plus élémentaires et plus aptes à survivre dans les conditions épouvantables de la période archéenne. Mais il est possible, comme le soulignent David Penny ou Richard Egel, que les bactéries actuelles se soient simplifiées par rapport à leurs propres ancêtres. Leur génome étriqué pourrait alors refléter une adaptation régressive à une croissance rapide et à l'absorption de ressources minimales. Au contraire, les eucaryotes se seraient spécialisés plus tardivement en utilisant la phagotrophie. À moins peut-être que la phagotrophie soit plus ancienne et survenue dans des conditions moins sévères, ainsi que le présume le modèle de thermoréduction de Patrick Forterre (*thermoreduction model*). Selon cette hypothèse, la planète aurait connu une période plus tempérée que présumé.

Un temps plus doux, d'accord. Cette condition est en effet indispensable. Mais notre noyau n'a probablement pas joué les touristes cellulaires. Bien des choses paraissent étranges pour admettre un scénario de symbiose. D'abord, la fine membrane nucléaire (celle du noyau) de nos ancêtres eucaryotes reste très différente des autres, quelle qu'elle soit – coquille des virus, enveloppe des archées ou paroi des bactéries. Les molécules diffèrent vraiment trop. En outre, les théories endosymbiotiques se heurtent toutes à un même problème : le sexe, ce mécanisme qui forme les combinaisons de l'ADN. Tous les organites, maintenant reconnus comme des endosymbiotes, c'est-à-dire les mitochondries et les chloroplastes, disposent de leur propre ADN et ne le mélangent pas avec l'ADN contenu dans le noyau. Rien n'y fait. Les mitochondries ne donnent aucun gène au noyau, pas de passages ni d'échanges. Au contraire de ces mitochondries, le noyau passe sa vie à mêler l'ADN dans ce que nous nommons la recombinaison, c'est-à-dire la sexualité. Le noyau ne sert presque qu'à cela. Et revoilà le sexe qui revient sans crier gare.

Car, il convient de le préciser, ce qui caractérise les eucaryotes, c'est-à-dire nous-mêmes et quelques autres, c'est d'abord une ahurissante sexualité, une propension généralisée à user du sexe et de la recombinaison. Les eucaryotes ne vivent que de sexe.

Chapitre 5
Sa majesté des mouches

Le colobe guéréza,
Colobus guereza.

« Partisans des mêmes moyens, l'obligation réciproque qui les engage tous réussit avantageusement à tous. »

Enrico MALATESTA, *L'Organisation*, 1897.

À parcourir les argiles anciennes, nous cherchons toujours un noyau. Et, comme celui-ci définit les eucaryotes, les porteurs de noyaux, c'est-à-dire un peu nous-mêmes, nous errons comme Diogène à la lueur de la lampe du raisonnement scientifique. L'apparition des cellules à noyau est probablement la plus grande de toutes les divergences évolutives. Comment comprendre cette discontinuité incroyable ?

En fait, la question évolutive se résume ici à cette interrogation originale : à quoi sert le noyau cellulaire, ou plutôt quels avantages donne le fait de disposer d'un noyau ? Si un hypothétique événement symbiotique a inséré une telle structure au fond de nos cellules, comment aurait-il pu rester bénéfique ? Parti de cette énigme inhabituelle, le questionnement va susciter quelques surprises inattendues. On s'en doute, le sexe sera complice.

Résidant dans les hautes branches de la forêt camerounaise, le petit colobe ignore ce qui se cache enfermé dans les schistes, quelques mètres plus bas. Pourtant, s'il s'agite avec force cris perçants, c'est que le colobe à épaules blanches *Colobus guereza* se montre bien jaloux de son territoire. Curieusement, les colobes ont perdu leur pouce, bien qu'ils s'agrippent très agilement aux branches, ou plutôt ils ne disposent que d'un doigt mutilé. Pourvu d'un long manteau noir et blanc très contrasté, le petit singe avale toutes sortes de feuilles. Avec plusieurs estomacs remplis de bactéries, ils savent digérer des substances bien nocives pour tout autre singe. Et le mâle veille jalousement sur son harem.

À entendre le mâle et les femelles de ce petit primate secouer les branchages avec bruits et fracas, on pourrait penser qu'une telle démonstration de force écarterait tous les rivaux. En fait, notre petit pacha s'évertue à ces protestations autant pour se persuader de la puissance de sa colère que pour dissiper son énergie. L'efficacité de l'effort reste cependant bien discutable si l'on en croit les discordances génétiques. Bien que la famille des colobes se soit diversifiée en de nombreuses espèces, les introgressions prouvent que ces primates ont largement fait l'expérience des aventures extraconjugales et interspécifiques. Le colobe apprécie donc le sexe tout autant que les lièvres chinois, et, de quelque côté qu'on se retourne, l'évolution des eucaryotes, singes ou lapins, nous ramène à l'expression d'une incroyable diversité érotique. Dans les schistes aussi, nous allons le voir.

Et, cependant, le sexe vient de très loin. En fait, il reste difficile de dater la série d'événements qui a pu conduire à la mise en place d'une sexualité dont l'évolution impose désormais une *relation* entre les individus. Il faut dire que les gènes ont leur pudeur et n'aiment rien moins que d'être nus. Il était donc admis que tout commençait d'abord par des bulles habillant l'ADN, et cela sans doute il y a 3,5 milliards d'années, soit plus de 1 milliard d'années après la formation de la terre.

Ensuite, vers 3,4 ou 3,1 milliards d'années, les bactéries mettent en œuvre leur paroi épaisse pour se protéger des désagréments de l'environnement, supposé infernal, de la période archéenne.

Entre deux épisodes d'extinction due à des chambardements ravageurs du climat, les bactéries se développent. Leur matériel génétique est circulaire, et elles n'ont pas de noyau. Celles-là n'auront jamais de sexe. Le temps passe, et nos bactéries s'organisent assez pour trouver une physionomie valide. Enfin, plus de 1,5 milliard d'années après, la météo terrestre se calmant un peu, certaines petites bactéries plus malignes que d'autres avaleraient un noyau, s'exerçant à une endosymbiose et organisant le premier eucaryote unicellulaire. C'est l'hypothèse principale de Lynn Margulis, puis de James Lake et de Marcia Rivera : le noyau proviendrait d'un événement endosymbiotique primitif. L'ADN se dédoublerait alors (diploïdie), on ne sait pas trop pourquoi, sans doute parce qu'il additionne les gènes d'une bactérie et d'une autre et qu'elles s'associent si fortement que leur ADN devient progressivement semblable. Le noyau conférerait un avantage en protégeant le matériel génétique.

Il faut rappeler que l'effervescence des cyanobactéries primitives donnait peu à peu à la terre une atmosphère nouvelle, l'oxygène constituant le sous-produit de leur métabolisme. Alors, et dans un bain de planète oxygénée par l'activité microbienne, la nouvelle cellule ainsi produite, notre proto-eucaryote, goberait chloroplastes ou mitochondries pour devenir plante ou animal. Certaines bactéries résisteraient aussi en devenant aptes à renifler l'atmosphère. Le temps d'effectuer toute cette progression inédite, nous aurions quitté les temps farouches de l'archéen pour former notre premier eucaryote unicellulaire vers 1,3 milliard d'années, puis atteindre ensuite le stade multicellulaire des animaux et plantes, il y a 560 millions d'années. Une « algue » unicellulaire fossile, datant de 1,2 milliard d'années, était reconnue parmi les premiers eucaryotes. Cette longue aventure place les tout premiers animaux bien tardivement, au moins 2,5 milliards d'années après les toutes premières bactéries. Le temps de construire une organisation aussi alambiquée.

Pourtant, des découvertes récentes ont considérablement reculé l'épisode de notre apparition.

Les géologues n'aiment rien de mieux que fouiller. Et, en explorant les schistes noirs précambriens du Cameroun en 2010, quelques dizaines de mètres sous les colobes, Abderrazak El Albani et les chercheurs de son groupe ont fait la connaissance d'un étrange assortiment. Des petites choses biscornues s'étaient laissé enfermer dans la roche fossilifère depuis près de 2,1 milliards d'années. Une affaire déjà surprenante tant les fossiles du précambrien demeurent rares. Mais ce qui était remarquable restait la forme inaccoutumée de ces structures. Seules des colonies bactériennes auraient dû exister à une époque si lointaine. Or ces curieux fossiles ne ressemblaient décidément pas à des bactéries. Des organismes complexes s'étaient figés dans les schistes au moment de l'arrivée d'oxygène dans l'atmosphère, et ces organismes-là étaient pluricellulaires. Des animaux, probablement rattachés à un groupe proche des mollusques, existaient à cette période sauvage.

Mais alors, si des animaux à plusieurs cellules existaient déjà, cela signifiait que les premiers eucaryotes unicellulaires les avaient précédés bien avant. Une telle découverte reculait l'émergence des eucaryotes de 1 à 2 milliards d'années, quelque temps juste après les bactéries archaïques. Les dernières données génétiques, « réconciliant les fossiles et l'horloge moléculaire », attestaient plutôt d'une première diversification il y a « seulement » 1 milliard d'années au plus. Cela était-il possible ou bien l'équipe poitevine à l'origine de la découverte s'était-elle abusée ?

Un tel âge posait problème. Trop vieux, ces eucaryotes archaïques pouvaient-ils provenir d'une symbiose entre procaryotes ? Déjà, quelques chercheurs avaient émis l'hypothèse plausible que les plus anciens eucaryotes avaient pu apparaître il y a quelque 2 milliards d'années, ce qui les plaçait juste un milliard d'années après les bactéries primitives. C'était peu ! Mais on parlait à l'époque d'unicellulaires ! Voilà ici que des êtres hautement complexes dataient d'une époque encore plus reculée, rétrogradant, du même coup, les eucaryotes unicellulaires de quelques millions d'années supplémentaires.

Et cela n'était pas fini, d'autres fossiles illustrent qu'il fallait repenser l'âge des eucaryotes et, donc, du sexe. Une grande structure fossile, *Grypania spiralis*, et d'autres animaux pluricellulaires apparentés aux vers de terre (annélides) et aux crustacés (arthropodes) avaient également défrayé la chronique puisque leur âge canonique avait été estimé à plus de 2 milliards d'années. Enfin, des microfossiles à membrane cellulaire, connus sous le nom d'acritarches, et peut-être apparentés aux dinoflagellés, ont été extraits de roches vieilles de plus de 3 milliards d'années par l'équipe d'Emmanuelle Javaux. Voilà donc qu'il devenait plausible que les tout premiers eucaryotes trouvent leur origine quasiment en même temps que les bactéries primitives, à quelques dizaines de millions d'années près.

Ainsi, les premiers eucaryotes sont vieux. En fait, ces vieillards vénérables sont nés trop tôt. Comment supposer que la cellule pourvue d'un noyau résulte alors d'un épisode symbiotique ? L'endosymbiose des mitochondries et de nos petits bonhommes verts, les chloroplastes, ne date que, si l'on peut dire, des événements oxygénant la planète, il y a environ 2,5 milliards d'années. Et les eucaryotes vivaient déjà depuis près de 500 millions d'années, comme les bactéries ? Tout aurait donc été très rapide. Il n'a pas fallu longtemps pour bénéficier du changement évolutif, et les analyses moléculaires indiquent que les plantes ont émergé des terres dès la période cambrienne. Enfin, il reste toujours ce problème de sexe, puisque aucune des organelles endosymbiotiques connues ne mélange jamais son ADN avec la cellule vivante, ce que fait au contraire l'ADN du noyau. Le noyau sert la recombinaison, et tout le sexe vient de cette entreprise.

Il est bien sûr tentant de prendre pour origine de l'organisme le plus complexe l'organisme le plus simple, la bactérie sans noyau. Il est cependant possible que les bactéries aient connu une simplification de leur organisation au cours de l'histoire évolutive. Mais les bactéries ne recombinent que très rarement et très partiellement leurs gènes, et selon un mécanisme plus proche de la réparation que de la recombinaison, souligne Rosemary Redfield. Elles n'ont pas, non plus, un système d'alimentation ressemblant, comme le relève Richard Egel. Les autotrophes utilisent le gaz carbonique et la lumière pour produire leur énergie, et les autres, chimiotrophes, assimilent leur subsistance par osmose, une absorption directe à travers la paroi cellulaire, en dégradant les matières en fins métabolites. Les eucaryotes unicellulaires, eux, sont phagotrophes, incorporant de plus grosses unités alimentaires.

La taille immense des eucaryotes s'oppose aussi largement aux bactéries. Enfin, la structure de l'enveloppe nucléaire ne paraît pas franchement semblable, les molécules membranaires diffèrent vraiment trop de la paroi bactérienne qui est truffée de molécules particulières, les peptidoglycanes. Et, si le noyau résultait d'un événement endosymbiotique, pour quelles raisons cette inclusion aurait-elle été favorable à cette époque-là pour se maintenir à long terme et ainsi promouvoir la symbiose ?

Donc, posons-nous plutôt la question : à quoi sert ce compartiment étrange qu'on nomme le noyau ? L'énigme est de taille. Il n'existe pas d'intermédiaires entre eucaryotes et bactéries. Il y a bien, dans le groupe bizarre des planctomycètes, les *Gemmata* qui possèdent un compartiment parfois identifié comme une sorte de noyau primitif. Voilà qui est intéressant. Pourtant, la structure des *Gemmata* semble plutôt découler d'une évolution convergente, c'est-à-dire que, confrontées à des conditions environnementales particulièrement sévères, ces étranges bactéries ont résolu leur problème par cette compartimentation primitive. Il n'y a pas parenté. En outre, elles diffèrent de toutes les autres bactéries par un métabolisme tout à fait remarquable. Le problème reste entier.

Une première hypothèse simple annonce que le noyau est une protection pour l'ADN, molécule si fragile. On imagine bien le noyau comme une muraille défendant le matériel génétique contre les assauts de l'environnement. Mais voilà, les bactéries ne font rien que nous contredire. Les bactéries n'ont pas de noyau et, cependant, elles résistent bien mieux à des conditions extérieures très sévères. Par exemple, les *Psychrobacters* peuvent croître à − 10 ºC et même conserver leur métabolisme à − 20 ºC. Et d'autres groupes se révèlent encore plus aptes à se défendre. Toujours sans noyau. C'est donc que la réponse n'est pas tout à fait là.

Tel Sherlock Holmes avec sa loupe, nous suivons une piste microscopique : l'ADN. Il faut d'abord reconnaître que le noyau cellulaire constitue une réponse à une difficulté que les bactéries n'ont pas.

Car nos cellules ont un vrai problème. Elles disposent d'une phénoménale quantité d'ADN, et celui-ci se dédouble lors des premières phases de la reproduction sexuée. Alors, la membrane nucléaire explose chaque fois que la cellule (eucaryotique) fait du sexe ou même pratique une simple reproduction (par mitose). Et cela, elle le fait sans arrêt. De plus, la cellule ne retient pas l'intégrité de sa structure quand l'ADN est en ligne. Dès que les chromosomes s'alignent, la cellule se divise aussitôt, et le noyau disparaît chaque fois que la cellule se partage. C'est qu'il n'a plus d'utilité alors ?

Les eucaryotes n'ont rien d'une bactérie géante. En regardant les éléments essentiels différenciant les bactéries de nos cellules, une nouvelle idée se fait jour. Et si le noyau cellulaire servait à maintenir la quantité démesurée d'ADN que renferment les eucaryotes ? Car, bien qu'ils aient seulement quatre fois plus de gènes, les eucaryotes disposent en moyenne de cinq cents fois plus d'ADN que les bactéries. Le matériel génétique multiplie les doublons et s'organise en paires de filaments, même chez les plus élémentaires.

Voilà. Le noyau résout probablement le problème d'un excès d'ADN. C'est la théorie autogène que j'ai développée dans une publication récente, ou théorie de la caryogenèse (*autogenous theory* ou *karyogenesis*). Au lieu de provenir d'une inclusion bactérienne ou virale, le noyau pourrait s'avérer être une solution qui répond aux contraintes physico-chimiques internes provoquées par une énorme quantité d'ADN sous la forme de chromosomes linéaires.

Les eucaryotes ont franchi la ligne. Chez les bactéries, l'ADN est une boucle circulaire. Ce chromosome construit un seul cerceau qui reste nu au milieu de la cellule. Chez les eucaryotes, les chromosomes ressemblent à des tresses linéaires, chacune juste bloquée par une sorte de nœud. Ce nœud, qu'on nomme le télomère, referme la tresse d'ADN à la manière des embouts des lacets de chaussure, ce qui évite l'effilochage des gènes. À chaque reproduction, le télomère s'use un peu et diminue, réduisant peu à peu l'efficacité du chromosome à se remettre de ces dédoublements successifs. C'est ici que se situe le cœur du vieillissement des cellules et des organismes. Le télomère se détériore, et le chromosome se défait, rendant les organismes progressivement incapables de renouveler leurs cellules. L'enzyme qui découple l'ADN, la télomérase, est constitutive de tous les eucaryotes, divulguant l'importance de cette configuration en chromosomes. À tel point que certains humains ont cru qu'avaler de la télomérase en pilules pourrait augmenter leur longévité. Ce n'est pas aussi simple. En accroissant la durée de vie des télomères, on rend aussi possible la recrudescence des divisions cellulaires, et, en cela, la prolifération de cellules formant des tumeurs cancéreuses. C'est le côté obscur de la télomérase.

Revenons. La quantité d'ADN fait pression. Au début, la cellule répond à ses besoins nutritifs et grossit. Des invaginations de la membrane cellulaire forment d'abord un compartiment primitif (le premier réticulum endoplasmique), qui transforme les protéines pour mieux les absorber. À partir de cet organite, il se développe également d'autres réseaux internes, comme l'appareil de Golgi, lui aussi aux fonctions métaboliques, et enfin apparaît notre noyau primitif. L'invagination s'est compliquée pour former ce sac nucléaire qui rangera l'ADN bien au propre dans son coin. Un réseau entier configure des compartiments, séparant le métabolisme de la reproduction. Le noyau n'est pas seul.

Toute la cellule a médiatisé sa relation à l'environnement en dissociant la prise de nourriture et la reproduction. Pour cela, des protéines se spécialisent dans la membrane incorporant une étanchéité sélective. L'incroyable est que le sexe va naître de cette organisation nouvelle qui partage la gastronomie et la sexualité, en spécialisant l'interaction, en la facilitant.

Le noyau s'avère, par conséquent, une réponse évolutive aux forces physico-chimiques internes de la cellule.

C'est une prison pour ADN. Composée d'une grille de tubules, la lamina du noyau constitue un cachot qui enferme le matériel génétique en même temps qu'elle favorisera l'accrochage des chromosomes lors de la division cellulaire. Ceux-ci sont aussi repliés dans cette geôle nucléaire. Les chromosomes si longs sont recroquevillés sous une forme neutre, par des protéines – les histones notamment – qui s'accrochent aux filaments pour les mettre en boule, en faire un amas (de chromatine) logé dans le noyau. Ainsi, le noyau neutralise l'énorme volume d'ADN et sa fragile constitution rectiligne.

Mais il se passe autre chose encore. La recette est dissociée du gâteau. En entourant l'ADN, le nouveau compartiment sépare la traduction des gènes de la transcription des protéines qu'ils codent. Le noyau possède donc deux fonctions directement liées aux contraintes physico-chimiques : loger l'ADN sous une forme stable, la chromatine, et disjoindre le décodage génétique.

Une modernité insoupçonnable. Le noyau est une bastille qui empaquette l'ADN. Quand le noyau se lâche, les chromosomes jusqu'ici bien protégés reprennent le chemin de la division ou de la reproduction sexuelle. D'autant que la forme linéaire des chromosomes favorise alors une complète ségrégation des deux brins. Le mécanisme de la méiose va découpler le matériel génétique pour le réduire à un seul ensemble, pourvu d'un unique jeu de chromosomes : le spermatozoïde ou l'ovule sont devenus haploïdes*. Ce qui est incroyable, c'est que, avec le noyau, allait s'inaugurer l'aventure du sexe. Ici s'impose la *relation* entre individus comme nécessité évolutive. Il faudra la réconciliation des amours pour que, dans l'œuf fécondé, s'opère une recombinaison totale des gènes, reconstituant le doublement. Vous aviez dit égoïsme ?

Loin de constituer un avantage en soi, le sexe résulte d'un mécanisme à plusieurs étapes qui va associer – chez les seuls eucaryotes – la recombinaison (l'échange des gènes), la méiose (la réduction en un seul brin d'ADN), la gamétogenèse (la fabrication de cellules sexuelles) et la syngamie (la fusion des ovules et spermatozoïdes). Voilà que les spermatozoïdes haploïdes vont pouvoir coller leurs gènes à ceux des ovules lors de la fécondation pour restaurer un organisme à deux paires de chromosomes, un être vivant diploïde* original, un arrangement singulier qui fait de chacun de nous des individus uniques. Vous, moi.

Et la protosexualité des premiers eucaryotes a entraîné une accumulation des caractères eucaryotiques, notamment parce que, au cours de la méiose femelle, quatre cellules sont produites, mais que le corps n'en retient qu'une seule. Un effet « boule de neige », l'emballement de Fisher (*Fisher runaway*). Chaque fois sont sélectionnés les gènes les plus efficaces au processus. Des mécanismes d'épistasie* (associant plusieurs gènes) ont pu favoriser la recombinaison. L'expression des gènes ne s'additionne pas simplement. La plupart du temps, le résultat déçoit ou dépasse ce qui est attendu. On parle d'épistasie positive quand chaque gène renforce l'expression de l'autre et d'épistasie négative quand il en résulte un effet contrariant : la corrélation des gènes n'apporte alors que des désavantages. L'épistasie négative constitue donc un puissant facilitateur de la recombinaison parce que chaque modification, cassant l'association défavorable, devient susceptible d'entraîner un avantage.

La sexualité commence donc ici. Avec les eucaryotes archaïques qui privilégient l'association. Au contraire, les bactéries ne s'échangent que des petits morceaux de gènes, que, le plus souvent, elles volent à une bactérie morte. Et, ordinairement, leur division reste clonale. Bien qu'on parle improprement de « conjugaison », les bactéries ne connaissent rien du sexe. Leur reproduction reste majoritairement clonale. Les bactéries et les autres procaryotes sont véritablement les seuls êtres vivants réellement asexués. Et cela ne les rend pas moins efficaces, comme le prouvent la virulence de certaines et leur grande aptitude à varier. Si, parfois, rarement, elles recombinent partiellement leur ADN, elles ne pratiquent jamais la vraie sexualité. Le mélange n'est pas complet. Il faut le mentionner, la « conjugaison » bactérienne est très différente de la sexualité des eucaryotes, même des plus simples d'entre eux que sont les paramécies. Chez les bactéries, pas de noyau, pas de cellules sexuelles, pas de méiose, pas de syngamie, cette fusion initiale qui résulte des amours. Les bactéries n'ont rien. Comme le disait Graham Bell, à l'opposé, notre génome d'eucaryote traduit une inhérente et fondamentale sexualité. En abandonnant la destinée des bactéries, les eucaryotes ont construit leur spécificité sur la sexualité. Notre nature essentielle est dans le sexe.

La divergence radicale entre deux groupes, les procaryotes et les eucaryotes, change complètement la physionomie de la terre. Grâce au sexe, protistes, champignons, végétaux et animaux vont construire des milliers d'écosystèmes nouveaux. La vie va se développer. Oui, mais comment ?

Les termites y ont pensé. Ces isoptères ont horreur de la lumière, mais ce n'est pas cette phobie qui doit retenir notre attention. Que font les termites : ils se partagent le travail. L'un devient reproducteur et ne sait que pondre des centaines d'œufs tous les jours. D'autres individus se transforment en soldatesques, eunuques bellicistes disposant de mandibules redoutables. D'autres encore deviennent des travailleurs stériles, chargés d'approvisionner la colonie entière. En dépit d'une indiscipline généralisée, la société des termites connaît la « division du travail ».

Serait-ce qu'une souveraine dirige l'ensemble des termites ? Non, la reine pond, mais ne dirige rien. L'assemblée des termites n'a jamais voté pour une telle dictature. Pourtant, l'apparente coopération de la famille des termites reste la condition de leur survie. Chacun travaille pour soi, mais la société fonctionne. L'explication paraît plus que difficile. Y aurait-il un gène de la coopération qui pourrait contraindre chacun à sa tâche particulière ?

En contemplant le nombre incroyable d'animaux associés, Piotr Kropotkine fut frappé par cette collaboration apparente dès 1902. Sans nier la rivalité animale, Kropotkine assure que la coopération est propre à la nature : « N'en déplaise aux vulgarisateurs de Darwin, [...] en toute société animale, la solidarité est une loi (un fait général) de la nature, infiniment plus importante que cette lutte pour l'existence dont les bourgeois nous chantent la vertu sur tous les refrains. » Voilà qui semblait sérieusement contredire le principe de compétition par exclusion de Darwin. Car, pour le père de la sélection naturelle, la concurrence *au sein* de l'espèce est la condition *sine qua non* de la formation d'une espèce nouvelle. Selon la théorie néodarwiniste, c'est parce que les individus se concurrencent que certains, pourvus de caractères nouveaux, divergent de leur espèce parente pour former une espèce nouvelle. Le tri évolutif s'accomplit à travers cette « lutte pour la vie », ce cirque de gladiateurs, cette loi de la jungle. Et la compétition est « plus sévère entre formes apparentées ». Ainsi parlait Darwin dans ses chapitres trois et quatre de *L'Origine des espèces*.

Donc, pour Kropotkine, que la coopération puisse se révéler si puissante ne pouvait découler que d'une seule chose : l'entraide constituait une force d'évolution. Contre l'idée dominante que la compétition résolvait les problèmes, Kropotkine relève les multiples associations animales. Bien que développée en un sens moral, l'entraide pouvait s'avérer bien plus efficace que l'égoïsme. Il faut ici souligner la vision incroyablement novatrice de Kropotkine. Déjà Vero Wynne-Edwards, relevant que l'augmentation de la reproduction menait à la pénurie des ressources, affirmait que des mécanismes biologiques, comme l'infanticide ou le combat, devaient refréner la fécondité et, en cela, constituer une « sélection de groupe ». Aujourd'hui, d'autres biologistes réfutent la compétition à tous crins de la « loi de la jungle ». Stuart West montre qu'au lieu de voir un monde aux « gènes égoïstes » dirigé par la sélection naturelle une « coopération » ubiquiste se retrouve aussi dans les êtres vivants. Et, cependant, une telle importance de l'association pose un problème manifeste. Comment réconcilier la coopération inhérente à toutes les formes de vie avec les intérêts égoïstes que filtre la sélection naturelle ?

Égoïsme ou alliance ? Il existe deux premières réponses possibles. Soit la coopération favorise les bénéfices indirects. C'est l'idée qu'en aidant un parent à se reproduire l'individu transmet tout de même quelques-uns de ses propres gènes. Cette théorie, développée par William Hamilton, est dite sélection de parentèle (*kin selection theory*). Ce qui a fait la notoriété de Richard Dawkins a été d'en présenter une déclinaison, l'aptitude inclusive (*inclusive fitness*). Ici, l'altruisme découle justement de l'égoïsme individuel. En aidant les autres, l'individu s'aiderait un peu lui-même puisqu'il favorise la diffusion de gènes apparentés. Soit, deuxièmement, des avantages directs sont fournis par la coopération, renforçant, par exemple, l'obtention d'un domaine par héritage ou l'acquisition de nourriture. C'est la thèse de l'altruisme réciproque (*reciprocal altruism*) de Robert Trivers. Chacun propose donc des *conditions* : la parenté pour l'un, le bénéfice pour l'autre. Mais trouve-t-on des conditions dans la nature ?

En dépit d'un nombre colossal de publications, ces deux modèles antagonistes continuent cependant encore de se montrer peu convaincants. Chaque fois, des compléments théoriques ont été élaborés pour minimiser les « malentendus » de ces modèles verbaux. Il faut croire qu'il y en avait beaucoup. Ainsi, quand un individu se sacrifierait pour défendre un membre de sa famille, il agirait « égoïstement », c'est-à-dire, selon Dawkins, dans l'intérêt de ses propres gènes. Outre que la définition de cet « égoïsme » très particulier semble bien curieuse, la question reste encore ouverte. Pour aider un apparenté, il faut d'abord savoir le reconnaître, et cette reconnaissance de parentèle (*kin recognition*) est difficile à soutenir. Bien que développant une vie sociale très complexe, combien de chiens mâles savent-ils reconnaître leurs descendants ?

La discussion se prolonge, car des centaines de travaux scientifiques prétendent tout de même étayer l'hypothèse, et nombre de chercheurs concluent sur la réalité de l'effet de parentèle. Peu font cependant une distinction entre une reconnaissance familière et une identification des apparentés. S'il existait un « effet de la parenté », les animaux devraient être capables d'avoir les mêmes comportements, qu'ils soient élevés ensemble ou non, du moment que rien n'aurait troublé leur ontogenèse*. Au contraire, si des animaux élevés ensemble, mais non apparentés se comportent d'une manière identique, c'est qu'il n'existe aucun effet de parentèle. L'expérience est très simple à mener. Nul besoin de répéter l'expérience mille fois, un seul cas contraire révèle déjà que la théorie de la parentèle ne peut pas être universellement valide. Or les putois et les furets, que j'ai étudiés, reconnaissent tous les individus avec lesquels ils ont été élevés et même ceux avec lesquels ils ont vécu un temps, sans discriminer ceux auxquels ils sont apparentés ou non. À l'opposé, des apparentés, élevés séparément par des mères de substitution, se comportent comme des individus étrangers, sans se reconnaître, et se montrent même agressifs. Il n'existe donc pas d'effet de la parenté. La familiarité joue probablement le rôle prépondérant dans la relation (*familiarity hypothesis*). Mais, alors, pourquoi collaborer si les caractères transmis ne sont plus partagés ?

Il reste l'hypothèse de l'altruisme réciproque : les individus s'aident parce qu'ils espèrent en tirer un bénéfice. En sociobiologiste convaincu, Trivers récidive aujourd'hui dans son dernier ouvrage en affirmant que même le mensonge découlerait précisément d'un avantage évolutif. Et, pire, pour bien réussir à mentir aux autres, chacun finirait par se montrer crédule lui-même. La nature de l'économie découlerait directement de cette aptitude innée à la fourberie, et l'économie capitaliste serait naturelle. La thèse de Trivers reste plutôt confuse, brouillonne, mais suit le principe de l'égoïsme fondamental des êtres vivants en certifiant que l'évolution aurait sélectionné la tendance à mentir. Outre l'aptitude à l'anticipation qu'une telle prévoyance suppose, l'obtention d'héritage n'a cependant jamais été clairement prouvée. Les modèles sont-ils trop étriqués par la théorie « moderne » ?

Critiquant l'étroitesse de la théorie évolutive, Martin Nowak avait fait sensation en 2006 en affirmant que « la coopération doit être considérée comme une force évolutive au même titre que la mutation génétique ou que la sélection naturelle ». C'est aussi ce que disait Kropotkine. Voilà réhabilité le principe de coopération, parfois appelé principe d'association. Il faut donc abandonner la concurrence égoïste comme seul mécanisme évolutif. Pour Nowak, des nouveaux niveaux d'organisation biologique évoluent dès que la coopération commence dans des niveaux plus bas. Autrement dit, l'évolution se construirait grâce à la coopération.

Joan Roughgarden veut aussi déconstruire l'hypothèse centrale du néodarwinisme qui dit que l'évolution favoriserait l'égoïsme des êtres vivants pour survivre dans une nature où la coopération n'aurait pas sa place. Or Joan Roughgarden nie cet égoïsme naturel. Au contraire, le gène serait généreux (*genial gene*). Pour que les gènes des uns s'expriment, assure-t-elle, il est absolument nécessaire que les gènes des autres les y encouragent. Que serait le nid du rouge-gorge – bâti instinctivement grâce aux gènes – s'il ne favorisait pas *à la fois* le mâle et la femelle ? Et elle ajoute : « En réalité, le nid résulte de la relation développée par le mâle et la femelle. » Le succès des gènes dépend d'un travail d'équipe. Roughgarden introduit enfin le rôle des relations et tente ainsi de rénover le néodarwinisme, en étayant son essai par plusieurs modèles mathématiques. Mais, en considérant la relation comme une harmonie, elle doit réfuter l'idée du conflit intrinsèque des sexes. Mais comment pourrait s'effectuer ce « darwinisme coopératif », cette sélection de plusieurs êtres vivants ensemble ? En proposant une théorie rivale du « gène égoïste », développée par Dawkins, on le verra, mais en restant à l'intérieur du paradigme néodarwiniste, Roughgarden semble en appeler à une sorte de « sélection de groupe ». Supposant le caractère obligatoirement harmonieux de la relation, elle se prive par là même de toute dynamique évolutive. En revanche, à l'opposé de l'athéisme avisé de Dawkins, Roughgarden milite curieusement pour une entente entre « la foi chrétienne » et le travail scientifique, rejoignant ainsi certains des premiers opposants au darwinisme.

D'ailleurs, comment le darwinisme pourrait-il être coopératif ? La question réside en : « Est-ce que l'égoïsme est présent dans la nature ou, parce que nos sociétés sont convaincues de sa valeur sélective, est-ce que l'égoïsme y est découvert ? » L'égoïsme des *individus* semblait *a priori* une chose naturelle. La survie l'imposait comme principe explicatif. Le néodarwinisme légitime naturellement la concurrence. C'est seulement en se sortant du système du néodarwinisme qu'il serait possible d'élaborer une nouvelle pensée critique de l'évolution biologique. Mais les promoteurs du néodarwinisme ont édifié au moins trois lignes de défense quand ils ne reprochent pas simplement une mauvaise lecture. La première amalgame un Darwin génial et la théorie, affirmant que, si l'homme était réactionnaire, c'est parce qu'il vivait avec les idées de son temps. À peine conviennent-ils que cela aurait pu influencer sa pensée scientifique. Le deuxième argument est plus subtil encore, la sélection naturelle serait une *force universelle* dont résulte un succès reproducteur différent selon les individus, la *fitness*. L'amélioration des techniques moléculaires a ouvert des horizons nouveaux sur les changements génétiques. Or les gènes encore présents sur la planète étant ceux des individus qui ont réussi à se reproduire, on passe alors peu à peu de l'égoïsme actif de la concurrence à une sorte d'égoïsme diffus des gènes, nous le verrons. Mais, alors, pourquoi persister à utiliser le terme « sélection naturelle » ? Il y a là un tour de passe-passe. La force de conviction du terme de sélection, souligne Michel Morange, vient du flou de la définition. Enfin, troisièmement, le néodarwinisme prétend incorporer la quasi-totalité des théories de l'évolution biologique, quand bien même celles-ci seraient contradictoires avec sa propre base. On les considère juste comme marginales. Car « la théorie de l'évolution a évolué », clament les néodarwinistes, sauvant ainsi Darwin de l'ensemble des critiques.

Alors ? Peut-on simplement restaurer l'hypothèse d'une union candide et rejeter les affres du conflit des sexes pour comprendre l'histoire naturelle ? Pourtant, la mante religieuse persiste à tuer le mâle, et les rivalités amoureuses existent bien. On ne peut ignorer la force des conflits d'intérêts. Cette constatation suggère une sévère concurrence puisque les êtres vivants chercheraient à optimiser leur valeur sélective. Du coup, il suffisait d'affirmer la cohérence théorique du néodarwinisme avec l'implacable « égoïsme » des gènes. C'est ce qu'entreprend Dawkins dans sa théorie du gène égoïste. L'égoïsme reste toujours le *principe explicatif et universel* de l'évolution à travers la concurrence, mais il se réduit aux gènes car ce qui compte maintenant devient la survie des *gènes*. En fait, l'épithète « égoïste » n'implique évidemment pas ici que les gènes seraient pourvus d'une quelconque vanité intrinsèque, mais affirme que leurs effets peuvent être compris comme s'ils ne servaient que leurs intérêts propres. Dans l'esprit d'une compétition généralisée, aucun gène ne peut être sélectionné pour réduire sa propre autoréplication, soutient Dawkins. Évitant la notion morale de l'adjectif en y soumettant le gène, c'est l'évolution seulement qui serait conçue comme égoïste.

En s'appuyant sur la concurrence des gènes, l'égoïsme est apparemment sauvé. Pourtant, ce sont toujours des individus qui propagent les gènes. En fait, ce néodarwinisme a oublié que la rivalité ne constitue que le côté négatif d'une interrelation. Je pense, au contraire, que l'interaction est multiple, faite de forces et de résistances, c'est ce qui en fait le dynamisme. Un tir à la corde évolutif (*evolutionary tug*) où tous les protagonistes s'efforcent dans tous les sens. Nous sommes de plus en plus obligés de reconnaître que les interactions entre les êtres vivants, quelles que soient leurs apparentes valeurs, constituent une force majeure qui *structure* les processus évolutifs. Ces interactions s'élaborent à différents niveaux depuis la cellule jusqu'à la population, et la formation des eucaryotes pourrait en témoigner.

Mais qu'est-ce qui cause le rassemblement d'unités primitives pour former un niveau d'organisation supérieure, afin d'élaborer une nouvelle entité évolutive ? Comment peuvent s'édifier de telles relations mutuelles ?

Il n'y a pas que les termites qui admettent la collaboration. L'association des êtres vivants connaît plusieurs échelles. Une « coopération » des gènes au sein du génome, des organelles au sein des cellules, des cellules entre elles formant des organismes, des organes entre eux, des individus entre eux organisant des sociétés et même plusieurs espèces différentes entre elles. Il existerait ainsi des supercoopérateurs (*supercooperators*), assure Nowak, les insectes sociaux tels les termites, ceux qui développent le fameux gène de l'altruisme (*altruistic gene*). Car comment expliquer autrement ces phénomènes quand le néodarwinisme et Edward Wilson en tête insistent : le moteur de l'évolution ne réside que *dans l'égoïsme biologique* qui permet la diffusion de ses propres gènes ? La coopération des termites n'existe que parce que certaines femelles stériles, les ouvrières, se sacrifient, ne se reproduisant pas pour aider les autres, pour travailler pour les autres. Celles-là doivent posséder une caractéristique propre : le « gène de l'altruisme ».

Seulement, ce « gène altruiste » doit bien se diffuser lui aussi. Il y a là un obstacle majeur. Voyons cela. Imaginons des animaux porteurs d'un gène codant une telle abnégation. Les lemmings connaissent ce paradoxe. Le lemming de Norvège *Lemmus lemmus* vit dans un milieu austère et constitue la proie de base pour tous les prédateurs, de l'hermine au glouton en passant par la chouette harfang des neiges. Mais la nourriture est rare, et les lemmings trop nombreux. Aussi les petits rongeurs migrent-ils périodiquement vers l'océan. L'histoire est récurrente, on a parlé de suicide de masse. Serait-ce que des lemmings « altruistes » se suicident pour économiser les ressources et laisser vivre leurs congénères ? En fait, la reproduction chaotique de ce petit rongeur de la toundra arctique entraîne des vagues importantes de migrants. Le stress de surdensité en serait la cause : en surnombre, les animaux ne se tolèrent plus. Les lemmings, arrivés en bout de leur parcours migratoire, partent en mer à la nage, et nombre d'entre eux succombent à la noyade inéluctable. Il résulte cependant de ces fluctuations dramatiques de populations que certains disparaissent au profit des autres.

En supposant qu'un « gène de l'altruisme » guide les pas de ce suicide collectif, les animaux survivants, ceux qui ne se suicident pas, en tirent un large bénéfice évolutif. Ils seront les seuls reproducteurs. Mais voilà, le « gène altruiste » disparaît avec les suicidés, et, par conséquent, leur nombre devrait fatalement chuter au point zéro. *Exit* le gène suicidaire puisque ceux-là, forcément, en mourant, se reproduisent moins bien. Il ne resterait dans les populations que des lemmings sans aucun gène du sacrifice et refusant le suicide. Donc, le stress de surdensité ne les affecterait plus, et les migrations devraient inévitablement s'arrêter. Notre gène « altruiste » ne peut résister à ce qu'il provoquerait. On le constate, l'explication ne peut pas être convaincante.

Il subsiste une possibilité. Et si, au lieu d'un « gène altruiste » sélectionné chez les individus, la sélection se faisait dans un groupe ? Développée par Vero Wynne-Edwards, nous avons déjà vu, lectrice, lecteur assidus, que la théorie de la sélection de groupe (*group selection*) suppose que des caractéristiques héréditaires peuvent être sélectionnées évolutivement pour le *bien du groupe* et non à partir d'une sélection favorisant des individus. Les combats et autres violences peuvent-ils évoluer pour le bonheur de l'espèce ? Les populations posséderaient des mécanismes d'autorégulation qui consolideraient la sélection entière du groupe. Il s'affirme ici une qualité fonctionnelle discutable. Nous retrouvons le « gène du sacrifice ».

Longtemps, le sujet fut controversé. Il faudrait en effet que la pression de sélection envers le groupe prédomine sur la sélection de l'individu. George Price a mis cela en équation. Pour que l'altruisme persiste, tous les individus doivent avoir la même distribution génétique (des clones* !), ce qui conduit concrètement à l'impossibilité d'une « sélection de groupe ». À moins que les avantages envers le groupe ne dépassent largement les inconvénients individuels de l'altruisme. Pourtant, un caractère désavantageux pour un individu a peu de chances de se maintenir à long terme dans une population et donc d'apporter ses bénéfices. Il est difficile de comprendre comment le suicide ne serait pas un désavantage pour celui qui l'accomplit. Il faut aussi que les tricheurs soient désavantagés à long terme pour que se maintienne le « gène du sacrifice ». Richard Dawkins, se débarrassant d'un eugénisme trop ostensible, évitait le piège d'un gène propre à l'altruisme en évoquant sa solution d'apparentement. Les individus se sacrifient parce que, en le faisant, ils favoriseraient « égoïstement » les gènes qu'ils partagent avec les survivants. Une simple question de famille, rappelez-vous. Tout reste alors une question de forces sélectives très contrastées. Faut-il aussi que la parenté existe.

Il est cependant possible de contourner de tels obstacles. C'est ce que les mouches scatophages vont faire.

Elles n'ont ni penchant suicidaire ni attrait pour la stérilité. Les scatophages du fumier *Scathophaga stercoraria* n'aiment rien de moins que fréquenter les bouses de vache. Voilà le lieu de leur plaisir. Les mouches exhibent une couleur mordorée ponctuée d'une fourrure orangée. Avec des yeux dont les multiples facettes se teintent de rouge, l'animal paraît séduisant auprès des belles. Les femelles produisent 4 à 5 pontes par saison et, pour réussir cette activité, elles ont besoin de bouses fraîches. Les prétendants le savent, bien sûr. Alors, chacun d'entre eux cherche un excrément récent pour installer la parade nuptiale qui scellera les épousailles. Sa majesté la mouche tient à son fragment de déjection qu'elle espère défendre contre la concurrence. Mais la mouche n'est pas seule. Et une rivalité exacerbée se développe chaque fois qu'une femelle vient inspecter le lieu. Une seule visiteuse pour plusieurs mâles, il faut être vigilant à chaque approche et ne pas se laisser entraîner dans une bagarre inutile.

On peut donc imaginer l'inénarrable détresse de la mouche sur sa bouse. Car, tandis que l'excrément se dessèche, devenant de moins en moins intéressant pour les femelles, le mâle tente de résoudre un étonnant dilemme : faut-il rester encore un peu au risque du dessèchement du lit d'amour ou bien tenter de partir à la recherche d'un autre endroit disponible, mais en risquant de rater une femelle qui viendrait encore ? Chaque minute passée complique le choix. Il pourrait être question de « sélection de groupe », les uns se sacrifiant pour que les autres trouvent une déjection adéquate. Mais les mouches n'ont besoin ni de « gène altruiste » ni de « sélection de groupe » pour exister.

Le scatophage du fumier connaît un secret. La recette du succès réside dans le comportement des autres. Les autres ont la solution de l'épuisant dilemme des mouches. Si les autres scatophages partent du lieu de ponte, la mouche a intérêt à rester, car le départ des autres diminue la concurrence copulatoire sur la bouse. Si les autres mâles s'entêtent au contraire à stationner, notre galant doit se décider à s'envoler vers de nouveaux endroits où l'aventure l'attend. À cause de ce choix, la situation se compense (*mixed strategy* ou *Nash equilibrium*). Une manœuvre mixte, où les uns partent tôt et les autres plus tard, suffit à l'efficacité évolutive. Le dilemme des mouches entraîne une stratégie évolutivement stable (*stable evolutionary strategy*) où chacun dépend des autres. Voilà que les fondements du mutualisme apparaissent avec la *différence* des stratégies. Les autres sont toujours présents en écologie évolutive. Ni généreux ni égoïstes, simplement différents.

Il est un moment crucial de l'évolution où chacun dépendait vraiment des autres. Il y a plus de 2 milliards et demi d'années. Le vivant est passé d'une cellule unique à un corps constitué de plusieurs cellules. La vie est devenue pluricellulaire. Sans doute, l'abondance dans la nature d'une famille de protéines comme le collagène a pu favoriser l'attachement des premières structures. Mais jamais l'élaboration de stratégies mixtes n'a pu à ce point produire une « coopération » aussi fondamentale. Jamais les eucaryotes ne s'étaient encore autant détachés des bactéries. Mais d'où peut provenir une telle cohésion biologique de plusieurs cellules ? Richard Michod et Denis Roze soulignent qu'un organisme est beaucoup plus qu'un groupe de cellules. Un mécanisme de régulation des conflits internes est un prérequis nécessaire à l'émergence de l'individu.

Ne regardons pas les amibes avec désobligeance. Ces curieux protozoaires sans forme savent notre passé. Apparus il y a plus de 1 milliard d'années, les protistes amiboïdes témoignent de cet incroyable passage vers la vie pluricellulaire. Ces eucaryotes unicellulaires atteignent une taille de 20 micromètres en moyenne, il est donc possible d'aligner 500 amibes sur un seul millimètre. Elles sont cependant gigantesques... comparées aux bactéries. Ces masses de protoplasme se déforment pour avancer et se nourrissent par phagotrophie : la cellule se referme sur les particules alimentaires ou sur les bactéries et absorbe ces nutriments. Parmi les amibes, *Dictyostelium discoideum* fait figure de modèle de coopération. John Tyler Bonner a sans doute été le pionnier de l'étude des mécanismes qui contrôlent un extraordinaire comportement : l'agrégation des amibes. Ici, pas de cerveau, pas de chef, pas de gentil organisateur, juste des cellules. Oui, mais pourtant chaque amibe a besoin des autres. Elles s'assemblent alors en un macrokyste pour effectuer collectivement une vraie reproduction sexuée.

Il y a plus encore. Il faut considérer la grande évasion des amibes. Bien que les amibes aient longtemps été considérées comme asexuées, la plupart des lignées amiboïdes ont révélé une sexualité recombinante. Mais, surtout, leur cycle de vie comprend un incroyable cheminement. Ces organismes peuvent former des assemblages de milliers d'amibes agglomérées, le pseudo-plasmode, généralement quand les conditions de vie deviennent précaires, et les amibes, affamées. Et, pour s'agréger, les amibes faméliques sécrètent un facteur chimique attractif qui les soude entre elles. La chimie amibienne provoque leur cohésion grégaire. Elles vont alors se rassembler. Cet amas cohérent, ressemblant à une limace gluante, va errer sur le sol d'un boisement. Parfois, les amibes y pratiquent l'agriculture, entretenant des bactéries dont elles vont se nourrir. Puis, au bout de quelques jours, l'attroupement forme un *sporocarpe*. L'amas des amibes développe un long filament renflé de plusieurs millimètres qui monte pour fructifier ailleurs. Enfin portées loin de l'endroit où elles mourraient de faim, seules les amibes situées en haut du sporocarpe vont survivre et se reproduire. Au contraire, les porteuses de ce mât de survie « se sacrifient » à jamais, sans le savoir. Les amibes connaissent ainsi une vraie « division du travail », une vie sociale et un apparent altruisme.

Pourtant, contrairement à ce qui est souvent dit, je suggère que les amibes ne témoignent pas pour les gènes « altruistes ». Si un gène favorisait ce comportement suicidaire, il disparaîtrait avec les porteuses. Au contraire, la fructification du sporocarpe est directement issue de l'usage de stratégies mixtes. Quand certaines continuent de chercher à se nourrir, d'autres sont bousculées vers le haut, se retrouvent à monter involontairement sur les autres et s'évadent déjà. La reproduction est à ce prix. Rester ou partir, l'alternative indécise des amibes se construit comme le dilemme de Marius (*Marius dilemma*). L'option divergente des unes et des autres élabore, à son tour, une situation évolutivement stable. Chaque fois, chacun dépend des autres.

Ici, l'association des amibes fonctionne comme un organisme entier, séparant les cellules reproductrices (germen) des cellules organiques (soma). Deux paramètres essentiels de la pluricellularité sont présents : la *coopération* des cellules et la *différenciation* entre deux types, celles formant la base et celles qui, faisant le filament, portent l'avenir de la colonie. Les mauvaises conditions de vie, et notamment la famine, déclenchent tout le processus de formation du sporocarpe. Il faut toutefois savoir écouter le cri silencieux des amibes. Car l'essentiel reste dans la diffusion d'un appel aux autres, la production d'un attractant chimique qui les réunit, puis dans cette phase de différenciation qui sépare les amibes de la colonie en corps organique et en cellules reproductrices. Les amibes ont développé un comportement de désir mutuel directement venu de la sensibilité de leur membrane.

Le sexe et la reproduction vont encore davantage peser en enclenchant un effet « boule de neige », un emballement de Fisher (*Fisher runaway*), puisque le succès reproducteur concerne seulement les amibes qui savent se rassembler. L'évasion des amibes montre comment la vie multicellulaire a ouvert, presque dès le début de la formation des eucaryotes, une si fructueuse route évolutive. Sans « gène altruiste ».

Ainsi, la « coopération » constitue une innovation très ancienne. Qu'importe que la vie multicellulaire provienne d'anciennes lignées d'amibes ou de choanoflagellés. Nul besoin d'évoquer la complexité d'une organisation volontaire ou dirigée. C'est un penchant bien idéologique que de croire qu'un chef est un élément nécessaire à toute coordination. Loin de l'hypothèse du cerveau grand ordonnateur proposée par Mayr, il n'y a pas de maître dans un corps vivant. Il n'y en a jamais eu. Tout le fonctionnement de la vie se dégage d'interactions multiples et de subtils équilibres. L'évolution part *du bas*. C'est un mutualisme où l'on passe de la juxtaposition des cellules à l'intégration réciproque. On peut imaginer, à partir d'une cellule mère affamée, la division de cellules filles dont la migration est arrêtée par la faim dans un environnement indigent. Rassemblées grâce à l'appel silencieux d'un message chimio-attractif de détresse ou de surpopulation, certaines cellules du centre sont poussées au-dessus du sol et montent sur les autres. L'équilibre précaire de ce château de cartes entraîne cependant qu'elles pourront s'extirper du milieu mortifère. Et c'est ici que la *diversité des stratégies individuelles* concourt à différencier le devenir des cellules, séparant le corps organique des éléments reproducteurs. Nous voilà bien loin de la « compétition inéluctable » darwiniste entre « formes apparentées ». La relation est le contraire de l'égoïsme, sans davantage de générosité.

On le voit, la conduite mixte reste *matériellement* efficace. Et d'autant plus que le sexe et la recombinaison entraînent un emballement du processus. Cette efficacité en est la sanction évolutive, réduisant la sélection naturelle néodarwiniste à cette seule efficience, et sans sa nécessaire « loi de la jungle ». Le processus qui associe les amibes s'élabore seulement à partir des variations de lieu, de temps et de ce qui ressemble bien à des décisions individuelles.

Bien entendu, le *principe mixte*, ou mutualisme, ne signifie nullement que les amibes ont « voulu » ce qui leur arrive. Ce ne sont pas non plus des gènes qui ont cherché à se propager, mais des individus qui mutualisent, à partir d'un comportement originel, la bousculade. La chimie entraîne alors les cellules à organiser un organisme pluricellulaire. Il s'agit juste de constater combien les variations individuelles, les stratégies mixtes, peuvent produire de différence, même à ce niveau extrêmement élémentaire.

Et, précisément, l'évolution est d'abord une fabrique de la différence.

Chapitre 6
Comment le désir vint à l'esprit

La pieuvre commune, *Octopus vulgaris*.

« Partons dans un baiser pour un monde inconnu. »

Alfred DE MUSSET, « La Nuit de mai », 1835.

Il n'y a aucun doute sur l'élégance des pieuvres. Usant de l'envoûtante chorégraphie d'un Shiva aux cent bras, les pieuvres savent fasciner. Ces mollusques déploient aussi le chatoiement variable de leurs chromatophores pour dessiner des vocalises de couleur. Et que dire de ce ballet si sensuel des poulpes communs *Octopus vulgaris*, quand le mâle insère tendrement son bras spécialisé, l'*hectocotyle*, pour féconder la femelle... Cependant, les fiançailles se réduisent souvent à quelques secondes, comme si les deux partenaires connaissaient déjà la séduction qu'ils savent exercer l'un sur l'autre. Juste un enlacement.

Quel prodige accomplit donc cette embrassade ? Nous ne savons pas comment l'étreinte des pieuvres attise le désir. Mais aucune femme ni aucun homme ne sous-estimeraient l'érotisme d'un baiser. Encore qu'à examiner les façons d'embrasser quelques désarrois se dévoilent. Les amants du cinéma ne sont d'aucune aide, et les chercheurs ont dû solliciter des personnes réelles pour obtenir des réponses spontanées. En observant la coutume sous l'œil rigoureux du biologiste, il est manifeste que tous les amoureux penchent la tête durant cette singulière activité.

Le penchant du baiser ? Un tel fait méritait d'être souligné. Il existe des soupirants gauchers du baiser, mais les droitiers de l'embrassade sont beaucoup plus répandus, atteignant 80 % des actifs. Le commun des mortels, peu averti du travail scientifique, pourrait s'étonner de trouver dans un laboratoire d'éthologie* une enquête portant sérieusement sur un sujet apparemment si grave et concernant indubitablement les femmes et les hommes. Le mystère des amours est saisi au vol. Embrasse-t-on en inclinant du chef à gauche ou bien à droite ?

À remarquer, en outre, que la problématique n'est pas fatalement aussi sexuelle qu'il n'y paraît, puisque nous sommes tout autant adeptes de la bise. Qu'est-ce que la bise ? Un baiser qui se tait. Ce bisou pudique, qui salue les autres chaque matin, présente en effet une gravité comparable. Car, pour la bise, la même interrogation s'impose : commence-t-on par embrasser la joue gauche ou bien la droite ? En cela, la bise est aussi une cérémonie émérite, et l'analyse de multiples données ne simplifie pas la réponse.

Si la majorité des humains préfèrent opiner à droite pour lancer leurs lèvres jointes dans cette animation soignée, les gauchers de la bise restent nombreux. Quel que soit le sexe de celui qui officie le rituel, la droite est cependant privilégiée. Ouvrant le débat sur la latéralité de l'activité cérébrale, le questionnement laisse suspecter que le baiser trouverait la même inclinaison que la motricité, droitière ou gauchère. L'alternative se propose comme une stratégie mixte où chacun choisit son côté propre. Une première étude suggérait qu'il n'y avait pourtant pas de corrélation entre les penchants émotifs et la dextérité manuelle. Pour ne pas s'arrêter à cette effrayante conclusion, les recherches ont repris, testant des centaines d'autres personnes devant des poupées de laboratoire. Bien que moins émouvantes sans doute, celles-ci présentaient l'indubitable avantage de n'inciter le dodelinement d'aucun côté particulier. Et Sebastian Ocklenburg et Onur Güntürkün ont fini par observer l'existence d'une association significative entre toutes les opérations de latéralité, pied, main et bise. L'œil humain, seul, n'y réussit pas.

Or la latéralité n'a rien d'anodin. L'asymétrie de l'activité cérébrale joue un important rôle dans l'appréhension de notre environnement, et les circonvolutions gauches de l'encéphale, par exemple, se spécialisent dans le langage. Les aptitudes cognitives n'existent qu'à ce prix : un cerveau droit différent d'un cerveau gauche. Ainsi, la plupart des fœtus humains tournent leur tête vers la droite pendant la gestation et montrent cette préférence juste quelque temps avant la naissance. La latéralisation motrice des mains intervient cependant plus tard. Toutefois, on peut suspecter le rôle d'une maturation précoce dans l'apparition d'une telle spécialisation.

La lectrice, ou le lecteur, à ce stade, se demande ce que les pieuvres peuvent bien y faire, la latéralité étant souvent regardée comme une irréductible spécificité humaine. Eh bien, non. Les pieuvres aussi préfèrent un côté à l'autre et utilisent plus volontiers leur œil gauche et même un bras gauche. La latéralité de ces vénérables membres – bien qu'ils soient au nombre de huit – affecte donc l'activité motrice des poulpes. Et, en regardant le monde animal dans son entier, la latéralité ne fait plus figure d'exception humaine. Depuis les mammifères jusqu'aux abeilles, les droitiers et les gauchers se regardent dans une dissonance symétrique redoutable. Par exemple, l'équipe de Martine Hausberger dévoile que le cheval, *Equus caballus*, connaît une latéralité auditive. Eh oui. Ce n'est pas suffisant de parler aux chevaux, encore faut-il savoir entamer la conversation par la bonne oreille. Les primates exhibent aussi une latéralité très prononcée. Les oiseaux de même. Le lézard des murailles, *Podarcis muralis*, lui, est gaucher du regard. La préférence latérale ou *latéralisation*, qu'elle soit gauche ou droite, paraît directement associée à la maturation des expériences motrices et au développement des compétences intellectuelles des espèces. Alors, qu'est-ce que le bisou peut bien révéler ?

La couleuvre rayée *Thamnophis sirtalis* est droitière. Évidemment, une telle affirmation paraît peu crédible si l'on considère le corps tout en longueur et les déambulations ondulatoires des serpents. Ce petit animal américain, coloré de bandes brunes, est d'abord un mangeur de limaces et de têtards qu'il débusque dans les forêts et les marais. Et, cependant, comme chez tous les serpents et chez tous les lézards, les mâles révèlent une curiosité anatomique : ils possèdent deux pénis, deux *hémipénis* pour être exact. Après avoir déployé son charme galant, le serpent s'enroule alors sur le côté privilégié du corps de son amante, en règle générale le droit, mais chez certains le gauche peut aussi bien faire l'affaire, pour s'affairer aux joies reproductives. Bien entendu, l'usage d'un seul de ces outils d'intromission s'impose chez les reptiles, aussi bien que chez les requins dont les deux ptérygopodes sexuels sont également confrontés à ce choix déroutant.

Quant à la grenouille léopard *Rana pipiens*, une autre Américaine colorée, son chant nuptial mugit plutôt à gauche : les mâles pratiquent un contrôle neural latéralisé de leurs vocalises. Pour peu qu'on admette un rapport tendre entre les amants, la latéralité des émotions intervient donc dans la séduction, et cela, aussi bien à gauche qu'à droite. Voilà que, en latéralisant et en s'emparant du trouble amoureux, le cerveau proclame sa tâche d'organe sexuel déterminant.

Bien sûr, les fantasmagories ou autres fantaisies de l'esprit l'apprennent aussi. Le sexe a quelque chose de cérébral. Mais, résultant de la relation entre partenaires, la latéralité annonce quelque disposition fondamentale pour la compréhension, et sans doute aussi archaïque que le sexe. On ne sait pas à quoi sert la latéralité, mais elle témoigne d'une différence égalitaire entre les individus. Le baiser nous entraîne très loin.

Quelque chose dans l'air attire aussi le lion. La crinière au vent, les pattes tendues, le félin couronné hume le vent des savanes. Égaré dans l'analyse olfactive d'indicibles phéromones, le lion *Panthera leo* ne perd rien de la magie des amours. La mimique grimaçante du *flehmen*, les lèvres retroussées, le nez hautain et les yeux plissés sur l'invisible, s'avère le moment décisif d'une activité cérébrale sans pareille, de celles qui déclenchent des ouragans d'émotion. Car, à capturer la bonne molécule odorante, une série d'événements en chaîne va submerger le cerveau sans aucune retenue. Le cœur a ses cascades que la raison ne connaît pas. Et, cependant, en dépit de la chimie presque inodore des phéromones, la même latéralité des neurones intervient un moment avant de déchaîner l'inévitable tornade des choses de la nature. Chez le lion comme chez tous les mammifères, le côté droit du cerveau est plus émotif que l'autre dès qu'il est stimulé par les circuits du thalamus et de l'amygdale. L'activité du cerveau résulte aussi d'une longue histoire évolutive, et l'esprit se soumet à la chair. Le lion abdique, et seul son désir illimité règne en maître.

Mais, bien avant le développement d'un cerveau émotionnel, le « bon coin » de l'encéphale, comme le nomme joliment Jean-Didier Vincent, une force biologique incomparable a entraîné les individus les uns vers les autres. Ici se situe le secret caché du sexe des eucaryotes, de toutes les espèces habitées par un noyau cellulaire – protozoaires, champignons, plantes et animaux. Ceux-là vont élargir l'appel de la sexualité. Car l'émotion biologique attise l'une des premières interactions du vivant, renforçant l'envoûtante invitation des sirènes du désir. Physiologiquement, l'émotion correspond à une mobilisation générale du corps qui décuple les sensations et facilite la réponse à l'environnement. Le cœur bat. Mais d'où résulte cette incroyable réceptivité ? À partir d'une longue évolution de la sensibilité primordiale, des émotions primitives engagent progressivement tous les corps dans un mécanisme d'attirances qui, plus que le cerveau, peut aussi organiser les rencontres amoureuses.

Il est étonnant de voir combien la biologie a ignoré le désir. Rien chez Darwin, si peu chez les autres. Quelque chose d'infernal conduisait à regarder les voluptés comme dénuées de la matérialité suffisante pour mériter une analyse. Et, cependant, le désir s'inscrit comme un des processus essentiels du vivant, celui qui a développé l'incalculable biodiversité de la planète, inséré la magie des champignons sur la roche, disséminé le bouquet des végétaux en fleurs, répandu le bourdonnement estival des papillons et déployé le gazouillis disparate des oiseaux. La biodiversité est amoureuse et elle le dit. Le désir est de ceux qui ont construit les corps.

Car il faut bien que les individus se reconnaissent. Et cela commence très tôt, en inventant le comportement.

La vie fait un complexe. La poursuite du bien-être des individus dépend formellement de leur disposition à s'adapter aux conditions de leur environnement. La diversification des êtres vivants semble générer des adaptations de plus en plus compliquées. Depuis longtemps, que ce soit à travers l'iconographie évolutive ou la pensée des premiers biologistes, l'hypothèse d'une course vers des améliorations adaptatives a guidé inconsciemment la réflexion des penseurs. La nature y répond mal. Bien qu'il s'en défende, le néodarwinisme est souvent orienté par l'idée d'un perfectionnement à l'œuvre. La sélection est supposée trier les « meilleurs » gènes.

Aussi n'y a-t-il rien de plus logique que nos contemporains, un rien effrayés par l'affreuse idée d'un périple vers le néant, admettent, au contraire, l'hypothèse d'un plan d'évolution vers des formes de vie plus complexes, plus intelligentes, de plus en plus adaptées. Et, cependant, aucun programme, aucune tendance n'engage jamais le processus évolutif. Il faut garder l'esprit rationnel sans céder aux mirages téléologiques de la perfection. Le guépard n'est pas plus perfectionné que l'antilope. Toute la vie commence par *en bas*. Il n'existe aucune direction, aucune création. Aucune « créature » non plus, même si les histoires naturelles et les séries télévisées, contaminées par les médiocres traductions anglo-saxonnes, nous empoisonnent jour après jour avec ce terme idéologique accablant.

Mais alors, comment expliquer le passage d'une vie simple, unicellulaire, à une vie pluricellulaire ? Presque par le désir. Voilà une hypothèse sexuelle fascinante.

Donc, il y eut déplacement d'une forme élémentaire à une forme plus organisée. La transition est exigeante. Car l'évolution du niveau « inférieur » d'organisation, la cellule par exemple, doit être limitée, alors que l'évolution de l'unité de niveau « supérieur », l'organisme par exemple, doit se renforcer. La compréhension de ce qui entraîne le franchissement évolutif reste essentielle. Or, nous disent Richard Michod et Denis Roze, la coopération entre les unités de niveau « inférieur » est fondamentale pour faire émerger de nouvelles fonctions au niveau « supérieur ». Il ne peut y avoir transformation d'un niveau à l'autre que si le coût de la coopération cellulaire est moindre que le bénéfice apporté au groupement. L'un doit être davantage que compensé par l'autre. Pour cette raison, l'évolution des interactions coopératives nous aide à comprendre l'origine de la nouvelle unité organique, la fabrication des corps.

Toutefois, les cellules ne demandent pas les mêmes adaptations que le corps organique ou, si l'on veut, les deux niveaux, cellulaire et organique, sont en désaccord sur leurs besoins respectifs. Tandis que la cellule peut « vouloir » se reproduire, l'organe peut « exiger » qu'elle s'affame pour travailler. Un antagonisme inévitable les sépare. Le conflit d'intérêts revient en force s'immiscer dans l'évolution.

Très soupçonneuse se montre la femelle criquet. Elle déguste le mâle avant même une incartade. D'une exclusivité sans pareille, la femelle du criquet brun des buissons *Hapithus agitator* n'aime rien de mieux que de dévorer les ailes du mâle pendant l'acte sexuel. Il est vrai qu'après le mâle ne lui sert à rien. Stephen Gould argumenta d'abord que le cannibalisme sexuel était trop rare pour signifier quelque chose. Il fallait mieux regarder. Le cannibalisme concerne de nombreux insectes, araignées, crustacés et mollusques, et de multiples espèces ont recours au meurtre naturel de l'autre sexe. Une récente étude sur le cannibalisme montre que la consommation, même du mâle entier par la femelle, ne délivre pas un apport alimentaire intéressant. Non, il s'agit juste de la manière dont la femelle trouve la résolution de la guerre des sexes – par exemple chez le criquet, en empêchant le mâle de chanter pour d'autres qu'elle. Le chant de cour est en effet produit par la vibration des ailes contre le corps. Pas d'ailes, pas de troubadour pour enchanter les autres. Un rien possessive, non ?

La théorie du conflit sexuel est apparue en biologie évolutive sous la plume de William Rice, en 2000, mais le sujet se limitait encore à la bataille entre les deux sexes. Le zèbre des plaines *Equus burchellii*, par exemple, n'hésitera pas à tuer un petit pour réduire la lactation maternelle et pouvoir séduire la femelle. Les individus, alors, se disputent la possibilité de contrôler l'autre, innovant en organes spécieux faits pour la bataille, phallus démesurés, pinces de maintien, boule de chasteté, sperme toxique. L'évolution des corps introduit une course aux armements dans un effet « boule de neige » (*Fisher runaway*) où chacun résiste à l'autre dans un tir à la corde évolutif (*evolutionary tug of war*) : c'est la coévolution antagoniste (*antagonistic coevolution*). Chaque sexe imprime sa dissemblance, mais c'est ensemble, à travers la recombinaison sexuelle, que se produit une progéniture différente. La théorie du conflit est devenue si féconde qu'on ne maîtrise pas encore toute sa valeur heuristique.

Cependant, même la bataille des sexes ne se réduit pas à la volonté qu'un des deux sexes domine l'autre. Ils essaient, bien entendu. L'histoire biologique ou sociale révèle l'importance de cette paix armée, de ce tir à la corde dynamique et évolutif où chacun tente de résister à l'autre. Mais ce qui compte plus que tout, c'est la rémission du conflit, la réconciliation qui se mène entre deux êtres que tout sépare, l'émergence d'une liaison sincère. Ici s'introduit une dynamique évolutive qui n'existerait pas sans la relation sexuelle. Née du conflit sexuel, la relation amoureuse découle de l'art d'apprivoiser l'autre. Toutes les parades, tous les chants, toutes les chorégraphies nuptiales ne parlent que de cela : une *facilitation* vers la relation amoureuse et vers le consentement.

Même l'invention de la vie pluricellulaire a profité du désir. Comme pour les relations amoureuses, la médiation du conflit constitue le processus fondamental de l'émergence d'un autre niveau de vie, de l'évolution de l'unicellulaire à la vie multicellulaire. La rencontre des organismes peut devenir neutre ou bénéfique, construisant des relations mutuelles adoucies. Et le comportement en pose les bases.

Il faut le reconnaître. L'ambivalence et le conflit paraissent représenter le facteur primordial de l'organisation des êtres vivants, justifiant apparemment l'hypothèse d'un égoïsme intrinsèque. Mais c'est ainsi qu'existe la dynamique évolutive. Dès que deux cellules se sont formées, elles étaient déjà assez nombreuses pour se disputer. Mais aussi pour entamer le long flirt de la réconciliation. Or, au cours de l'histoire naturelle, le sexe a été privilégié d'une part, et d'autre part l'évolution a entraîné la formation d'individus sexués distincts. La relation entre les êtres vivants devenait la *condition* du maintien de la vie. Pourtant, on ne peut faire plus compliqué. Le sexe est un processus qui a combiné, étape par étape, la recombinaison (le mélange des ADN), la réduction méiotique (la séparation des brins d'ADN), la gamétogenèse (la fabrication des cellules sexuelles) et la syngamie (la fusion du spermatozoïde et de l'ovule). Ici s'est définitivement inscrite l'histoire évolutive des eucaryotes. Déjà, des algues vertes unicellulaires, *Chlamydomonas reinhardtii*, inventent le mouvement des cellules flagellées comme des spermatozoïdes, munis alternativement de deux flagelles, qu'elles résorbent au moment de leur division cellulaire.

Mais vivre en corps organisé réclame plus de paix. Alors d'autres algues vertes, les *Volvox carteri*, forment un groupe de cellules qui « coopèrent ». On voit passer dans une goutte d'eau ces bouquets de cellules agglomérées dans cette vaine tentative primitive pour former un véritable tout. L'alliance conduit déjà les *Volvox* à médiatiser leur conflit en admettant une réduction de l'aptitude à se reproduire. Les cellules agrégées en « corps organique » gardent seulement la capacité à se diviser (par la mitose, un dédoublement cellulaire entre deux cellules filles). Chacune est un peu le clone de l'autre. Mais quelque part dans la colonie se passe une autre étrange affaire : des cellules gardent une compétence dans le sexe. Le sexe, le vrai, méiotique, c'est-à-dire recombinant, va être réservé à celles-là qui inaugureront la lignée germinale : devenir des cellules sexuelles. Rappelez-vous, la coopération ne devrait commencer qu'avec ce que les néodarwinistes nomment la « division du travail » – ce que j'appelle ici la *spécialisation* ou l'intégration de la différence. Il ne s'agit pas d'une division des tâches, c'est l'inverse. Car, dès que les cellules diffèrent assez, elles sont susceptibles de tolérer leur association.

Suivons les *Volvox*. Imaginons l'origine de la vie multicellulaire à partir d'une seule cellule maternelle. Celle-ci se multiplie dans un milieu peu favorable. Les cellules filles renâclent à se disperser, à cause de faibles ressources. Pourtant, notre colonie va prospérer, parce que certaines cellules vont initier un mutualisme, en bénéficiant les unes des autres, en les parasitant peut-être. Les unes vont se nourrir à outrance pour les autres qui, seules, se reproduiront.

Voilà, sommairement tracé, un scénario primordial encore assez néodarwiniste. Ici sont conservés la concurrence, l'ancêtre unique, la parenté. Le secret de la spécialisation cellulaire n'est pas connu. Un gène, sans doute muté de manière aléatoire, qui bénéficie aux profiteuses. Seules les « meilleures cellules » prospéreraient grâce à cette aubaine en se reproduisant. L'individualité serait gagnée en handicapant les cellules somatiques qui ne se reproduisent plus. Alors se pose un problème que nous connaissons déjà. Puisque toutes les cellules sont issues d'une même génitrice, comment le « gène du sacrifice » peut-il persister en même temps que le « gène des profiteuses » ? Il faudrait que ces gènes n'engendrent pas d'effet contradictoire.

Le « gène altruiste » revient. Voilà pourquoi il a fallu convoquer la sélection de parentèle de William Hamilton (*kin selection theory*).

C'est une histoire de fourmis. En regardant la vie sociale des hyménoptères sociaux, les fourmis et les abeilles, Hamilton a été frappé de constater que les ouvrières, qui coopèrent dans la fourmilière sans se reproduire, possèdent plus de gènes en commun entre elles qu'elles n'en ont avec leur propre mère, la reine. Cela est lié à une particularité des hyménoptères, la reproduction haplo-diploïde : le mâle ne dispose que d'un seul jeu de chromosomes, les reines, de deux. Donc, en aidant à la reproduction, les ouvrières favorisent la propagation de leurs propres gènes, même sans se reproduire. En quelque sorte, Hamilton nous dit que les ouvrières ont plus d'intérêt à aider la reproduction de la reine qu'à s'essayer à cet exercice, car leur descendance n'aurait que 50 % des gènes en commun avec elles, alors qu'elles-mêmes possèdent 75 % de gènes en commun avec leurs sœurs (25 % du père haploïde plus 50 % de leur mère). C'est sommairement ce qu'il a démontré dans un modèle mathématique assez simple, ou règle de Hamilton (*Hamilton's rule*), qui étend les statistiques de fréquences de gènes développées par la génétique des populations.

Évidemment, la sélection de parentèle se base sur un certain nombre de postulats obligatoires : une reine unique fécondée par un seul mâle, une faible sélection pour ne pas affecter la parenté et une reconnaissance des apparentés pour faire exister la coopération. Et ces conditions sont rarement remplies dans la nature. La théorie de Hamilton a suscité un nombre incroyablement élevé de travaux divers. Les recherches sur la parentèle sont si abondantes qu'il est difficile de les approfondir ici. La plupart soulignent le rôle déterminant de l'apparentement dans la tolérance sociale. Nombre d'auteurs réfutent pourtant cette hypothèse en signalant notamment, comme Lee Alan Dugatkin, que la coopération peut aussi exister entre individus non apparentés. Voilà des exceptions difficilement contournables.

Déviantes ou anarchistes, les abeilles peuvent aussi refuser l'autorité de parentèle. Chez la plupart des insectes sociaux, et chez les abeilles mellifères *Apis mellifera* en particulier, ce n'est pas vraiment un bénéfice génétique qui pousse les insectes à se sacrifier, contrairement à ce que la règle de Hamilton laissait supposer. En fait, une sécrétion produite par la glande de Dufour de la reine mère rend les ouvrières stériles, qu'elles le veuillent ou non. Pas de sacrifice, juste une perfidie maternelle castratrice. L'ordre règne, et une glande sauve sa majesté despotique. Des ouvrières zélées semblent participer à cette autocratie en sécurisant l'infertilité des abeilles. En effet, tous les œufs non marqués du sceau royal sont en général immédiatement consommés. Car certaines autres ouvrières, apparemment déviantes et peu enclines à respecter l'ordonnancement établi, se révèlent trop peu sensibles à la stérilisation royale.

Ces résistantes de la ruche réussissent donc à pondre des œufs. Voilà pourquoi l'équipe de Martin et Chaline, qui a mené ces travaux, les qualifient d'abeilles « anarchistes ». Mais, moins qu'une imitation du marquage (peut-être inexistant) de la reine, ces abeilles produisent des œufs peu aptes à se développer. Ils sont alors rapidement éliminés par les autres ouvrières, sans qu'elles agissent réellement comme des auxiliaires de la police des pontes, mais plutôt par hygiène, en ramassant des corps maladifs. Par conséquent, ces pauvres abeilles « anarchistes » se mutinent difficilement, mais résistent tout de même. On le voit, la théorie de la parentèle paraît apporter une explication bien artificielle à la coopération.

Sur cette base de la parentèle, et en poussant à sa limite le raisonnement néodarwiniste, on se souvient que Richard Dawkins a postulé l'hypothèse de l'aptitude inclusive (*inclusive fitness hypothesis*). L'évolution conduirait à maximiser l'efficacité de chaque individu pour diffuser le plus grand nombre de ses gènes aux générations futures. Ce n'est donc plus l'individu qui est sélectionné, mais le gène. L'ADN est ainsi devenu une molécule qui se reproduit elle-même depuis l'origine des temps, et l'évolution est regardée comme l'histoire de l'autoréplication de ce matériel « immortel ». En fait, l'égoïsme devrait bénéficier aux lâches et aux opportunistes puisque, en refusant le risque, ils se sauvegardent eux-mêmes et peuvent ainsi augmenter leur progéniture. Mais, pourtant, affirme Dawkins, l'égoïsme ne leur profiterait pas. Pourquoi ? Parce que les individus courageux et les altruistes, en se sacrifiant, défendraient leurs apparentés et, en quelque sorte, favoriseraient la propagation des gènes qu'ils partagent. C'est l'idée d'aptitude sélective inclusive. N'hésitant pas à user d'une image anthropomorphiste, Dawkins affirme donc que « le gène est fondamentalement égoïste » (*selfish gene*), ancrant définitivement l'égoïsme comme principe moteur dont la valeur explicative tient à une caractéristique essentielle du gène, la replication. Au-delà d'une molécule physique, le gène se reproduirait pour lui-même, et les êtres vivants ne font qu'aider à répandre une information génétique portée par un ADN immortel. Du coup, les unités vivantes sont des « machines à survivre » (*sic*), des hôtes de leur génome sélectionnés pour propager les gènes. Gould a fortement combattu l'idée de Dawkins. Mais, bien que son réductionnisme ait aussi profondément agacé Mayr et d'autres fondateurs, c'est actuellement la théorie la plus consensuelle du néodarwinisme.

On peut trouver l'explication rude. C'est pourtant l'esprit poussé au fond de la logique du néodarwinisme, à ceci près que, chez Darwin, la concurrence entre formes apparentées était précisément ce qui stimulait la formation des espèces nouvelles alors qu'ici la parenté enclencherait la coopération. En fait, la valeur heuristique de cette théorie centrée sur le gène a été soulignée par nombre de biologistes enthousiastes. Pourtant, en dépit de sa pertinence, la conception développée par Dawkins ne paraît pas non plus convaincante, car, sans la machinerie organique, le gène n'est rien.

Chez les *Volvox* comme chez les êtres pluricellulaires primitifs, de minuscules cellules coopèrent. Et il reste que, puisque toutes les cellules filles sont apparentées, leur sacrifice qui fonde un organisme plus grand permettrait de diffuser leurs propres gènes, même si ce sont d'autres cellules germinatives qui s'en chargent. Un bénéfice en découle indubitablement. Aurora Nedelcu et Richard Michod, en s'attelant à décrypter les *Volvox*, font connaissance avec un gène ancien, coopté à partir d'une lignée d'algues unicellulaires et qui coderait la stérilité des cellules. L'expression génétique serait conditionnée à un facteur de l'environnement, confirmant l'importance d'un processus de régulation. Avait-on découvert le premier gène de la cohésion sociale ?

Il y a cependant moyen de faire l'économie de l'égoïsme et du gène de « cohésion ». David Crews, lui, est intrigué par la vie sexuelle des lézards. Les femelles n'en font qu'à leur tête. Mais tout commence encore par un problème de latéralité apparente.

Restons modestes. En y réfléchissant bien, tous les êtres vivants commencent leur vie en tant que simple cellule. Vous, moi, les lézards aussi. Ensuite, la cellule se divise, forme un individu qui en attire un autre pour recomposer une nouvelle cellule unique. Entre les deux, il y aura le sexe. Deux êtres irrévocablement distincts l'un de l'autre. À tel point qu'une idée bizarre a envahi, un moment, la biologie : le cerveau des femmes différerait de celui des hommes. Une question de latéralité, de logique et de langage. C'est en prétextant la différence de configuration du cerveau que Paul Broca a retardé l'inscription des femmes à l'université. Fleuretant quelques instants avec de bons vieux préjugés, la théorie a, récemment encore, posé l'encéphale et ses circonvolutions non pas comme inégalitaires (il ne faut pas exagérer tout de même), mais comme irrévocablement dissemblables. Le cerveau des femmes aurait l'élégance de se distinguer de celui des hommes. Quoi d'étonnant alors que nos comportements divergent et que nos compétences soient disparates. La nature l'imposait. Les petites filles pouvaient continuer à vêtir leurs poupées et les garçons à disposer leurs soldats de plomb. L'idéologie n'y faisait rien, on l'affirmait, c'était génétique. Des centaines de tests furent entrepris pour confirmer la bonne nouvelle réactionnaire.

À regarder le bout rabougri de chromosome qui induit la masculinisation, il y a tout lieu de penser que la divergence immense qui sépare les deux sexes ne provient pourtant que d'une certaine manière de regarder les choses. Non qu'il faudrait ici minimiser l'importance de la différence du sexe, mais plutôt concevoir que la masculinité se construit graduellement en se différenciant progressivement de la féminité fondamentale des êtres XX. Un curseur sur un gradient de notre organisme. Les jeux sont loin d'être faits une fois pour toutes, comme les préférences droitières ou gauchères n'indiquent que des potentialités qui peuvent doucement se fixer. D'ailleurs, des insectes, des poissons, des tortues, des lézards même peuvent changer de sexe. Mais alors, à quoi servent les gènes ?

Initialement, la différence sexuelle n'apparaît pas dans la cellule. Pourtant, en 1905, Nettie Stevens découvrit un minuscule chromosome « auxiliaire » qui semblait induire la détermination des mâles. Était-ce bien suffisant ? Les tritons, les tortues, les crocodiles n'y croient toujours pas. Chez ces espèces, le sexe dépend strictement de facteurs thermiques. Quand la température d'incubation des œufs est basse, les alligators deviennent femelles ; les tortues, contredisant l'effet du crocodile, évoluent, elles, en mâles. C'est le déterminisme thermique du sexe. Dans la nature, l'équilibre sexuel est conservé parce que la ponte centrale est maintenue en moyenne plus chaude que les œufs périphériques.

Pourtant, à l'exception du gène SRY du chromosome Y, tous les gènes « induisant » le sexe des mammifères trouvent leurs homologues chez les reptiles dont le sexe est déterminé par la température. Une seule divergence ! Bizarre, non ? C'est en fait que le génome n'est à la base qu'un livre de recettes (*gene cookbook theory*) que la cellule et les organes utilisent. Posséder un gène, c'est juste disposer de ce qui fait l'origine d'une série de réactions. Ainsi, avoir la recette ne constitue qu'une étape préalable à la fabrication du gâteau. Les gènes ne codent que pour des protéines impliquées dans une chaîne complexe de réactions. D'ailleurs, les gènes changent, et leur expression diffère au cours de l'évolution, tout comme nos osselets de l'oreille dérivent des arcs branchiaux des poissons, à partir des mêmes gènes. Il n'existe pas de gène de ceci ou de cela, juste des informations codant provisoirement une recette. Alors, les facteurs hormonaux, puis sociaux, prennent le relais de la fabrication du sexe. Le développement des mâles ou des femelles n'est donc pas lié à un unique facteur génétique, mais implique, au contraire, des réseaux de gènes, et leur expression peut varier selon l'environnement. S'affirmer mâle ou femelle résulte d'une trajectoire individuelle organique, physiologique, psychologique et sociale. Naturellement.

Les lézards fouette-queue *Cnemidophorus/Aspidocelis uniparens* ne connaissent rien des mâles. Ces petits animaux de milieux arides vivent cependant très bien leur « féminisme » comme cela. Les femelles se débrouillent toutes seules pour se reproduire. Leur recette ? User de la parthénogenèse, c'est-à-dire provoquer le développement embryonnaire sans aucune fécondation. David Crews a pu le démontrer. C'est la reproduction des vierges – de *parthenos*, la « vierge », et *genesis*, la « reproduction ».

Une grande confusion persiste dès qu'on parle d'espèces asexuées, c'est-à-dire sans sexe. Il est souvent affirmé, par exemple, que les rotifères bdelloïdes – ce nom méchant cache un groupe de minuscules animaux mangeurs d'algues – seraient des espèces asexuées parce qu'il n'existe pas de mâles dans leurs populations. Ces espèces sont alors traitées comme des reliques de groupes archaïques encore asexués. Pourtant, la diversification des rotifères paraît avoir suivi un chemin semblable aussi bien chez les rotifères sexués que chez les « asexués », et la reconstruction de leur évolution montre que le sexe a été perdu à trois reprises au moins. De la même manière, des mâles ont été découverts dans un groupe de petits crustacés (ostracodes) jusqu'ici considéré comme un groupe asexué primitif.

Nombre de biologistes assimilent l'asexualité à la parthénogenèse, et les publications, promettant d'établir l'intérêt évolutif du sexe, prennent bien souvent comme point de départ ou bien la recombinaison des bactéries, bien qu'elle soit très incomplète, ou bien comme preuve d'asexualité la reproduction parthénogénétique* bien que ce soient, indubitablement, des femelles qui la pratiquent.

Or être une femelle, c'est tout de même posséder un sexe, cornegidouille ! Et la sexualité ne se réduit pas à la recombinaison. Ce qui caractérise les eucaryotes est à la fois la recombinaison, la méiose et la syngamie, nous l'avons dit. Comparer les prestations sexuelles avec ou sans recombinaison revient donc à étudier une reproduction normale ou dégradée par les circonstances. Ainsi, les publications qui découvrent que les espèces (sexuelles) recombinantes auraient un avantage évolutif sur celles qui ne recombinent pas (considérées comme asexuées) ne font souvent que confronter des espèces fonctionnelles à des hybrides altérés par des conflits de génome.

Au contraire, les vrais organismes asexués sont les bactéries. Et ces microbes, même sans reproduction sexuée, savent très bien se diversifier, résister aux antibiotiques et même proliférer. Si l'on compare les bactéries et les eucaryotes, la différence est dans le sexe, mais les uns et les autres n'ont pas plus de bénéfices évolutifs, ils ont seulement pris des chemins différents. Toutes les populations d'animaux parthénogénétiques connues sont, jusqu'à preuve du contraire, issues d'ancêtres sexués à travers le conflit sexuel, et ce sont bien les mâles qui ont été oubliés dans leur évolution. Et, comme je l'ai publié, les espèces parthénogénétiques peuvent parfaitement être « avantagées » en exploitant des « niches » restreintes, inutilisables par leurs parents, au lieu de rester trop généralistes. Ce modèle de la niche gelée (*frozen niche variation*), développé par Robert Vrijenhoek, montre combien les « espèces asexuées » peuvent favorablement maintenir leur lignée hybride dans des conditions écologiques singulières, en spécialisant leur écologie plutôt que de rester intermédiaires entre leurs deux parents respectifs.

Les lézards vont parler. Car les amoureuses restent bavardes et elles savent comment séduire. Les deux amantes s'approchent l'une de l'autre en enroulant leur corps dans un élan de sensualité. En fait, les femelles parthénogénétiques amorcent très vite un enlacement homosexuel qui ne diffère pas du tout du comportement des lézards sexués. Curieusement, elles abordent leur amante par le côté qui permettrait la pénétration d'un hémipénis dont elles ne disposent évidemment pas. Excitée par un fort taux de progestérone organique, l'une des soupirantes monte sur l'autre qui tend son corps réceptif à l'étreinte amoureuse, comme noyée d'œstrogènes. Et les femelles entreprennent ces caresses passionnées, sans intromission, bien sûr.

Pourtant, cette parade voluptueuse induit le développement de l'embryon parthénogénétique. C'est ce que Crews nomme un effet facilitateur (*facilitatory effect*). Tous les aspects du comportement sexuel mâle sont donc reproductibles par des femelles génétiques qui ignorent totalement le sexe viril dans leurs populations féminines et n'ont pas de chromosomes Y. Le chromosome mâle ne coderait donc plus rien dans le comportement mâle. Pas de gène pour le comportement viril, ici. Les femelles *Cnemidophorus* « asexuées » pratiquent le sexe et aiment suffisamment cela pour dévoiler l'érotisme extravagant de leur affriolante conduite.

Le cerveau et les hormones seraient-ils plus puissants que les gènes ? Des poissons hermaphrodites comme *Centropristis striata* éjaculent du sperme ou des ovules selon qu'une zone ou l'autre de leur encéphale est stimulée. Et d'autres asexués continuent. Les escargots néozélandais *Potamopyrgus antipodarum*, par exemple, montrent encore des postures sexuelles alors qu'ils pratiquent une reproduction « non sexuée » parthénogénétique. C'est que quelque chose se passe qui prévaut sur l'activité sexuelle de recombinaison. Un stimulus primordial intervient pour attiser le sexe. Ou bien, si l'on préfère, selon les mots de David Crews, le comportement sexuel *précède* la sexualité proprement dite. Plutôt que des gènes, ou des cerveaux, organisant des conduites masculines typiques ou des attitudes féminines que l'autre sexe ne pourrait accomplir, les différences sexuelles rendent les mâles et les femelles capables de faire de leur mieux ce qu'ils ont à faire.

Le sexe vient de ce que les bulles primordiales, apprenant à ne pas faire que manger, ont dissocié l'échange de gènes de la prise alimentaire. Une relation est née. La sexualité constitue une médiation primitive qui s'est dégagée des fonctions métaboliques élémentaires en inventant le comportement, c'est-à-dire en spécialisant des *conduites de médiation* par rapport à l'environnement. Dans cette présexualisation, l'émotion, le désir s'élaborent chez des êtres spécialisés et capables de se rejoindre. On retrouve la théorie des bulles libertines (*libertine bubble theory*, déjà introduite dans mon livre *La Biodiversité amoureuse*), qui explique combien le sexe tire son origine d'une interaction primitive, sans égoïsme ni générosité, mais simplement parce que les organismes étaient là. La naissance des genres établit définitivement ensuite la sexualité. Le fait que nombre de modalités de la facilitation se retrouvent aussi bien chez les eucaryotes les plus primitifs, sexués ou « asexués », montre combien le mécanisme est ancien, qui construit l'un des premiers mutualismes écologiques.

Mais, attention, il n'y a rien de plus matériel que le désir. Aucune subjectivité, aucune direction, aucun vitalisme ne vient ici perturber l'agencement biologique. La sensibilité initiale découle du simple affairement d'inclusions de protéines dans la membrane cellulaire. Sans doute à la manière des récepteurs à protéines G. Les protéines G activent les voies de transduction en recevant le signal d'un récepteur membranaire et en le transmettant. Les cellules révèlent ainsi qu'elles sont sensibles à la lumière, aux odeurs et même aux autres. L'étanchéité primitive devient sélective et attise une sensibilité qui se spécialise, induisant un comportement élémentaire. Ainsi sont nés le désir primitif des bulles et le cri chimique des amibes se réunissant pour former un seul ensemble. La découverte des récepteurs associés aux protéines G a valu le prix Nobel à Alfred Gilman et à Martin Rodbell en 1994, et c'est le processus chimique impliqué qui a encore nobélisé Robert Lefkowitz et Brian Kobilka en 2012. Ici, le récepteur encapsulé ne fabrique pas une clé dans une serrure spécialisée. Non, la sensibilité paraît plus polymorphe, et chaque récepteur est comme ouvert ou fermé pour recevoir l'induction initiale qui l'emmènera. De proche en proche, le nombre de récepteurs recrutés diminue, abaissant la réaction, réduisant le désir cellulaire, diminuant le libertinage des bulles primitives. Matériellement.

La chair, comme le gène, serait égoïste ? L'évolution contredit cette formule. Si le sexe servait à diffuser le plus possible de gènes, comment comprendre qu'il y mette tant de mauvaise volonté, puisque chaque parent ne peut doter sa progéniture que de la moitié de ses propres gènes et que l'abondance des spermatozoïdes et des ovules ruine inutilement nombre de gènes. Ni généreux ni égoïstes, les gènes changent avec le temps, et untel qui codait pour une branchie code maintenant pour une oreille. C'est cela, le transformisme. Aussi, loin de constituer une « amélioration » de la propagation des « bons gènes », le comportement paraît bien plutôt une facilitation primitive. L'efficacité du mécanisme se gagne en spécialisant l'interaction, en facilitant la relation, en arrangeant des stratégies mixtes.

Des bulles prébiotiques s'approchent, et c'est le début des comportements, une volupté nouvelle se dessine. La relation d'échange de gènes qui s'établit entre les plus libertines se stabilise progressivement – grâce à la réduction de la méiose et à la recombinaison – dans une interaction sexuelle définitive, une situation évolutivement stable.

Le sexe est inventé. La recombinaison introduit alors la différence évolutive. Les deux questions de l'origine du sexe et de son intérêt trouvent ainsi une réponse commune. Et nous allons voir que la révolution conceptuelle de la théorie des bulles libertines explique aussi l'histoire de la différenciation entre cellules germinales (celles de la reproduction) et cellules somatiques (celles du corps). Une conception irréductiblement matérialiste et proximale de l'histoire évolutive.

Tirant son essence d'un signal primitif, un *effet facilitateur*, la relation sexuelle initie la recombinaison, le mélange des gènes. Contre l'étanchéité de la paroi des bactéries, les autres bulles profitent de la porosité de leur membrane dans le milieu appauvri. Une certaine perméabilité membranaire permet aux protocellules primordiales – les bulles lipidiques enfermant des gènes – d'organiser leurs relations à l'environnement. La cellule avale et phagocyte les particules alimentaires, aspirant l'ADN des cellules les plus proches dans un cannibalisme de bon aloi en ces temps farouches. Le milieu devenant plus pauvre, les cellules poreuses en contact multiplient les attouchements spontanés, faisant passer l'ADN d'une cellule à l'autre. Une première révolution se réalise par ce contact dépendant d'une simple promiscuité. Déjà, Michael Lichten remarquait que l'ADN ne pouvait pas empêcher sa dégradation sans se recombiner. Certaines bulles recombinent donc les gènes. Le matériel génétique incorporé induit alors une expression génétique nouvelle, une rénovation des enzymes, qui, à son tour, induit la transformation du métabolisme. Les cellules peuvent changer de ressources et se stabilisent dans cette activité de recombinaison. Probablement, la même sensibilité fondamentale, le même signal essentiel qui permet la prise de nourriture initie déjà le sexe des proto-eucaryotes avec un résultat différent. Le sexe se dégage déjà du métabolisme.

Ce sont les bulles les plus libertines qui en profitent, celles qui rechignent au contact disparaissent. Alors, les gènes passent, apportant une rénovation des protéines, un changement du métabolisme. La protosexualité fait office d'accélérateur d'évolution dans un processus en cascade, redoublant les échanges d'ADN, mélangeant les êtres les uns aux autres, multipliant les métissages. Une sensibilité primitive y suffit. La facilitation augmente comme découlant d'un effet boule de neige, d'un emballement qui accroît la divergence selon un procédé bioéquivalent au déplacement de caractères*. Les récepteurs membranaires s'activent. L'invitation chimique à la rencontre se renforce dans l'efficacité des échanges. Des cellules plus mobiles, munies de flagelles, se mettent peut-être en place. Caractéristique fondamentale qui édifie la divergence d'avec toutes les bactéries, la naissance des genres amplifie les débuts du désir chez les eucaryotes. L'évolution en spirale commence. Une incroyable biodiversité s'échappe de ce tourbillon du vivant.

La différence se poursuit encore. Dès que l'environnement s'appauvrit, la concurrence pourrait faire rage. Mais la chimie attractive des cellules entraîne au contraire, comme chez les amibes, le rassemblement initial de milliers d'entre elles. Sans doute parce qu'il est temps de renouveler le métabolisme et les enzymes. Celles qui ne le font pas disparaissent de toute manière. L'échange de gènes est le processus le plus à même de réaliser cette rénovation permettant d'exploiter encore un peu de nourriture, de survivre un moment de plus. C'est encore une certaine stabilité des contacts qui renforce cette conduite originelle, le *comportement d'agrégation.*

Dans la bousculade généralisée que l'attraction facilite, des cellules se retrouvent au-dessus des autres. Les cellules « coopèrent ». Le mot de West reste impropre à mon avis, mais il clarifie le processus. Le groupe des cellules du dessus est porté ailleurs, plus loin déjà, dans un milieu plus riche où se reproduire. L'emballement se prolonge qui construit la première spécialisation cellulaire, l'« association » entre celles qui vont faire vivre et celles qui vont se reproduire. Un « corps » s'organise à partir de ces relations primitives.

Né d'un agrégat informel, le corps archaïque ne reste pas longtemps une simple adjonction de cellules. Comme les bulles les plus libertines ont été les plus à même de collaborer dans l'innovation du sexe, les cellules les plus tolérantes au contact, ici, sont celles qui composeront les corps. La formation de cet assemblage hétéroclite entraîne des milliers d'interactions qui produisent une efficacité de la relation. Sinon, elles se dispersent, et tout est à refaire. Car c'est l'effet hétérogène des stratégies individuelles, les stratégies mixtes (*mixed strategy*), qui entraîne la contribution différentielle décisive des cellules organiques, le soma, et des cellules reproductrices, le germen. Plutôt qu'un agrégat, le corps accommode des amas de plus en plus spécialisés. Il se forme un emboîtement entre niveaux spécialisés, à la manière des poupées russes. Le corps primitif pluricellulaire n'est plus une multitude de cellules, mais déjà un ensemble d'interactions à plusieurs rangées. Plus qu'une juxtaposition, déjà se construit une intégration organique.

Mathématicien des jeux, John Nash avait souligné combien l'usage de stratégies changeantes, c'est-à-dire mixtes, pouvait conduire à l'organisation d'une situation stable, dite équilibre de Nash (*mixed strategy* ou *Nash equilibriium*). La stratégie mixte représente en fait l'usage de différentes stratégies « pures » pendant le déroulement du jeu, comme dans le jeu « papier, caillou, ciseau ». C'est à cet équilibre que John Maynard-Smith et George Price attribueront l'appellation de stratégie évolutivement stable (*evolutionary stable strategy*), puisqu'une fois fixé dans une population il est suffisant pour prévenir une autre alternative. L'équilibre résulte du déroulement de ces stratégies différentes.

Le jeu des eucaryotes pluricellulaires a ainsi ouvert un destin que ne connaîtront jamais les bactéries : ils ont fait la différence du sexe. Que dit ma théorie des poupées russes (*theory of russian doll*) ? Que l'organisme s'est édifié *par en bas*, d'associations en emboîtements. Voilà pourquoi la « sélection » semble agir à plusieurs niveaux, parce que chaque emboîtement s'assure d'un fonctionnement efficace, ou s'éparpille. Sans l'efficacité provisoire de chaque agrégation, le corps ne peut édifier sa cohérence finale. Construit d'éléments emboîtés, le corps n'obéit pas à un ordinateur central, contrairement à ce que présupposait Mayr. « La dominance du cerveau sur le corps n'existe pas », annonce Jean-Didier Vincent. Partis d'en bas, nous sommes juste le résultat d'interactions entre des morceaux accolés.

En assurant l'importance des autres, la chimie des attractions s'implique dans la coévolution écologique. L'émergence des individus au niveau multicellulaire dépend, par conséquent, de la manière dont la médiation est assurée. Et, ici, l'interaction propice à la vie est facilitée par une sorte de chimie du désir, et la cohérence des ensembles, par l'apparition du collagène. Le signal archaïque qui incite aux échanges se diversifie en un signal de cohésion, promouvant que s'insère la « colle » fondamentale de ces organismes pluricellulaires. Le comportement s'organise encore.

Nul besoin des parentèles du néodarwinisme. Inutile de chercher des processus égoïstes. Il n'y a que la force des interactions primitives spécialisant leur efficacité évolutive. Le groupement des cellules partenaires se nourrit de médiation, de ce petit rien chimique qui rend efficace l'alliance, renouvelant la relation stabilisée, se construisant d'une situation évolutivement stable. La même invitation indicible, en moins sophistiquée, que celle qui, des millions d'années plus tard, submergera le lion en rut.

Car, alors, la stratégie « mixte » des bulles primordiales accouche des eucaryotes, et, dans l'érotisme accélérateur des premières sexualités, c'est le début extraordinaire d'une lignée qui fera les champignons, les arbres, les singes, la couleur des poulpes et le chant des pinsons.

Chapitre 7
Les embryons cannibales

Le tapir amazonien,
Tapirus terrestris.

« Il n'est point de compagnie que la séduction n'abuse… »

Søren KIERKEGAARD, *Œuvres*, 1843.

On ne mesure pas toujours la perfidie des fleurs. Déjà, il est flagrant qu'à l'effeuiller trop distraitement la marguerite se sépare de son dernier pétale au plus mauvais moment. En fait, derrière l'exaltation de leurs colorations resplendissantes, les fleurs mènent le monde par le bout du nez.

Abandonner le pollen au vent (anémogamie) constitue sans doute la technique la moins opérante pour féconder les autres. Alors, les fleurs appellent silencieusement les animaux. La grande majorité des végétaux dépend des insectes pour assurer le transbordement et la fécondation, c'est l'entomogamie. D'autres, comme les oiseaux ou les chauves-souris, peuvent aussi se charger de la tâche. Au moins, comme à regret, les fleurs cèdent aux visiteurs un peu de leur nectar. C'est la règle du mutualisme, chacun donne un peu, conduisant à l'établissement de la relation efficace. Car, dit le Petit Prince, il faut « deviner la tendresse derrière leurs pauvres ruses, les fleurs sont si contradictoires ». Après avoir tendu son appât odoriférant, la plante offre la liqueur du calice contre le transport du pollen. Car la hampe florale parle de sexe et prétend féconder et être fécondée tout en se prélassant au vent. Le nectar donne la seule gratification attendue par le pollinisateur. En limitant son service à désaltérer l'abeille, le végétal épargnerait sa vigueur et produirait plus de graines, mais au risque d'une diminution de l'attrait des insectes pollinisateurs et, donc, à terme, d'une diminution de sa fertilité.

Certaines orchidées ont cependant validé cette économie en trichant davantage. Leurs formes déloyales et leurs artifices colorés n'incarnent que tromperies pour duper le bourdon sans jamais accorder la moindre récompense au butineur. Un état de fait si curieux et si contraire à la théorie que Darwin, sciemment, finit par s'en désintéresser. Ainsi, près de 10 000 espèces offrent des inflorescences sèches, déployant un leurre odorant sans récompense. L'insecte, en cherchant désespérément une vendange illusoire, s'enfonce si profondément dans la fleur qu'il emporte tout de même le pollen. Sournoise, la fleur se déguise parfois même en insecte, imitant sa morphologie et ses couleurs pour inviter le butineur à une fausse copulation. Ces espèces survivent parce qu'elles sont les déesses de la ruse, de l'égoïsme. Le nectar n'est donc pas nécessaire. Pourtant, ces tromperies sont rares. L'immense majorité des fleurs admet le traité du butinage.

En fait, quelles raisons pourraient empêcher que les rapports entre espèces ne soient pas négatifs ? Ne serait-ce pas le comble que la nature réduise la compétition qui devrait constituer la norme selon le néodarwinisme ? D'ailleurs, les plantes usent aussi d'armes biologiques. Capables de sécréter des venins inodores qui empoisonnent leurs consommateurs, les végétaux savent freiner le broutage à coups d'alcaloïdes. Et, quand ceux-ci font défaut, l'ivraie annuelle *Lolium temulentum* pactise avec une moisissure toxique *Neotyphodium coenophialum* pour enivrer les ruminants.

Des plantes, plus récalcitrantes encore, peuvent aider les ennemis naturels des brouteurs. Ainsi, normalement, les brassicacées produisent des composés (glucosinolates) potentiellement toxiques pour de nombreux herbivores. Certains pucerons, comme *Brevicoryne brassicae*, savent séquestrer cette toxine, mais leur ennemi naturel, la petite guêpe parasitoïde* *Diaeretiella rapae*, ne paraît pas affectée par le poison : elle se reproduit mieux et dévore davantage de pucerons, aidant la plante à résister. En outre, le végétal ne fait pas que combattre, il peut aussi influencer les plantes voisines. À plusieurs, on se retrouve plus fort, c'est la résistance associative (*associational resistance*). Ainsi, la petite brassicacée *B. oleracea* supporte beaucoup mieux le puceron généraliste *Myzus persicae* quand elle grandit avec certaines autres plantes, comme la tomate, établissant une résistance associative à la contagion. Les espèces s'influencent entre elles. L'association végétale ne fournit pas toujours une entraide cependant. Ainsi, l'équipe de Josiane Le Corff a aussi montré que la plante subissait une sévère infestation par le puceron spécialisé *Brevicoryne brassicae* quand elle pousse à proximité d'autres végétaux et peut alors développer une plus forte sensibilité au parasite.

Le tapir, lui, est tenace. Il dispose pour cela d'un nez proéminent. Ce proboscis n'est cependant pas ce que le mâle possède de plus long. Il est aussi très généreusement pourvu, côté pénis, avec près d'un mètre de long, peut-être pour compenser la moindre taille du corps comparée à celle de la femelle. Avec plus de 200 kilos, le tapir amazonien *Tapirus terrestris* paraît toutefois un puissant forestier solitaire. Et son nez, entièrement composé de tissus souples sans cartilages et d'une sensibilité extrême, peut déjouer la plupart des stratagèmes végétaux. Dans la forêt inondée qui recouvre le tapis herbacé, il doit pouvoir reconnaître la toxine et discerner la gourmandise. Il se nourrit de fruits, de feuilles fraîches et de bourgeons qu'il cueille la nuit tombée dans la jungle, souvent près de l'eau.

Mais, loin de brouter sans retenue, le tapir se consacre d'abord au jardinage. En herborisant, notre ongulé joue un rôle primordial dans l'écologie de la forêt équatoriale. L'animal sélectionne 88 plantes et

33 fruits différents, et, bien qu'il consomme préférentiellement certains végétaux, le tapir participe activement à la dispersion des graines et à la dynamique forestière. Un mutualisme irréprochable. Mais il n'accède qu'aux fruits tombés au sol qui, sans lui, pourriraient dans l'humidité. À cause de ce pacte millénaire, la raréfaction du tapir réduit la diversité des végétaux les plus fragiles de la forêt primaire.

Il est aussi des fleurs du mal. Car nombre de plantes insidieuses révèlent un développement fatal. Telles sont les droséracées dans les zones marécageuses. Des plantes carnivores. Les tourbières acides qu'elles habitent sont avares d'éléments nutritifs. Alors, leurs feuilles se recouvrent d'un tapis de poils irritables et garnis d'une cire adhésive qui piègent les insectes venus s'y poser. La feuille des droseras sécrète des substances qui, peu à peu, vont digérer la proie, ne laissant subsister que son exosquelette. La plante ne subit plus l'animal, le grand processus d'incorporation des matières organiques s'est ici inversé.

Car la vie débute normalement au soleil lorsque les végétaux mettent à la disposition des réseaux trophiques* (les chaînes alimentaires) leur incomparable capacité d'assembler les molécules : la photosynthèse. Ce sont probablement des organismes ressemblant à des algues qui ont inauguré cet apport d'énergie au monde, à travers l'élaboration de réactions primitives. L'énergie solaire sert à l'édification de la matière organique à partir des oxydes de carbone de l'atmosphère, de l'eau et des minéraux du sol. Cette production assimilable va, à son tour, alimenter les animaux herbivores qui, eux-mêmes, deviendront la proie des prédateurs. Mais le cycle énergétique est astreint à se réduire d'une étape à l'autre, chaque consommateur n'assimilant qu'une infime fraction de l'énergie utilisée. Ainsi, les végétaux assurent la base de cette pyramide alimentaire, et la dynamique se poursuit au-delà des prédateurs avec les nécrophages et les détrivores. Et les relations alimentaires s'incorporent entre elles pour former des réseaux trophiques extrêmement complexes où chacun bénéficie des autres. Une écologie.

Mais les espèces n'ont pas édifié ces réseaux simplement pour faire joli, et bien des batailles ont préparé cet équilibre dynamique. Même la théorie des réseaux trophiques (*trophic web theory*) ne sort pas indemne de la constatation des mutualismes, du fait que nombre d'interactions s'élaborent aussi en relations indirectes et positives. Comme le désir et la sensibilité primitive, une « cascade trophique » constitue simplement une *facilitation*, reconnaît John Stachowicz, et le partage des ressources organise des mutualismes encore peu explorés. Il faut souligner combien la facilitation et sa cascade modifient l'aspect linéaire de la théorie écologique.

Comme il y a des plantes carnivores, il y a des « champignons » prédateurs. En fait, *Arthrobotrys dactyloides* est une moisissure constituée de petits filaments (les hyphes) qui forment un réseau enchevêtré, le mycélium. Mais notre « champignon » se montre bien agressif. Il utilise ses hyphes à la manière d'un lasso. C'est dans l'humus des forêts, dans les écorces et les branches en décomposition que se déroule cette scène fantastique que les vers nématodes redoutent. Lorsque à proximité des lassos d'*Arthrobotrys* passe un nématode, le filament referme sa boucle en moins de deux secondes sur l'organisme, l'enserre de cette étreinte mortelle et pénètre l'animal pour, ensuite, le digérer.

Néanmoins, les « champignons » présentent aussi, avec les nématodes, des intérêts communs. Le plus souvent, ils sont saprophytes, c'est-à-dire qu'ils participent à la décomposition de la matière organique afin, comme le souligne Baudelaire, « de rendre au centuple à la Grande nature tout ce qu'ensemble elle avait joint ».

Il reste un phénomène imprévu. Les bactéries aussi peuvent nous raconter que l'évolution consiste bien dans une écologie évolutive. Jusqu'à présent, notre lutte contre les maladies partait de l'identification de l'agent pathogène pour en éradiquer la présence. Mais l'organisation des flores bactériennes montre son écologie propre. C'est à la condition de la comprendre que nous pourrons mettre en œuvre des traitements modernes, résolvant la résistance des bactéries aux antibiotiques, par exemple. Nous nous sommes séparés des peuplements bactériens depuis des millions d'années en même temps que la diversification des eucaryotes rayonnait. Et, pourtant, les bactéries consentent à nombre de mutualismes avec nos corps, de la flore dont les enzymes aident à la dégradation de la cellulose chez les termites à la photosynthèse des coraux.

Si le pathogène attaque et réduit la survie des espèces, si le champignon intoxique, si le virus envenime ou si la bactérie gangrène, ils n'ont cependant aucune animosité, aucune hostilité ni aucune antipathie pour nous. Ils vivent de ces invasions apparemment déloyales et de ces contagions perfides, sans pour cela montrer ni méchanceté ni malveillance. Indifférents à nos problèmes, les pathogènes nous infestent parce que cela constitue leur mode d'interaction actuel avec les autres espèces. Mais la relation peut trouver son équilibre sans devenir neutre. Il suffit simplement qu'elle ne soit pas assez destructrice pour faire disparaître l'un des deux protagonistes. Nul besoin de positivité, la permanence se contente d'une *résistance* précaire si elle reste efficace à la survie. Alors une interférence, même dérangeante, peut longtemps persister tant qu'elle s'avère soit peu dommageable, soit peu détectable. Le monde vivant ne se réduit pas à du positif contre du négatif, à de l'égoïste contre du généreux. Au contraire, la stabilité provisoire des multiples interactions équilibre la relation. Qu'elles soient apparemment négatives ou non n'y fait rien.

De nombreuses interférences ont trouvé progressivement, au cours des événements évolutifs, d'autres modes que la maladie ou la destruction programmée, et les interactions se sont accommodées, peu à peu, d'équilibres. Des compensations se sont mises en place. Il faut seulement considérer l'immense *pouvoir structurant* des interrelations complexes. Tout ce qui n'est pas stabilisé, dans un équilibre dynamique, finit par disparaître à l'échelle évolutive. L'enjeu évolutif reste l'*équilibre dynamique de la mutualisation* grâce à la force structurante des interrelations. La coévolution est écologique. Au-delà du malentendu pathologique, ce sont toujours des interférences qui ont édifié les mutualismes, révélant que les autres font notre évolution et que nous faisons l'évolution des autres.

Les interrelations peuvent donc se révéler périlleuses entre les espèces, mais il est remarquable de constater combien la mise en place de relations mutuelles a apaisé leur combat. À partir d'un conflit potentiel, un équilibre précaire se construit. Le mutualisme constitue un immense enjeu évolutif parce que l'interaction mutualiste entretient un équilibre dynamique où chacun trouve apparemment sa place. Les interactions échafaudées provoquent des contraintes propres à détourner les gènes de chacun, à déplacer les caractères.

Parmi les relations qui s'élaborent, la prédation, la compétition et le parasitisme consistent apparemment à profiter de l'autre. Le conflit reste entier. C'est ce que le néodarwinisme a privilégié dans la conception de la « lutte pour la vie ». Mais l'interaction peut aussi entraîner des facilitations, de meilleures conditions de vie pour les autres. Ainsi, même la prédation peut conduire à des situations bénéfiques indirectes suivant le « principe de Janus ». En été, le putois, en chassant les lapins, les disperse et capture les plus aisés à maîtriser, les plus vieux, les plus malades, réduisant l'épidémie de myxomatose pour les autres. C'est l'effet « vétérinaire » des prédateurs qui révèle combien il est difficile d'apprécier si une relation est bénéfique ou non, parce que les mutualismes s'exercent de manière indirecte.

Avec le *commensalisme*, une espèce bénéficie apparemment de l'autre. À la limite du parasitisme, les souris domestiques sont des commensales qui tirent profit de nos greniers. Une espèce commensale vit à côté de l'autre pour exploiter ses surplus, sans théoriquement causer de dommages.

Que sait-on du pacte secret des lions ? Quand les lions entendent le rugissement d'un rival, ils tendent l'oreille et, très vite, ils s'approchent à plusieurs de l'endroit fatidique, au péril de la terrible bataille. Mais pourquoi ne pas laisser au grand mâle dominant le risque d'un duel solitaire au soleil de la savane ? Qu'est-ce qui engage les lions à venir ensemble sur les lieux du probable combat ? Leur apparentement génétique ? Un contrat confidentiel réciproque ? La parenté ou la réciprocité devraient conduire à une réponse *conditionnelle*, chacun n'agit qu'en fonction des avantages attendus ou parce qu'il est proche parent. Mais la coopération imprévue des mâles n'est pas basée sur ces stratégies-là. Le courage des lions vient en fait d'un profond mutualisme, affirme Jon Grinnell. Compagnons sincères, ils ont construit le goût inconditionnel d'être ensemble. Et ce qui fait la force de leur mutualisme, c'est que la moindre défection entraînerait la perte de tous. La coalition des lions repousse les intrusions sexuelles en équipe quand la société des lionnes définit les frontières du territoire.

Longtemps, l'évolution des mutualismes et de la coopération a été attribuée à l'obtention de gains indirects. Mais, même Tim Clutton-Brock l'admet aujourd'hui, les mécanismes de reproduction coopérative et de mutualismes sont beaucoup plus diversifiés qu'on ne le supposait, et révèlent d'étranges parallèles avec la réciprocité des sociétés humaines. Les suricates *Suricata suricatta*, par exemple, sont des petites mangoustes qui ont parfaitement compris que leur succès reproducteur et leur survie étaient dépendants de la force de cohésion de leur groupe. Aussi savent-ils renforcer leurs relations.

Que les interactions parasitaires puissent s'apaiser au cours du processus évolutif pourrait paraître impossible tant on imagine que le parasite profite des autres. Contradictoirement, on pourrait croire que la maternité constitue un modèle de relations apaisées et altruistes. Mais l'histoire de la salamandre et de la viviparité* nous raconte une tout autre chose.

Vivre perméable cause bien des soucis. Sur la planète terre, l'eau est une substance vitale. Néanmoins, la matière ne peut empêcher la dilution d'un milieu concentré, c'est la pression osmotique qui dissipe toutes les molécules vers le milieu le plus vide, obligeant que la vie s'organise à l'intérieur d'une bulle ou d'une enveloppe. Les êtres vivants semblent résister à leur porosité primitive des premiers âges en organisant des membranes, des structures organiques, des individus et même des espèces. Autant de tentatives d'emboîtements pour substituer une étanchéité partielle dont l'enjeu est l'indépendance, l'acquisition d'une *autonomie* suffisante pour gérer la perméabilité, pour gouverner les échanges. En facilitant la liaison entre le sexe et la reproduction, les animaux ont organisé une plus grande étanchéité des corps à l'influence des autres, mais au prix d'une divergence encore plus forte entre mâles et femelles. Renforçant le conflit sexuel, voilà que l'investissement intime des femelles débouchait sur une étrange subordination de leur corps en refuge reproductif. Pour cela, il fallait admettre un mutualisme inconcevable, si proche du parasitisme : l'invention de la gestation.

Tout commence avec l'œuf. Les reptiles ont pu s'aventurer dans les milieux asséchés du carbonifère parce qu'ils pondaient des œufs imperméables, en produisant une annexe embryonnaire caractéristique des vertébrés supérieurs, l'amnios. L'amnios est comme un sac, un sac qui accueillerait le fœtus dans son œuf. Formé autour de l'embryon, l'amnios contient le liquide amniotique et constitue ainsi le milieu idéal pour que se développe le fragile organisme. En constituant l'amnios, l'évolution des reptiles leur a permis d'emporter avec eux une petite mer miniature interne. L'œuf peut se développer en restant totalement affranchi d'un stade larvaire aquatique. Voilà que les reptiles n'avaient plus besoin de l'eau extérieure pour se reproduire, et ils allaient pouvoir gagner les déserts. Évidemment, l'époque s'asséchant fut favorable à ceux-là. Les amphibiens en furent, eux, pénalisés pour un temps, au point que le nombre de leurs groupes a connu un tragique dénuement. Au contraire, c'est ainsi que les grands reptiles ont pu inaugurer progressivement les ères des dinosaures. Cette innovation exceptionnelle tient à un œuf.

Emporter sa petite mer intérieure bien à soi s'avère un bricolage déjà très astucieux. Il n'y a plus qu'à couver. Déjà, la femelle s'en charge davantage que le mâle. Mais il est possible de s'affranchir encore plus complètement de l'environnement. Là est la prouesse de la plupart des mammifères, en échafaudant le placenta. Les mammifères modernes sont donc des placentaires. Le placenta est cet organe discoïde, richement vascularisé, qui engage d'étroits échanges entre le fœtus et la mère par l'intermédiaire du cordon ombilical. Nul besoin d'importantes réserves vitellines, l'œuf peut rester petit et installer sa nidation dans la muqueuse utérine. Le fœtus, en puisant directement dans les ressources maternelles, va assurer sa morphogenèse, presque complètement préservé des influences extérieures. Avec l'aventure des mammifères, la viviparité et l'amnios, « le vieil océan est devenu un grand célibataire », comme le chante Maldoror. Ainsi se construit la viviparité.

Le sexe en est un protagoniste essentiel. Car il faut remarquer ici que la viviparité n'engage pas les deux sexes sur la même pente évolutive. Tandis que le mâle peut continuer à briller, à séduire et à se clamer célibataire, la femelle doit assumer seule la rétention des fœtus et peut difficilement prétendre être reproductivement disponible. La gestation divulgue combien la divergence d'intérêts se fait plus manifeste, et le conflit sexuel prend le corps de la femelle pour champ de bataille. Les deux sexes investissent (*parental investment*) d'une manière encore plus inégale dans l'élevage de la progéniture. L'innovation évolutive montre des conséquences faramineuses en opposant davantage les deux sexes dans une guerre. La seconde bataille sera ouverte par la lactation que les mâles dédaignent physiologiquement, abandonnant les premiers nourrissages des petits à la mère. Ainsi, la viviparité trouve son origine dans cette divergence des sexes, entraînant de plus en plus d'investissement reproducteur chez la femelle. Élaborées à partir d'un conflit sexuel exceptionnel, la gestation et la lactation tendent à réduire chaque sexe à des rôles strictement opposés de plus en plus étroits, alors que, chez bien des animaux, les protagonistes ont un emploi beaucoup plus souple.

La littérature y plonge ses racines. Les Casanovas, les Don Juans et les drames pagnoliens émanent directement de cette incroyable aventure évolutive de la viviparité. Les fondements du sexisme s'en régalent aussi, s'asseyant sur ce refuge biologique de la maternité. Mais la nature développe d'autres dispositifs qui ne donnent pas raison aux phallocrates et aux tenants d'une inévitable destinée. Le conflit des sexes pouvait trouver des solutions évolutives en usant de l'outil biologique dont notre espèce s'est fièrement dotée, le cerveau ! Échappant aux ridicules péroraisons du machisme, l'invention du biberon n'excuse plus totalement l'absence d'allaitement masculin.

Les réactionnaires ont toujours voulu tirer des énoncés normatifs à partir des descriptions de la biologie. De fait, bien des biologistes ou des médecins ont défendu des idées réactionnaires, notamment sur la base de convictions sélectionnistes. D'ailleurs, Darwin ne désavoua jamais vraiment Francis Galton et n'hésita pas à écrire dans *La Descendance de l'homme* : « Nous construisons des asiles pour les idiots, les handicapés et les malades [...] et nos médecins prouvent leurs talents en sauvant la vie de chaque malade [...]. C'est ainsi que les faibles de nos sociétés parviennent à propager leur genre. Quiconque a travaillé à l'élevage des animaux domestiques ne peut douter que cela ne soit hautement nuisible à la race humaine. » Il ajoute, cependant : « Si nous en venions intentionnellement à négliger les faibles et sans défenses, cela ne pourrait être que pour un profit incertain et au prix d'un mal accablant. » Néanmoins, Julian Huxley et Leonard Darwin, son fils, ont présidé la British Eugenics Society. Malthus annonçait : « Il faut désavouer publiquement le prétendu droit des pauvres à être entretenus aux frais de la société. » Au début du siècle, nombre de généticiens des populations ont exalté l'inégalité des races. Ernst Haeckel jubilait : « Le darwinisme est un principe aristocratique, consistant en la survie du plus fort. » Si le « darwinisme social » d'Ernst Haeckel ou d'Otmar von Verschuer justifia l'idéologie nazie, la stérilisation des handicapés et le meurtre des Tziganes, Francis Crick ou Franz Kallmann ont toujours proféré des propos ouvertement racistes jusque dans les années 1970. Trofim Lyssenko, darwinien convaincu, collabora aux purges staliniennes. Alexis Carrel entama même une carrière collaborationniste. Les scientifiques n'y échappent pas. Il est si facile de se ranger du côté du pouvoir quand on cherche des honneurs.

On excuse souvent ces attitudes réactionnaires en affirmant que ces biologistes n'appliquaient que les pensées dominantes de leur temps comme si ces conceptions fallacieuses n'avaient jamais influencé leur travail, ni engagé de crimes. Alors, les réactionnaires, les staliniens et les fachos seraient toujours disculpés. Néanmoins, les mêmes siècles ont vu des Condorcet, des Louise Michel, des Élisée Reclus, des Piotr Kropotkine ou des Marie Curie. Les progressistes et surtout les anarchistes avaient, eux, parfaitement compris l'enjeu du libre accès au savoir et ont multiplié les initiatives gratuites d'éducation populaire : conférences, écoles, cours du soir, publications, vulgarisation scientifique. À l'époque, nombre de chercheurs n'hésitaient pas non plus à contester les conservatismes, y compris contre les régimes autoritaires de leur temps. Les travaux de ceux-là seraient alors perçus comme engagés, qualifiés de tendancieux même ? Bien entendu, la manière dont nous percevons le monde influence ce que nous pouvons voir. La réfutation de l'hérédité des caractères acquis constitue une exigence absolue du darwinisme officiel. Et, cependant, n'est-ce pas la phallocratie de Darwin qui le conduit à affirmer cette prépondérance de l'hérédité de l'acquis dans *La Descendance de l'homme* en écrivant en 1871 : « L'homme a fini ainsi par devenir supérieur à la femme. Pour rendre la femme égale à l'homme, il faudrait qu'elle fût dressée, au moment où elle devient adulte, à l'énergie et à la persévérance [...] elle transmettrait probablement alors ces qualités à tous ses descendants, surtout à ses filles adultes. La classe entière des femmes ne pourrait s'améliorer en suivant ce plan qu'à une seule condition, c'est que, pendant de nombreuses générations, les femmes qui posséderaient au plus haut degré les vertus dont nous venons de parler produisissent une plus nombreuse descendance ? » Un chercheur peut difficilement admettre le sexisme ou le racisme, la monarchie ou la dictature puisqu'il sait combien il a besoin de liberté et d'autonomie complète pour penser. Il existe des scientifiques qui, redoutant la montée des intégrismes antiévolutifs, amorcent précocement des contre-feux en récusant l'existence de ces erreurs. Ceux-ci opèrent alors un prudent repli défensif sur des positions néodarwiniennes strictes, déboutant toute attaque. Ce qui est d'autant plus étonnant que leurs proches montrent parfois une tolérance surprenante envers les biologistes « croyants » et ceux des biotechniciens les plus engagés dans la marchandisation du vivant. Outre qu'elle paraît inefficace contre les intégristes, cette stratégie interdit toute correction des errements du passé. Il y a toujours lieu d'interroger fortement les idées, comme François Jacob l'a fait contre les clichés d'extrême droite en déclarant en 1996 que « la race est biologiquement un faux concept » face aux arguties du Front national.

Revenons. Le triton est un éjaculateur précoce. Le mâle dépose son cadeau nuptial. Et quel cadeau ! La simple danse amoureuse entraîne le mâle à éjaculer un amas blanchâtre de sperme et de mucus, le spermatophore. La femelle, captivée par la chorégraphie aquatique de son congénère, se laisse gagner par le désir et va saisir l'enveloppe entre ses lèvres cloacales pour féconder les ovules à l'intérieur de son corps.

La salamandre mâle ne fait guère mieux. Pourtant, ce qui est extraordinaire chez la salamandre, c'est d'abord l'acquisition d'une certaine viviparité que Pierre Belon a signalée dès 1553. En fait, d'autres espèces, requins, insectes, révèlent qu'ils ont percé une partie de ce secret évolutif du développement, mais la salamandre va divulguer les clés de ce mystère.

Il n'existe pas une salamandre. Elles se déclinent en plusieurs. Et l'une d'entre elles, la salamandre des Pyrénées *Salamandra salamandra fastuosa*, n'accouche pas de larves, juste après l'éclosion, mais organise un développement intra-utérin partiel, ce qui ne l'empêche nullement d'être fécondée par plus d'un père à la fois. La salamandre des Pyrénées est vivipare. Chez deux autres espèces, les salamandres noires *Salamandra atra* et *S. lanzai* qui résident en altitude dans l'arc alpin, la métamorphose est complète, et la femelle met bas deux jeunes entièrement affranchis de l'eau. La rétention à l'intérieur du corps entraîne un développement complet des petites salamandres. Une vraie naissance en quelque sorte.

Quelle est la recette évolutive des salamandres ? Ce qui leur confère cette aptitude à la maternité, il faut l'attribuer au caractère temporaire du maintien des eaux. Dans tous les lieux où l'eau liquide peut geler ou disparaître, la salamandre révèle cette adaptation à cette viviparité singulière, dite histotrophe, puisque les larves se développent dans l'utérus de la mère, mais sans recourir à un placenta.

Il faut ajouter combien la description précise des modes de reproduction s'avère importante pour une compréhension évolutive. Certains chercheurs ont gardé cette mauvaise habitude de parler de viviparité quand le petit naît et d'oviparité* quand il sort d'un œuf. Mais, la situation réelle étant plus complexe, il fallut parler d'ovoviviparité pour les cas intermédiaires. Ce à quoi on ajouta le nourrissage par la mère (matrotrophie) ou par le vitellus (leicitrotrophie). Mais où mettre des espèces à fécondation externe comme les grenouilles, qui ne pondent pas d'œufs mais des ovules ? Que dire aussi de la matrotrophie, ce nourrissage maternel qui ne différencie pas le placenta ?

La brouille est telle que le lézard nommé lézard vivipare *Zootoca vivipara* montre une reproduction soit ovipare, soit ovovivipare, mais jamais vivipare en dépit de son nom ! Au contraire, le statut de vivipare est parfois refusé à la grenouille *Nectophrynoides occidentalis* qui nourrit ses larves à travers une vascularisation prononcée de sa poche dorsale, une véritable grenouille marsupiale pourtant. Face à l'énorme confusion sémantique de la vieille typologie, j'avais proposé, dès 2001 et republié encore en 2012, une classification en cinq stades distincts.

Voilà. À la base de cette typologie évolutive se situe l'ovuliparité, la reproductrice abandonne des ovules que le mâle féconde de manière externe, comme chez nombre de poissons ou chez les grenouilles. Ensuite est l'oviparité, une fécondation interne produit un œuf pondu qui nécessitera une incubation, comme chez les oiseaux. Le troisième stade est l'ovoviviparité, c'est-à-dire que l'œuf est retenu à l'intérieur du corps d'un parent, bien qu'aucun échange nutritif n'intervienne. La rétention dans les oviductes chez la vipère ou dans le derme chez l'hippocampe protège simplement le développement de l'œuf jusqu'à l'éclosion interne. Le quatrième stade est la viviparité histotrophe : l'embryon est nourri par des tissus organiques ou des desquamations, sans intervention de l'organe spécialisé qu'est le placenta. Enfin, la viviparité hémotrophe est précisément définie par un nourrissage à travers le placenta ou d'autres structures, qui font passer les nutriments directement du sang de la mère vers les embryons, comme chez le chat par exemple. Partant du procédé de reproduction le plus simple, chaque stade permet un classement sur des critères rigoureux, la fécondation, le nourrissage et le lieu de développement. Voilà de quoi reconstruire des scénarios adaptatifs. Car cette nouvelle typologie heuristique, mais très simple, met en relief la *signification évolutive* des changements d'un stade à l'autre.

Justement, chez la salamandre, comment donc les larves peuvent-elles se développer, parfois jusqu'à la métamorphose, sans le précieux outil placentaire ? Le nombre de naissances se réduit à deux individus chez les salamandres les plus « vivipares », tandis que plus d'une vingtaine de juvéniles sont produits chez les salamandres ovipares qui pondent des œufs ou celles qui libèrent des larves, après une brève rétention « ovovivipare ». Quelque chose intervient qui restreint sévèrement le nombre de la descendance et même qui empêche que naissent plus de deux petits.

À l'intérieur du corps de la mère se joue en effet un tragique destin. Un assassinat vital au sein de la même génération. Pas de placenta pour tirer les nutriments depuis le sang maternel. Alors, pour parvenir à assurer un développement intra-utérin, les larves utilisent un apport nutritif exceptionnel qui complémente leurs réserves épuisées. Les petites salamandres consomment ce qu'elles trouvent dans cet univers clos et protégé. Dévorant des tissus vivants, une viviparité histotrophe se met en place.

Et leur source de nourriture, ce sont leurs petits frères et sœurs.

Les embryons accomplissent leur destin cannibale, les larves de salamandres ingurgitent les œufs (oophagie) puis les embryons les moins précoces. L'aîné dévore ses frères et sœurs cadets jusqu'à rester le seul survivant. Ce cannibalisme interne est nommé adelphophagie – du grec *adelphos*, « frère ». La salamandre noire a gagné une course évolutive au prix du sacrifice de ses petits. L'embryogenèse* vivipare histotrophe de la salamandre dépend d'un cannibalisme intra-utérin.

Mais ce n'est pas une sélection implacable des meilleurs qui autorise les jumeaux à se nourrir de leurs frères et sœurs. Aucune trace ici d'un tri des individus méritants, des gènes de qualité ou d'une sélection des bons gènes. Le petit qui sort vainqueur de ce massacre vital à l'intérieur de la mère n'est ni le plus beau, ni le plus fort, ni même le plus malin. Il a seulement bénéficié d'une drôle de chance, il était le premier ! L'aîné de chacun des deux oviductes a dévoré ses frères et sœurs pour grandir et, s'il n'attaque pas l'autre, c'est qu'ils sont, l'un et l'autre, définitivement séparés, l'un dans l'oviducte gauche, l'autre dans le droit. Les deux premiers à éclore sont aussi les deux derniers survivants du cannibalisme. La naissance de ces deux conquérants de la viviparité ne délivrera donc que deux petites salamandres miniatures, sans aucun « bon gène ». La particularité du cannibalisme intra-utérin des salamandres offre aux juvéniles une indépendance de plus par rapport au monde extérieur. Un luxe de plus, les petits pourront naître sans eau. Voilà le prix de l'indépendance vivipare des salamandres. « On voudrait revenir à la page où l'on aime, et la page où l'on meurt est déjà sous vos doigts », récriminait Lamartine.

En fait, l'analyse comparative des différents modes de reproduction révèle combien la rigueur des conditions de l'environnement, et le froid notamment, constitue une contrainte puissante qui conduit à cette rétention évolutive des œufs dans le corps des femelles. L'enjeu de la viviparité reste l'indépendance, la réduction de la porosité originale, qui de la cellule aux espèces contrôle les échanges. Car, en intégrant la viviparité, non seulement les animaux se prémunissent contre l'extérieur à un stade crucial de leur développement, mais ils résistent encore davantage à l'échange horizontal des gènes et aux microbes extérieurs. Mais, pour cela, la mère et les jeunes engagent des relations mutuelles intimes, un mutualisme reproducteur.

Une indépendance bien coûteuse cependant. Seul le dispositif placentaire, favorisant la vraie viviparité hémotrophe (apports de nutriments par la mère, mais sans échanges sanguins), va affranchir davantage les animaux. Les lézards n'y réussiront pas, bien que, paradoxalement, certains requins et certains poissons comme l'anableps des mangroves *Anableps anableps* aient franchi cette étape. Mais la plupart des mammifères y parviendront, préférant alors une descendance plus réduite pour adopter cette relation évolutive innovante, rarement partagée, la maternité. Il est possible ainsi de mieux saisir pourquoi les espèces les plus récentes dans la phylogénie génèrent une progéniture plus faible que les espèces les plus anciennes. L'éléphant n'a que deux à quatre petits quand l'escargot laisse des centaines d'œufs, et les méduses, des millions. L'enjeu évolutif n'a pas été de laisser le maximum de descendants, mais de répondre aux conditions extérieures en édifiant peu à peu des relations nouvelles.

Ce qui reste curieux néanmoins, c'est que les salamandres les plus vivipares sont toutes noires, comme s'il fallait qu'elles perdent leurs couleurs et leurs taches jaunes en acquérant cette étrange possibilité de retenir plus longtemps la naissance de leurs deux petits.

À moins qu'elles ne portent le deuil paradoxal de cette incroyable entreprise...

Chapitre 8
Des fourmis dans le bain

Le geai des chênes,
Garrulus glandarius.

« Qui ose a peu souvent la fortune contraire. »

Mathurin Régnier, *Satires*, 1608.

L'unique dinar d'héritage que Saladin abandonne à son fils Ez Zahir s'accompagne d'une maxime exemplaire : « L'argent n'a pas plus de valeur que la poussière », affirme-t-il. L'intérêt du legs ultime est d'ordinaire mieux apprécié dans les sociétés humaines qui valorisent volontiers plus la matérialité de l'acquis que le prestige du savoir. Mais, dans son orgueilleuse volonté de laisser son fils ne dépendre que de ses mérites propres, il semble que Saladin, discréditant la poussière, calomnie une bien noble matière.

Car la faune s'attarde plaisamment sur la poussière. L'entretien de la fourrure ou du plumage demeure une occupation essentielle, et nombre d'animaux y consacrent de longs moments. D'ailleurs, loin de constituer une pénible besogne, l'exercice est souvent associé à d'affectueux rapports et génère d'agréables papouilles. Les primates dépensent beaucoup de temps à ces exercices. Pourtant, si l'épouillage contribue grandement au renforcement des liens affectifs, il est aussi lié à l'établissement des hiérarchies sociales. Les scientifiques ont pu mettre en évidence que la sollicitation au toilettage (*grooming*) concourait à apaiser les fréquentations sensibles. Une forme de drapeau blanc. Ainsi, les singes samangos *Cercopithecus mitis erythrarchus* ne s'adonnent pas à ces réconfortants exercices pour réduire une déjà bien rare concurrence alimentaire. Mais c'est plutôt leur dominance linéaire qui se refléterait dans l'épouillage, suivant le modèle socio-écologique de hiérarchie (*within-group competition model*). L'individu le plus bas dans la hiérarchie toiletterait davantage des individus au rang plus élevé.

Néanmoins, le toilettage n'exige pas toujours la sujétion à l'autorité. L'émotion que ressent l'individu cajolé et qui s'abandonne à la caresse dépasse de beaucoup l'entretien hygiénique. L'épouillage déborde largement sa seule fonction de nettoiement et s'égare souvent dans le plaisir du massage. La sensualité de notre chat domestique *Felis catus* en sait quelque chose.

Sensuel et antiautoritaire même. Le toilettage pourrait trouver une explication simple dans le renforcement de la cohésion des groupes. Le plaisir d'être ensemble finalement. Il est sage de consolider doucement les relations au sein de la communauté. Ce modèle « égalitaire » (*between-group resource competition model*) semble associer les singes vervets *Chlorocebus aethiops* selon leurs affinités. À leur tour, ces confraternités facilitent la défense contre d'autres groupes. La curiosité attentive de celui qui opère, éliminant chaque parasite, chaque fragment d'épiderme desséché, l'entraîne dans une paisible découverte de l'autre. Le groupe y gagne une harmonie interne. Chez l'humain, le délicat retrait d'un fil ou d'un cheveu, ôté du vêtement, témoigne encore de l'irrésistible et amical désir social de toiletter son prochain.

Ces singes s'adonnent donc moins aux soins cosmétiques qu'à l'apaisement des relations, une reconnaissance mutuelle. Le comportement est une médiation. Les vervets révèlent ainsi que les activités peuvent dégager une influence qui dépasse leur apparente fonction immédiate. Je te gratte, et cela veut dire que je tiens à toi.

Sous l'influence dominatrice du néodarwinisme, l'étude du comportement animal s'est pourtant ralliée avec enthousiasme, avec Nicholas Davies et John Krebs, à une vision théoriquement plus évolutive des animaux. Mais une étrange orthodoxie s'est aussi infiltrée. En se défaisant de l'éthologie, le nom scientifique de l'étude du comportement, l'idée fondamentale de la discipline nommée écologie comportementale (*behavioral ecology*) n'était de faire ni de l'écologie ni du comportement, mais bien plutôt de regarder chaque comportement comme un *gène*. Cela est gênant. À la manière de la théorie « moderne », cette introduction de la génétique allait donner une signification évolutive à des conduites particulières, dépassant ainsi les « limites » de la biologie, selon Jean-François Le Galliard. En insistant sur la variation interindividuelle, le comportement de chacun devenait une série d'actions propre à augmenter sa *fitness*, sa valeur adaptative.

Il faut dire que l'éthologie a été, avant les années 1960, intoxiquée par nombre de querelles terribles, dont celle qui opposa l'inné à l'acquis ne fut pas la plus tendre. La fausse question posée pouvait ainsi se résumer : les comportements sont-ils instinctifs ou bien appris ? Le débat trouva sa fin sans vainqueurs, l'instinct est à la fois acquis et inné. Comme chaque conduite réactualise à chaque instant nos potentialités, l'instinct possède justement un fond inné développé par l'acquisition d'expériences. Mais la résolution du problème laissa les protagonistes exsangues. En outre, Konrad Lorenz était souvent regardé comme largement compromis en Autriche pendant la période nazie, d'autant qu'il avait comparé la guerre à une « élimination des faibles améliorant la race ».

L'éthologie aurait été condamnée en tant qu'exploration infructueuse et démodée si l'écoéthologie (l'étude des animaux dans leur environnement), débarrassée de ces disputes, n'avait pas examiné les interactions des faunes avec le regard de l'évolution. Toutefois, l'écologie comportementale, immédiatement intéressée par les relations entre comportements et évolution, se développa en parallèle, presque en synonymie, pour placer la *fitness*, ou diffusion des gènes, dans ses fondamentaux et pour entreprendre d'ajuster des variables expérimentales. Une perspective *a priori* fascinante.

Le comportement est alors envisagé, comme l'hégémonie du néodarwinisme le propose, à travers la nécessaire propagation de « bons » gènes, favorisant une amélioration des attitudes. Chacun doit propager le plus de ses gènes, et les comportements s'améliorent pour cet ultime dénouement. Personne n'ignore, à ce stade, combien la complexité des conduites ne peut être réduite à l'expression d'un gène, puisque l'ADN n'est capable que de coder pour des protéines. La distance est infranchissable entre le résultat d'un gène et la sophistication comportementale. Mais, puisque les comportements ont été sélectionnés, ils reposent nécessairement sur une certaine composition génétique. Autant simplifier à l'extrême en assimilant le comportement à un ensemble de gènes coordonnés.

Avec le concept de phénotype étendu (*extended phenotype*), Richard Dawkins établit un raccourci encore plus cinglant qui cautionne totalement la fondation de l'écologie comportementale. Le chercheur énonce que le comportement reste simplement un phénotype, ici compris dans son sens le plus réductif. Ainsi est redéfini le comportement comme un procédé avantageux non pour l'animal en lui-même, mais pour le gène qui le « parasite ». Alors, selon le théorème central du phénotype étendu, « le comportement animal tend à maximiser la survie des gènes pour ce comportement, que ces gènes soient ou non à l'intérieur de l'individu qui l'exécute ».

L'écologie comportementale rétablissait donc les poncifs de la sociobiologie. Entre autres, en réduisant le comportement à un simple objet amendable de l'évolution biologique, l'écologie comportementale va alors vite sombrer dans la multiplication déraisonnable de pseudo-découvertes et, oubliant combien le raccourci est félon, publier l'existence d'un « gène de la monogamie » découvert chez les femelles du campagnol *Microtus ochrogaster* – le changement d'un gène interviendrait sur l'ocytocine ou la vasopressine. Donc, aussitôt, on en déduit le « gène de la fidélité conjugale » chez l'humain, mais aussi de l'intelligence, de la criminalité ou de la soumission. Que de découvertes ! En fait, l'ocytocine est une hormone qui génère les contractions de l'utérus et facilite l'accouchement, participant à limiter la douleur. Aussi est-elle impliquée dans l'empathie et la confiance. L'idée de la « fidélité génétique » joue sur cette confusion, bien que le sexe ne tolère que la propre liberté de ses décisions.

En opérant cette rapide assimilation de conduites à des gènes, l'hypothèse centrale de l'écologie comportementale, en bon élève de la théorie « moderne », repose sur l'idée que le comportement est un objet évolutif composite, progressivement sélectionné parce qu'il confère un avantage évolutif. Le bénéfice attendu est une « meilleure reproduction » pour ceux-là qui usent de la « bonne attitude » pour propager les gènes. Un glissement sémantique passe donc de l'ajustement des conduites à la sélection naturelle – en fait ici, enfin assimilée à la reproduction différentielle. Voilà donc une base scientifique mesurable qui devrait faire pénétrer l'étude des comportements animaux dans la biologie évolutive.

Or, en reposant sur les deux piliers du néodarwinisme, les variations minimes et la sélection naturelle, l'écologie comportementale s'enlise immédiatement dans l'hypothèse de l'amélioration fonctionnelle pure. Et, plus grave, elle va défendre bec et ongles cet objectif, en suivant l'hypothèse de l'optimalisation (*optimization theory*) de John Krebs : « Les comportements qui existent ont été sélectionnés parce qu'ils sont sans doute les meilleurs pour propager les gènes. »

On conçoit combien ce postulat semble identique à l'hypothèse raisonnable : « Les comportements qu'on observe se développent parce qu'ils sont efficaces pour vivre. » Mais cette ressemblance est trompeuse. Il faut désormais observer le « bon » comportement avec une vue panadaptationniste. Sera supposé, sans rire, que les macaques japonais *Macaca fuscata* s'assoient sur la neige pour garder leurs testicules au froid dans l'attente d'une prochaine fécondation, avant qu'on admette enfin qu'ils aiment simplement s'adonner au jeu de boules de neige. Comment donc seraient sélectionnées ces variations avantageuses minimes qui construiraient progressivement une conduite adéquate ? Chaque fraction du comportement révèle donc un bénéfice génétique ? Et les gènes ont-ils eux-mêmes une expression si rigide ?

Il serait plus sage de s'en tenir momentanément à une hypothèse plus modeste. Un comportement découle d'ajustements provisoirement efficaces de l'animal à son environnement, c'est l'écoéthologie. Et le génome ne livre que des recettes que chacun cuisine comme il l'entend ou comme il le peut. D'autant que, témoignant de l'importance majeure des mécanismes de coévolution, nombre de comportements trouvent vraiment leur subtilité dans une relation particulière aux autres, avec ou sans leur accord. Et progressivement ces médiations s'équilibrent en des « mutualismes » encore débutants.

Voyons cela. En l'absence d'un partenaire coopératif, l'entretien du corps s'accomplit par le bain ou l'usage de la poussière. Les deux éléments peuvent d'ailleurs être combinés pour encore améliorer le nettoyage et garantir une protection efficace contre les parasites. La poussière pénètre partout, entre dans le moindre interstice et déloge l'indésirable acarien, assurant, même après le bain, une cuirasse étanche à l'agression des mouches. Car, l'été venu, chevreuils *Capreolus capreolus* et sangliers *Sus scrofa* sont assaillis par des nuées d'insectes piqueurs. La bauge est le moyen de se prémunir contre l'assaut des taons et des moustiques. Le sanglier dans sa souille s'enduit d'une provisoire carapace de boue, et quand il se frotte à l'écorce rugueuse des arbres, la fragile armure se rompt et tombe, entraînant débris et parasites. Le rhinocéros blanc profite également de la boue des rivages pour apaiser la cuisante chaleur du soleil des tropiques.

En fait d'automédication, les perroquets aussi sont assez doués. Les aras savent consommer les terres qui réduiront l'acidité de leur digestion. Beaucoup mieux encore que le coup de langue, les ours *Ursus arctos* blessés ou les rats musqués *Ondatra zibethicus* connaissent la résine des arbres qui apaise les morsures subies. Les rennes *Rangifer tarandus* sont des herboristes. Ils frottent leurs pieds meurtris sur les lichens aux propriétés antibiotiques. Les chimpanzés *Pan troglodytes* apprennent la médecine. Ils soulagent ainsi leurs plaies, ingèrent les écorces d'albizia pour apaiser leur désordre digestif ou encore cueillent les fruits du *Ficus capensis* pour leur vertu thérapeutique.

Nos sociétés modernes bénéficient aussi de médecines. Toutefois, les plantes n'ont pas inventé leurs molécules *pour* nous soigner. Il n'existe aucune raison objective pour que les plantes possèdent des vertus bénéfiques. Cela découle d'une interrelation subtile édifiée au cours des temps. Suivant le principe de Janus (*Janus principle*), une interaction négative peut devenir intéressante, comme l'action antibiotique est dérobée aux moisissures ou l'action vétérinaire à la prédation du putois. Des substances de combat sont détournées de leur action propre, entraînant un insolite mutualisme.

Une partie de la vie humaine semble consacrée à une activité vitale et perpétuelle, recommencée avec une application sans pareille, la chasse au poil. Nos contemporains, égarés dans une ingratitude sans mesure, traquent la barbe, retirent le moindre duvet. Cette tâche assidue pourrait entraîner une certaine perplexité, car la repousse inéluctable nous égare dans un supplice de Sisyphe. Refaire le lendemain ce que nous avons déjà accompli la veille. Il n'est cependant pas d'appareils ou de méthodes qui ne vantent la perpétuation plus radicale encore de ce méfait. Car, loin de s'avérer un stigmate de notre animalité, la pilosité s'apparente plutôt à l'outil sexuel viril. Aussi, se débarrasser de cette toison constitue une lutte permanente pour effacer la trace de ce caractère érotique que nos sociétés admettent mal.

Le poil a pourtant ses admirateurs. Il faut reconnaître que le douillet pelage des mammifères, ou même le chaud duvet des oiseaux, constitue un habitat particulièrement accueillant pour nombre d'ectoparasites. En effet, le poil et la plume s'avèrent d'efficaces phanères* qui emprisonnent l'air dans l'enchevêtrement de leurs fibres, isolant l'épiderme derrière cette barrière thermique. Il est probable que cette adaptation accompagne une acquisition évolutive remarquable, l'homéothermie*, c'est-à-dire la capacité de réguler sa température corporelle pour conserver un milieu interne stable. Cette invariance thermique favorise alors un meilleur fonctionnement métabolique. À cette température constante, les muscles développent leur rendement optimal, le cerveau déploie sa plus grande acuité, la chimie du corps connaît son efficacité la plus subtile. Les phanères protecteurs consacrent ainsi une certaine indépendance de l'organisme face aux intempéries de l'environnement.

L'ennui est que la tribu des puces (*Ctenocephalides canis, Pulex irritans, Archeopsylla erinacei*) a su exploiter cette couverture de plumes et de poils, se nichant à loisir près du moindre pore. Installé dans l'abri confortable du plumage ou du pelage, le parasite perfore, de son rostre puissant, le tégument de l'oiseau ou du mammifère pour atteindre et aspirer le sang des veinules et artérioles. D'autres parasites externes, comme les poux de tête *Pediculus humanus capitis* ou les poux de corps *Pediculus humanus corporis,* savent aussi s'alimenter de sang.

Et que dire des spécialistes en nourriture sanguine qu'on trouve dans le groupe des tiques comme *Ixodia ricinus, Hyalomma asiaticum* ou *Rhipicephalus appendiculatus* capables de sucer plus de 500 fois leur propre poids. Les parasites injectent une substance anticoagulante afin de fluidifier le sang nourricier. Ce même produit qui organise l'infime hémorragie irrite et agace, provoquant les démangeaisons persistantes.

Le geai des chênes *Garrulus glandarius,* lui aussi, déteste cette irritation incessante. Véritable vigie des bosquets, son cri rauque et saccadé alerte les résidents forestiers de l'intrusion du promeneur. Ordinairement, l'oiseau fait bombance de larves, de fruits et de graines, témoignant une préférence sensible pour un festin raffiné, le gland. L'histoire du geai et des glands mériterait bien des médailles de mérite. Car le geai promeneur offre au gland qu'il ramasse puis abandonne un avantageux voyage. Le geai n'en a cure, rien de généreux ne l'habite. Mais c'est un planteur d'arbres, et beaucoup de boisements lui doivent tout. Loin des autres chênes concurrents, le gland pourra germer, croître et prospérer, régénérant un petit morceau de forêt nouvelle.

Mais le geai consomme également de nombreux insectes, principalement lorsque le nid, après une scrupuleuse couvaison, dissimule enfin les oisillons fragiles qu'il faut nourrir. Les insectes apportent au régime alimentaire les protéines essentielles à l'édification du corps. Moins virtuose au vol que le martinet noir *Apus apus*, le geai capture cependant les insectes aériens. Moins habile que le pic épeiche *Dendrocopos major* qui débusque les insectes jusque dans l'aubier, le geai sait néanmoins déloger les larves de leur cachette sous l'écorce. Opportuniste, le passereau exploite son environnement avec conséquence.

Le geai se nourrit d'insectes, mais il ne touche pas aux fourmis. Au contraire, il semble leur vouer un culte étrange. Car il leur rend régulièrement visite. Il les approche avec délicatesse pour organiser une étrange cérémonie, un insolite rituel.

La plupart des fourmis vivent ensemble en une colonie gigantesque regroupant plusieurs centaines de milliers d'individus. Chaque fourmilière abrite généralement plusieurs centaines de reines et près d'un million d'ouvrières qui s'activent dans une titanesque tâche toujours recommencée, l'élevage des larves. La petite fourmi rousse des forêts *Formica rufa* constitue un complexe d'espèces, mais reste monogyne, c'est-à-dire qu'une seule reine mère préside aux destinées du groupe, une souveraine solitaire. En fait, la fourmilière ne constitue pas une société dans l'acception normale du terme. Les ouvrières sont des femelles stériles issues des œufs de la reine elle-même. Aussi la fourmilière ne rassemble-t-elle que des fourmis sœurs, une vaste cohorte de chastes novices en famille.

Cette alliance des femelles est provoquée par la formation des insectes eux-mêmes. Le corps des insectes est blindé. Un tannage sur la couche externe forme la sclérotine et assure la rigidité de l'enveloppe sur laquelle s'insère la musculature. Ainsi, les arthropodes profitent d'un véritable squelette externe, un exosquelette. L'inconvénient du système réside dans la nécessité de se débarrasser périodiquement de cette invariable carapace lors d'une mue. Car l'insecte ne grandit qu'après s'être dégagé de l'ancienne cuticule. Juste avant que le nouveau tégument, édifié sous le premier, ne sèche définitivement, scellant pour longtemps la nouvelle armure.

Ce dispositif interdit par conséquent les grandes tailles, trop lourdes à transporter et difficiles à reconstruire. La mode est cruelle. Seules les périodes où la planète baignait dans une atmosphère saturée d'oxygène ont permis l'apparition des euryptéridés, sortes de scorpions géants, comme *Jaekelopterus rhenaniae*, qui, avec 2, 5 mètres, hantaient les fonds aquatiques du dévonien. Actuellement, le plus grand des arthropodes, la plus majestueuse libellule, le plus puissant des homards, la plus géante tarentule paraissent bien petits comparés à la baleine bleue *Balaenoptera musculus* ou même à un simple lapin. Dès lors, les insectes sont interdits de puissance… à moins de se réunir.

Aussi, les fourmis se rassemblent en vastes familles sous le dôme d'aiguilles de conifères. L'organisation de la division du travail, le *polyéthisme*, développe des castes différentes, reines, soldats, ouvrières. La colonie des fourmis regroupe autour des reines reproductrices l'ensemble des frangines, déployant une incessante activité pour se nourrir, prospérer et entretenir les larves. Et les larves sont gavées sans cesse tant que durent les beaux jours. Certaines d'entre elles reçoivent des ouvrières un aliment particulier contenant une substance hormonale sécrétée par la salive. Ces animaux naîtront sexués et pourvus d'ailes. Ces femelles ailées entameront, hors de la fourmilière, un unique vol nuptial pendant lequel elles recevront le sperme de plusieurs mâles que chacune conservera toute sa vie durant dans sa spermathèque pour féconder un à un tous ses œufs. À la fin, les derniers ovules non fécondés produiront les mâles haploïdes.

Le mâle, lui, est vite un héros fatigué. Le rôle du mâle se limite à l'apport de cette semence ; ayant livré son ultime richesse, il dépérit et meurt. Mais, s'il reste vivant, il n'est pas oublié par les ouvrières qui achèvent l'insolent survivant, le mordant à mort. La fin des mâles ne découle pas donc pas vraiment de l'épuisement des héros, mais des morsures des fourmis, renouvelant ici la guerre des sexes. Ensuite, de chaque œuf sortira une ouvrière que la reine maintient impitoyablement sous sa dépendance par le jeu de sécrétions stérilisantes. Car, comme le rappelle Alain Lenoir, c'est la reine qui réduit ses ouvrières au travail collectif dans l'intensité d'un conflit reproducteur. Avec le contrôle de la sexualité des ouvrières, le cartel des fourmis n'a plus grand-chose à voir avec la société, il s'agit bien de stérilité forcée. La reproductrice contrôlera les ouvrières infertiles. Mais, auparavant, la génitrice va engager une quête cruelle à la recherche d'esclaves. Car beaucoup de ces fourmis sont appelées « esclavagistes » et cherchent à s'emparer de nouveaux captifs.

La femelle « esclavagiste » se met d'abord en quête d'une fourmilière abritant une petite espèce de fourmi, *Serviformica fusca*, pour entreprendre son hallucinant piratage. Elle pénètre dans la fourmilière, souvent déguisée sous des odeurs équivoques pour ne pas être trahie. Et elle s'applique à tuer chaque reine présente, ne tolérant aucune autre femelle féconde. Les fourmis *Bothriomyrmex decapitans* dévoilent une stratégie radicale. La reine s'introduit dans le nid de fourmis du genre *Tapinoma* où elle passe inaperçue, sécrétant des phéromones similaires, et, atteignant la chambre des reproductrices *Tapinoma*, elle décapite chaque reine de la colonie. Au contraire de ces reines qui se font adopter par la force, les *Raptiformica sanguinea* ou fourmis sanguines organisent des raids à la recherche de colonies de petites fourmis telles

Serviformica glebarias, *S. cinereas* ou *S. rufibarbis*. Ces pillards emportent les nymphes de *glebarias* vers leur propre nid, et, à leur naissance, les ouvrières kidnappées nourrissent leurs ravisseuses formant une caste distincte de nourrices.

Cette tâche achevée, la reine, par le secret de ses effluves chimiques, devient le nouveau tyran du groupe des fourmis-esclaves. Ces fourmis asservies élèveront une nouvelle descendance jusqu'à l'extinction des leurs et leur remplacement progressif par les fourmis, filles de la récente reine. Ainsi se formera la famille des fourmis rousses. Mais la nouvelle colonie ne vivra qu'une durée restreinte jusqu'à l'épuisement de la semence, et le cycle pourra recommencer.

À moins que les « esclaves » n'organisent leur révolte. C'est le cas chez les fourmis *Temnothorax longispinosus*. Un germe de rébellion les trouble, sans doute lié à un affaiblissement de la chimie qui les contrôle. Elles deviennent alors capables de se rebeller en éliminant les larves de leurs fourmis « esclavagistes », *Protomognathus americanus*, qui, devenant de plus en plus minoritaires, doivent alors se retirer. Qui aurait dit que les fourmis peuvent aussi s'avérer spartakistes. Cela aurait sans doute ravi George Orwell, d'autant qu'à y regarder de plus près il n'est pas juste de parler de fourmis « esclavagistes ». Il s'agit plutôt de la ferme des animaux. Celles-là n'organisent toujours que de l'élevage. Quoique aient écrit les scientifiques, les fourmis ne sont pas vraiment « esclavagistes », mais « domesticantes ». L'esclavage est une horreur qui s'exerce envers sa propre espèce. Au contraire, la domestication concerne d'autres espèces qu'on élève à son profit.

En face d'une intrusion, les fourmis savent manier les armes défensives et peuvent se montrer redoutables. Les ouvrières sont pourvues, dans la région postérieure de leur corps, d'une glande particulière, sécrétant une substance toxique pour n'importe quel insecte, l'acide formique. Les fourmis de feu du genre *Solenopsis* y ajoutent une pipéridine poivrée augmentant le pouvoir corrosif de sa défense. Mais les fourmis rousses se révèlent déjà bien armées. Dès qu'un intrus approche, chaque fourmi recourbe son abdomen sous elle pour ajuster son tir et lâche, soudainement, un puissant jet de la matière nocive. Et l'armée des fourmis de la colonie se mobilise et attaque en des milliers de tirs toxiques, harcelant l'importun pour qu'enfin il cède place ou, parfois même, meure sous l'action de l'acide multiple.

Précisément, le geai des chênes va approcher. L'oiseau souhaite franchir les limites intangibles de la fourmilière, passer les bornes interdites de la colonie.

Pour assurer sa vitesse et sa virtuosité dans les sous-bois qu'il prospecte, le geai doit entretenir l'hygiène de son plumage. L'irritante activité des ectoparasites provoque une détérioration inéluctable de la qualité thermoprotectrice des phanères, et leur présence embarrassante alourdit le vol. Le bain de poussière reste d'usage pour déloger ces indésirables. Le geai s'y adonne fréquemment pour nettoyer ses plumes et raviver ses couleurs bleues, beiges et noires. Mais l'oiseau sait comment, mieux encore, débarrasser le duvet de ces multiples acariens et puces qui se moquent de la puissance du sable ou du bec. L'oiseau a appris à nettoyer son corps de la vermine. Le geai a découvert qu'en s'invitant près de la fourmilière il provoquait une réaction salutaire.

Les fourmis ne peuvent tolérer l'effraction. Dès que le geai manifeste sa redoutable présence, les insectes accourent en masse pour l'affrontement inévitable, pour l'incroyable bataille. Quelques individus d'abord, puis la cohorte des ouvrières arrivent pour tenir tête à l'oiseau résolu. Les fourmis défendent avec acharnement la quiétude de leur repaire. Des milliers d'abdomens se tendent vers l'importun, expulsant un jaillissement de substance toxique.

En fait, l'assaut n'a que l'apparence du combat collectif. Nulle coordination ne guide les combattants. La lutte contre le geai ne rassemble que la multitude des individus singuliers, s'appliquant à émettre le jet de matière nocive pour repousser l'assaillant. Car, chez les fourmis, l'activité ne présente aucune organisation cohérente réelle. Ainsi, lorsque les ouvrières se saisissent d'une proie ou retirent un obstacle de leur chemin, chacune pousse ou tire comme elle l'entend. Le mouvement désordonné ne devient opérant que parce que les forces se conjuguent involontairement, orientant l'action dans un sens et excédant celles qui s'y opposent. Les fourmis décidément ne connaissent pas vraiment la société. Leur univers élémentaire se construit de réactions à des signaux olfactifs discrets et répétés. Leur cheminement même dépend de la trace chimique invisible laissée par le prédécesseur de la longue procession le long de la sente.

Dans le combat contre l'oiseau, les fourmis n'agencent pas davantage leurs efforts. Les fourmis luttent côte à côte contre le geai, ajustant leur tir sans synchronisation. De leur abdomen tendu jaillissent les multiples gouttes de l'acide nocif.

Mais le geai n'en a cure. Loin de s'effaroucher d'un accueil si caustique, le geai se pavane au milieu des combattantes qui redoublent l'intensité de leur lutte. Le geai écarte les ailes, présente son dos, s'offre délibérément à la pluie toxique. Car le geai s'accommode fort bien de cette bataille. Voilà qu'il bénéficie d'un produit insecticide de qualité, peu onéreux et terriblement efficient sur ses parasites. La substance de défense des fourmis agit surtout sur les autres arthropodes. Le geai peut aisément la supporter. L'acide répandu sur la peau conservera même plusieurs jours durant son action insecticide. Le geai n'attaquera pas la fourmilière, il s'en sert.

Voilà le secret de la cérémonie des fourmis. Le geai organise un mutualisme encore un peu incomplet. D'autres oiseaux comme la fauvette à trois bandes *Basileuterus tristriatus* savent aussi bénéficier de cet assaut que Derek Goodwin a appelé le fourmillage (*anting*). L'étourneau sansonnet *Sturnus vulgaris* augmente encore le rendement de ce cérémonial en saisissant délicatement les fourmis dans son bec pour les disséminer sous son duvet, garantissant que le jet toxique attaque directement les indésirables parasites à l'endroit précis où ils se cachent.

Ailleurs, beaucoup d'espèces profitent de la coopération d'animaux nettoyeurs. Il y a la lotion des anémones, mais tous les poissons racontent aussi le décrassage inlassable de la crevette nettoyeuse *Stenopus hispidus*. Les petits labres à rayures *Labroides phthirophagus* parcourent les coraux où attendent nombre d'autres poissons soucieux de leur approche. Car les labres savent aussi récurer les écailles, se glissant dans les moindres interstices, et tous les poissons tolèrent l'incroyable effronterie de ces saltimbanques capables également de changer de sexe en vieillissant. Le secret de ces mutualismes réside dans la capacité à dériver d'une relation parasite ou commensale pour activer une paix sociale. Un détournement d'activité devenu salutaire.

Et l'évolution poursuit ses extravagances. L'œdicnème connaît aussi ces associations interspécifiques, entre espèces distinctes. Endémique du continent africain, l'œdicnème vermiculé *Burhinus vermiculatus* est un petit oiseau qui sait construire une alliance avec le crocodile du Nil *Crocrodilus niloticus*.

Un crocodile peut tuer un gnou. Même les buffles le craignent. Le grand saurien ne ferait qu'une bouchée de l'oiseau aux grands yeux verts. Alors pourquoi le tolère-t-il sur son territoire à deux pas de son nid ? Pourquoi l'œdicnème à son tour paraît si peu effrayé par le terrible prédateur qu'il couve tout près de lui ? Les hippopotames et les varans du Nil *Varanus niloticus* causent cette insolite coalition. L'œdicnème pousse son inimitable cri d'alerte dès qu'apparaît un hippopotame ou un autre danger susceptible d'écraser l'amas de végétaux où le crocodile incube doucement sa progéniture. Le crocodile peut dormir tranquille sur sa plage au soleil. Il sera prévenu à temps de l'arrivée des écraseurs ou des pilleurs de nids. L'œdicnème, lui, ne risque plus de s'épuiser à chasser les varans qui veulent sa couvée. Quel varan serait assez fou pour s'approcher d'un crocodile en colère ? C'est là le secret de cette union étrange entre l'oiseau et le grand reptile.

Décidément, l'évolution n'est pas le fait des adversaires ou plutôt il se construit un glissement d'activité (*activity switching*) qui modifie les relations antagonistes primaires que les animaux pourraient entretenir. Une coévolution s'élabore, un rien asymétrique. On comprend que Kropotkine voulait corriger Darwin et ses idées d'une nature guerrière en soulignant combien les interactions positives inscrivaient les processus évolutifs. Aujourd'hui, Jean-Marie Pelt ou Pierre-Henri Gouyon répètent encore que « d'innombrables systèmes de symbioses et de solidarités joueraient un rôle déterminant dans l'évolution biologique ». Il n'y a guère de doute que la concurrence brutale ne soit pas le lot de la nature, mais il n'y a pas lieu d'y consacrer trop d'angélisme non plus. Les conflits apparaissent et se transforment parce que la survie dépend de cet équilibre. Le comportement est une médiation, et, si le mutualisme s'élabore, c'est parce que la *stabilité* dynamique des relations apporte sa puissante vertu *structurante*.

L'antagonisme des êtres vivants se règle peu à peu par l'équilibre délicat de leur coexistence. Le conflit génère des résistances et, face aux alternatives possibles, l'amour peut se faciliter d'obtenir des consentements. Aussi, l'apparition provisoire des conflits d'amour ou d'intérêts amène évolutivement à privilégier le *libre choix* des conduites sexuelles et des partenaires, et non pas les « meilleurs gènes » ou les individus les plus forts. Les alternatives qui se présentent promeuvent ainsi des préférences et encouragent des engagements particuliers. D'ailleurs, ce ne sont pas les plus forts qui gagnent la bataille évolutive ou le conflit sexuel. Certes, les opportunistes et les plus salopards peuvent provisoirement vaincre ou s'imposer. Les humains le perçoivent aussi entre eux. Mais, à terme, ceux qui travaillent à la conciliation ou à l'assemblage du vivant s'avèrent les vainqueurs, car l'écologie évolutive organise au contraire l'équilibre des possibles. Le choix du partenaire change le jeu évolutif en favorisant la confiance. L'autre devient le partenaire d'un mutualisme nouveau.

Même parfois avec les parasites. Les pathogènes suivent le principe de Janus (*Janus principle*), leurs opérations maléfiques comportent une autre face. Même les parasites les plus virulents peuvent alors limiter leur impact et préserver la vie de leurs hôtes. Ce n'est qu'en garantissant la survie de ceux qu'ils parasitent que ceux-là peuvent aussi persister à long terme. Chaque interrelation se construit à partir des médiations que nos comportements inventent.

Le mutualisme, cette apparente coopération, résulte des deux fondamentaux du modèle de coévolution écologique (*ecological coevolution model*) : la diversification et la spécialisation des caractères. Il faut le faire savoir aux enfants. Car ce changement de perspectives évolutives ouvre d'incroyables conséquences éthiques. La concurrence n'a rien de naturel. Il faudrait revoir le bilan de nos entreprises et les manières de nos écoles. Au lieu de valoriser sans cesse l'égoïsme et la compétition, ce combat fratricide inutile de nos écoliers entre eux, au lieu d'espérer voir aboutir dans cette concurrence un esprit qui écrase les autres, un « talent » dont l'intelligence abandonnerait les cancres au fond de la classe, à deux pas du radiateur, c'est bien la différence qu'il faudrait valoriser. La concurrence lamine la créativité, ce sont les diversités qui la produisent. Cessons de sanctionner la rivalité identique et misons sur la différence. Cette même différence qui fait de chacun un être intelligent et ingénieux, puisqu'il n'y a plus ni génies ni mauvais élèves.

Les comportements contredisent les gènes. N'en déplaise à l'écologie comportementale, c'est précisément quand un ensemble génétique manque, quand une morphologie est absente que le comportement vient combler le déficit. En adoptant une tactique particulière, l'animal pallie la lacune génétique. Il devient alors raisonnable de regarder le comportement comme un *sujet actif* de l'évolution, dérivant de la facilitation primitive, et non pas de le considérer comme seulement réductible à un objet génétique.

Ainsi, le vautour percnoptère *Neophron percnopterus* est un magnifique oiseau blanc qui n'aime rien de moins que s'emparer des œufs d'autruche. Mais son bec ridicule ne peut parvenir à casser la coque de l'œuf immense. Attend-il des gènes pour ce faire ? Que nenni, le percnoptère utilise un outil. Il saisit une pierre dans son bec pour frapper la coquille jusqu'à la briser et atteindre son butin. Le héron bihoreau *Nycticorax nycticorax* pêche avec appâts. Il sait patienter. Quand il découvre un crouton, il ne le consomme pas, capable de retarder sa précipitation naturelle. Non, le héron ne mange pas le pain et s'approche de l'eau. Il sait comment attirer les poissons en disséminant des morceaux de pain qu'il a volés aux hommes. Il n'attend pas les gènes, il pêche. Enfin, outrage ultime au maître, le pinson de Darwin ou géospize pique-bois *Camarhynchus pallidus* n'a pas le bec apte à fouiller les écorces. Il n'espère pas l'adaptation génétique, car l'oiseau connaît une ruse. Il se sert d'une épine de cactus pour déloger l'insecte qui se cache. Pas de « bons gènes », alors l'animal use d'un comportement. Né d'une médiation antique avec l'environnement, comme l'était le sexe, chaque comportement se spécialise pour gérer une relation et réplique évolutivement à la déficience des gènes. L'intelligence en émerge.

Ceux qui ont conçu la concurrence comme une force et la mort comme un outil n'ont pas l'imagination de la nature. Les contraintes évolutives ont au contraire entraîné l'association des êtres vivants dans un ensemble inextricable où chacun dépend des autres dans de subtiles connexions, une coévolution écologique. Au niveau évolutif, il est probable que les relations mutualistes ou symbiotiques dérivent simplement des interactions primitives de nourrissage. Cette origine enseigne alors quelque chose d'autre encore dans l'évolution.

Partie d'un conflit virtuel, l'interaction entre les espèces peut s'apaiser, tolérer l'autre, parce que la différence apparue favorise la *spécialisation* de chacun. Il reste à savoir comment. Mais, bien plus encore, les relations entre les espèces peuvent construire des liens inouïs de complicité, comme le poisson-clown et son anémone. Avec les fourmis, les pressions évolutives et la puissance des interactions écologiques ne commandent pas une modification morphologique du geai, mais un ajustement des manières. Il n'y a pas plus de gène « altruiste » que de « gène des amis des fourmis ». Comme les singes, les crevettes et les autres, le geai montre une ingénieuse accommodation comportementale parce qu'elle est efficace, simplement.

Et l'évolution conte aussi l'histoire de ces accords éthologiques. « Les grandes aventures sont celles de l'esprit », rappelle Pécuchet à Bouvard. C'est aussi ce que dit le geai, sans même léguer un simple dinar à sa couvée.

Chapitre 9
Qu'il n'est point de sagesse quand un cœur est à prendre

Le murciélago,
Anoura caudifer.

« Un lion mort ne vaut pas un moucheron qui respire. »

Voltaire, *Précis de l'Ecclésiaste*, 1759.

Tous les colobes ne voient pas leur pareil en monochrome. Si le colobe noir et blanc *Colobus polykomos* expose sa toison bicolore, alors que le colobe rouge *Piliocolobus badius* affiche un pelage roux vif et blanc, d'autres singes de la famille, comme le colobe olive *Procolobus verus*, savent rester plus discrets. Cette réserve apparente n'empêche nullement le colobe de Temminck *Colobus b. temmincki*, au pelage bai grisonnant, de s'adonner avec frénésie aux plaisirs solitaires. Les témoins de cette activité masturbatoire en ont rapporté les façons.

Pour autant, les caresses intimes de notre petit primate ne paraissent pas si isolées, et bien d'autres savent « se frotter le ventre », comme le célébrait Diogène. Le colobe vante ainsi le mérite d'une récréation onaniste parfaitement répandue chez la plupart des animaux.

Cet art de la volupté discrète révèle, s'il fallait insister, que toute la sexualité ne se résume pas à la reproduction. Car, à moins d'offenser l'intelligence, la masturbation des singes entraîne simplement une volupté bien passagère et n'a que fort peu de chances d'aboutir à un effet reproductif. Peut-être inspirés par les opprobres dont on marquait l'événement durant tout le XIXe siècle, certains chercheurs ont amorcé une audacieuse analyse de ces manies furtives. Non, la masturbation ne rend pas les colobes sourds, mais elle leur permettrait de se débarrasser de la « vieille » semence accumulée dans leur conduit. Outre l'aspect très finaliste de l'analyse, cette curieuse interprétation oublie les femelles, qui, bien que sans sperme, s'adonnent avec tout autant de plaisir à ces attouchements secrets. Une manie de vieille fille ? Même pas, tous les colobes aiment cela.

Toutefois, ce divertissement clandestin, pour érotique qu'il soit, n'offre guère d'éclaircissements au secret des colobes. En toute confidence, les colobes sont nombreux, très nombreux. Ou, plus exactement, on dénombre au moins une vingtaine d'espèces et bien des sous-espèces de ces petits singes arboricoles et sociables que le redoutable léopard *Panthera pardus* épie en ennemi mortel. C'est un peu comme si l'évolution avait décidé de décliner en nombre le style un peu débraillé de ces petits singes des hautes cimes. Des colobes, encore plus de colobes.

Depuis quelque temps maintenant, nous voilà dans une tout autre dimension, et le lecteur le plus téméraire surprend son impatience. Le monde égoïste imaginé du néodarwinisme ne tient plus tête. Les « bons » gènes n'ont pas résisté à l'inexistence de leur déterminisme, et la grande théorie du tri de la sélection naturelle bute toujours sur l'impasse de la diversité amoureuse. Le terme de « sélection » n'est pas très probant non plus et peut avantageusement être converti dans les termes neutres d'efficacité évolutive répandue à travers la « reproduction différentielle », associant pour le coup, et sélection *naturelle*, et sélection *sexuelle* dans des stratégies mixtes. Ancrant définitivement le matérialisme dans l'évolution, la reproduction différentielle ne doit plus être conçue comme le simple *résultat* de la sélection, à la manière dont Darwin avait proposé le principe de descendance, mais plutôt comme le processus évolutif lui-même. Enfin, la relation fait tout, la sexualité est plus ancienne qu'habituellement admis par les textes et ne se compare plus à l'asexualité que seules portent encore les bactéries.

Mais voilà, il va falloir trouver où se niche finalement cette spécialisation indécente qui travaille au corps l'adaptation évolutive.

Quelle est cette science-fiction, pourrait-il exister des gènes de préadaptation pour le futur ? Quant aux gènes « neutres », c'est-à-dire sans effet, ou au « hasard évolutif », qui font et défont le travail scientifique, il y aura quelque intérêt à reprendre nos classiques. Redécouverts périodiquement comme processus importants de l'évolution, aussi bien la neutralité que le hasard n'apportent que la confusion de leur innocence. Le hasard, justement, entend simplement repousser l'explication à une chaîne d'événements trop multiples pour les interpréter. Or le hasard est statistique, scientifique, mais ni métaphysique ni providentiel. Déjà Paul-Henri d'Holbach affirmait en 1770 la possibilité d'une mesure probabiliste : « Un géomètre qui connaîtrait exactement les différentes forces qui agissent dans ces deux cas, et les propriétés des molécules qui sont mues, démontrerait que, d'après les causes données, chaque molécule agit précisément comme elle doit agir, et ne peut agir autrement qu'elle ne fait. » De même que la liberté existe en évolution autant que les choix biologiques proviennent d'individus qui les exercent, le hasard se mesure aux aléas divers que les circonstances édifient.

Bon, la cachotterie des colobes connaît une suite. En cherchant mieux dans la forêt primaire, d'autres regards déconcertent encore. Car le potto *Perodicticus potto* connaît bien la même aventure. Non que des observateurs impudiques l'aient surpris dans quelque exercice voluptueux – encore que rien n'en interdise le présage. Mais plutôt parce que ces primates massifs et nocturnes exhibent également plusieurs physionomies bien différentes. Des pottos, encore des pottos ! Le potto de Calabar *Arctocebus calabarensis* ou arctocèbe, au demeurant moins richement coloré que le potto doré *Arctocebus aureus*, vit dans les mêmes boisements que l'autre, tout près de ses trois proches parents, *Perodicticus p. potto*, *P. p. edwardsi*, et *P. p. ibeanus*. La différence de taille entre tous ces petits cousins s'accompagne, bien sûr, de variations de leur couleur, de leur régime et de leur denture.

Comme on pouvait s'y attendre, le désir des singes a développé nombre de rencontres métisses, mais chacun s'est ensuite recroquevillé dans un habitat convenable au gré des circonstances. Des pottos, toujours plus de pottos. Et cela atteste que les différentes stratégies de vie ont escorté une modification des physiques, ce que nous nommerons un déplacement de caractères (*character displacement*).

Les caractères se déplacent. Nous allons voir comment se produit l'événement. Le sexe y intervient comme le facteur facilitant principal. Néanmoins, pour introduire ce principe même de l'adaptation, la biologie de l'évolution doit pouvoir dégager une *théorie de la différence*. Car d'où provient-elle, cette différence initiale, celle-là même qui provoque une semonce d'étanchéité telle qu'elle pourra former des espèces nouvelles, déchaînant en cascade le déploiement d'une extraordinaire biodiversité ? Ici s'inscrit la force conceptuelle de l'écologie évolutive et surtout de ce nouveau modèle de la coévolution écologique (*ecological coevolution model*). Car l'interaction est une rencontre délicate, comme l'expriment les fleurs.

Il n'y a rien de mieux que les fleurs pour parler d'amour. Même la nuit. Savez-vous que l'univers sombre des chauves-souris sait offrir des fleurs ? Car, si les chiroptères – étymologiquement « ceux qui volent avec leurs mains » – gardent plus ou moins des habitudes nocturnes, ces animaux poursuivent innocemment leurs intentions sentimentales. Il y eut des gens pour s'étonner que je nomme plaisamment « amour » les bas instincts conduisant à ces bestiales copulations entre animaux. Ma foi, je récidive. Car il faut reconnaître l'émotion évanescente qui se déclenche entre deux soupirants et les entraîne à se suivre, à se caresser dans ces voluptueuses étreintes. Même entre chauves-souris. Je concède toutefois que l'affection que retire le homard est peut-être un peu moins palpable, mais je persiste à parler d'amour, car il faut imaginer ce bouleversement émotionnel tangible qui submerge la sexualité des espèces. La biologie intègre l'humain dans le monde animal, comme l'a aussi montré le procès Scope. Il faut juste s'y habituer. Il n'y a là que différences d'intensité dans un gradient de sensibilité sentimentale, ambivalent et sublime.

Nos chiroptères, donc, s'offrent des fleurs. Bien sûr, il s'éveille à notre esprit le vol papillonné des pipistrelles de Kuhl *Pipistrellus kuhli* autour des lampadaires, l'escale du petit murin de Daubenton *Myotis daubentonii* derrière les volets clos ou encore le fantôme des rhinolophes *Rhinolophus hipposideros* enveloppés dans leurs fragiles ailes et pendus par les pieds aux voûtes des caves humides. Tous ceux-ci conviennent de disparaître dans les recoins les plus obscurs pour hiberner, chaque fois que les frimas envahissent la région. Car dans l'hémisphère Nord, dès que le froid s'étend et que les insectes de leur menu s'engourdissent, nos chauves-souris s'enfoncent dans les encoignures ténébreuses de leur somnolence hivernale. Mais, si les mœurs de ces légers habitants de la nuit fascinent encore, que dire de leurs aptitudes multiples ? Capables de voler, de s'endormir en hiver et même de dégager leur route aérienne à cris d'ultrasons, voilà qu'en outre les murciélagos entretiennent les fleurs.

Les murciélagos, ces menues chauves-souris sans queue *Anoura caudifer* et *A. geoffroyi*, sont des butineuses d'une quinzaine de grammes qui sillonnent la forêt tropicale des Amériques. Leur périple forestier les amène près des fleurs. Préoccupés par le nectar floral d'une dizaine d'espèces de dicotylédones du genre *Burmeistera*, nos silencieux chiroptères enfouissent la tête au milieu du pollen en pratiquant un drôle de vol sur place, à la manière des oiseaux-mouches. Ces derniers, les colibris, fréquentent également les plantes, mais ne parviennent qu'à féconder *B. tenuiflora*. Les chauves-souris paraissent autrement plus énergiques, en pollinisant au moins dix végétaux distincts.

Les murciélagos font coïncider la naissance de leurs petits au début de la saison sèche, et l'allaitement est synchronisé avec la floraison. Le pollen, transporté de fleurs en fleurs, féconde les *Burmeistera* qui dépendent entièrement de ces minuscules chauves-souris pour fructifier. Les fleurs pâles exposent leur corolle élancée, étirant leurs étamines et leurs anthères sur une longueur très variable selon l'espèce concernée. Mais le romantisme de nos petits murciélagos ne les rend guère sélectifs dans le choix de leur butin floral, et ils butinent sans distinction la plupart des *Burmeistera*. Les fleurs sont fidèles, les chiroptères ne le leur rendent pas. Comment dès lors les dix espèces de végétaux peuvent-elles être fécondées par les chauves-souris sans que les différents pollens ne soient mélangés ?

C'est la corolle qui répond. La fleur connaît aussi les secrets de la coévolution. Les fleurs n'ont pas la même longueur. Tandis que l'animal frotte sa tête dans la fleur, chaque bourgeon floral dépose hardiment son pollen proportionnellement à la longueur de la corolle, à l'extériorisation des stigmates. La tête et le dos de la chauve-souris se couvrent alors de rayures d'un pollen distinct, dès qu'elle s'envole d'une plante à l'autre. Chaque rayure horizontale sur le pelage ne se déposera que sur les stigmates situés à bonne longueur. La divergence de la longueur des corolles favorise la diversité des espèces de plantes fécondées. Chaque fleur s'est plus ou moins allongée suivant la caresse des chauves-souris. Le caractère « longueur de la corolle » s'est donc « déplacé » d'une fleur à l'autre. L'évolution divulgue le rôle de la différence et l'importance des mutualismes. Mais, sans égoïsme ni générosité, d'où proviennent cette élégante *spécialisation* des corolles et autres détournements d'organes ?

Il a beau s'habiller de soufre, sa barbiche cotonneuse n'effraie personne. Le barbion à gorge jaune *Pogoniulus subsulphureus* n'est qu'un petit oiseau discret. Notre résident africain proteste vivement sans entendre les cris simplets du barbion à croupion jaune *Pogoniulus bilineatus*, mais à gorge blanche. Leur histoire aurait pu s'arrêter là, mais elle se répète au contraire du Cameroun à l'Ouganda. Les dix espèces de barbions s'évadent d'une forêt à l'autre en piaillant. Les barbions font pâle figure dans l'orchestre des oiseaux. Plus proches du chansonnier populaire que du ténor d'opéra, ils vocalisent une simple note répétée. Pourtant, quelque chose intéresse le barbion à gorge jaune dans la voix du barbion à gorge blanche.

Lorsque le barbion à gorge *jaune* habite loin de son cousin au croupion jaune, mais gorge *blanche*, il émet un cri aigu (environ 1 300 Hz). Les deux oiseaux vivent alors en allopatrie*, comme l'enseignent les biologistes, c'est-à-dire qu'ils sont trop éloignés pour se rencontrer fréquemment. L'allopatrie, c'est-à-dire la différence d'habitat, constitue, selon la théorie « moderne » néodarwiniste, la condition déterminante de la séparation de deux espèces distinctes. Irrémédiablement morcelés par un obstacle physique, les animaux en allopatrie sont censés se diviser inexorablement.

Toutefois, l'appel amoureux du barbion à gorge jaune change. La voix devient franchement plus haute (1 500 Hz) dès que les deux espèces cohabitent dans le même sous-bois. En outre, curieusement, l'inverse se produit aussi avec le barbion à *croupion* jaune qui égrène une note plus basse (autour de 1 000 Hz) lorsque son cousin à *gorge* jaune demeure avec lui, alors qu'il s'en tient à sa voix de baryton (1 200 Hz) lorsque les deux espèces ne se fréquentent pas. Cette proximité de résidence, la sympatrie, disent les biologistes, permet l'échange de gènes et n'est donc pas une condition propice à la divergence d'espèces, comme l'énonce la théorie. À vrai dire, la sympatrie reste même la contrainte la plus contestée pour dissocier des espèces puisque le flux génétique persiste. L'hypothèse d'une variation sympatrique n'est donc absolument pas compatible avec le néodarwinisme. Les variations ne devraient se maintenir que chez les espèces séparées, allopatriques. Cela n'est rien en soi. Les oiseaux se montrent bien plus impertinents encore.

Car ce qui est extraordinaire dans ce phénomène de déplacement de caractères (*character displacement*), c'est qu'une différence s'introduit au sein d'une *première* espèce quand elle se trouve en présence d'une *autre* espèce proche. Une incroyable distinction trouble l'aubade des barbions au point qu'une même espèce exprime deux litanies dissemblables. Ainsi, le barbion à *gorge* jaune isolé diverge de sa *propre* espèce, se distinguant d'autres barbions à *gorge* jaune dès qu'ils côtoient dans les mêmes milieux l'autre barbion, celui à *croupion* jaune et *gorge* blanche. A devient différent de A quand il vit avec B, alors que, même éloigné de A, il reste le même tant qu'il est seul.

Y a-t-il du soufre ou du diable là-dedans ? Comment une telle divergence peut-elle se développer et que vient faire l'autre espèce ? L'évolution montre ici ses remarquables détours. Lorsque les deux espèces vivent dans les mêmes boisements, la fréquence de leur signal les sépare, comme la conversation des grenouilles se fait sur différentes tonalités selon les espèces. Un barbion d'une espèce A devrait donc différer d'un autre barbion d'une espèce B. Mais les choses ne se passent pas si facilement.

Voyons cela. Il convient par conséquent que le cri d'amour diffère assez de *l'autre* espèce avec laquelle on réside ou, plutôt, les animaux qui savent émettre dans les fréquences les plus identifiables sauront mieux séduire leurs congénères et laisseront une plus grande progéniture. Un barbion résolu, au chant clair et facile à reconnaître, obtiendra les faveurs de ses belles. Mais, voilà, si ce chant ressemble trop à l'espèce qu'il côtoie, la séduction s'embrouille. Un barbion penaud, dont le chant confus pourrait être interprété comme le signal de l'autre espèce, risque un accouplement interspécifique, une hybridation. Sa nichée mâtinée de gènes de l'autre ne saura plus à qui se fier ni comment se reproduire.

Or les barbions nouvellement venus gazouillent sur un ton très ressemblant à celui de l'espèce autochtone. À chanter comme d'habitude, il ne réussit plus à se distinguer et risque de s'hybrider avec l'autre espèce. Le soupirant n'y tient guère. Ou, plus exactement, les barbions qui vocalisent comme le fait leur espèce naturelle finissent dans la confusion de leur tradition, ils s'hybrident. Au contraire, ceux qui montrent une légère différence deviennent plus aisés à reconnaître, et, par conséquent, ces séducteurs peuvent obtenir plus fréquemment des amours et des descendants avec leurs propres partenaires. A qui-ne-varie-pas s'hybride facilement avec B et disparaît, tandis que A qui-varie se particularise tant de B qu'il peut plaire à un autre A qui-varie et fabriquer une nouvelle espèce. Car celui-là devient alors distinct d'un autre A qui-ne-varie-pas, différent de sa propre espèce originale.

À se différencier, l'oiseau s'isole. Il en découle, en effet, que le chant des barbions côtoyant une *autre* espèce se particularise bientôt de celui de leur *propre* espèce isolée : c'est le déplacement de caractères (*character displacement*). Notre barbion qui chante différemment se distingue alors de l'espèce qu'il côtoie, mais aussi de sa propre espèce, au point de ne plus y reconnaître ses anciens congénères d'une autre population et de préférer la nouvelle tournure qu'il produit. Une nouvelle espèce émerge. À travers le bruissement indicible des émotions, le déplacement de caractères constitue par conséquent un mécanisme qui promeut l'émergence des espèces et une incroyable signification évolutive.

Ainsi, même le petit barbion discret nous révèle qu'une espèce influence terriblement ses cousines par le simple effet de sa présence. Initiée par William Brown Jr et Edward Wilson, critiquée par un sceptique Peter Grant, puis redéfinie avec enthousiasme par lui-même, la théorie du déplacement de caractères (*character displacement theory*) explique ce phénomène dual par une dynamique de divergence entre espèces, suivie d'un renforcement de l'isolement reproducteur : « Le déplacement de caractères est une situation dans laquelle les différences entre eux sont accentuées dans la zone de sympatrie et affaiblies ou entièrement perdues dans les parties de leur domaine en dehors de cette zone. » Et, même si l'exemple célèbre d'un petit passereau, la sittelle des rochers *Sitta tephronota*, reste un précédent controversé, l'histoire de cette interaction singulière recommence sans cesse dans l'évolution.

Les libellules détournent aussi leurs physionomies. Les libellules *Calopteryx* révèlent ce même événement le long des cours d'eau tempérés, se différenciant sur la même rivière. Les quolls de Tasmanie, ces fouines marsupiales apparentées aux kangourous *Dasyurus viverrinus* et *D. maculatus,* dévoilent encore le déplacement de leurs traits. Les gobe-mouches à collier *Ficedula albicollis,* ces petits oiseaux acrobates du ciel, augmentent aussi les différences de couleur de leur plumage selon qu'ils restent seuls ou partagent un habitat avec une autre espèce proche. La variation se produit d'autant plus aisément que les deux espèces concernées par l'habitat commun sont ressemblantes et à la condition que ces similitudes n'enclenchent pas une hybridation forcénée et trop féconde. Quand les amours mélangées l'emportent, l'évolution réticulée élabore la construction des espèces ; quand l'hybridation reste faible, le déplacement de caractères édifie les différences. Les autres font donc notre évolution.

Alors qu'importe si la compétition, attendue par le néodarwinisme, *au sein* de l'espèce apparaît si difficilement. Au contraire, les interactions *entre* espèces divulguent leurs inévitables influences sur le processus évolutif. Mais, si la concurrence au sein d'une espèce ne peut impliquer une telle aventure, nous découvrons que la relation avec les autres espèces et, par extension, avec les parasites et les pathogènes agit bien plus fermement pour transformer les corps. L'évolution dépend toujours autant des autres.

L'eau douce connaît aussi ses bouleversements. Minuscules poissons des petites rivières, les épinoches *Gasterosteus aculeatus* subissent la sévère prédation des insectes, comme les dytiques bordés ou les libellules. Mais l'expérimentation menée sur des épinoches hybrides révèle que le déplacement de caractères est grandement favorisé par la présence des prédateurs. Et, cependant, ceux-ci diminuent la densité et la compétition entre épinoches. On le voit, la concurrence au sein de l'espèce ne joue par conséquent aucun rôle puisque les prédateurs la réduisent, tandis que l'effet du déplacement de caractères s'affirme.

Ainsi, loin d'être un effet du hasard ou de la concurrence, l'évolution du détournement découle d'abord de l'influence des autres.

Le secret de la différence est là. Qu'importe qu'il s'agisse de la meilleure des mauvaises solutions (*best of a bad job*), comme le craint David Pfennig. Ici se dévoile l'événement fortuit qui conduit à la différenciation, l'agitation qui perturbe tout le système vers un état critique, diraient les physiciens. Voilà que la divergence fondamentale des espèces, ce processus évolutif essentiel que les biologistes nomment spéciation, n'aurait même pas besoin des barrières géographiques, ni du hasard, ni de la concurrence pour s'exprimer.

Et il est possible d'intervertir les cas. La petite mangouste indienne *Herpestes javanicus* connaît juste l'histoire inverse, celle du *relâchement de caractères*. Les mangoustes sont des petits carnivores très friands d'insectes, de vers et de crabes. Originaire du sous-continent indien, la petite mangouste fréquente les mêmes lieux que la mangouste grise *H. edwardsii* ou que la mangouste rousse *H. smithii*. Mais notre petite mangouste indienne a été introduite sur des îles où elle a su s'acclimater. Isolée des autres espèces de mangoustes sur les îles Fidji ou Maurice, son crâne et ses crocs ont vu leur morphologie changer. Sans la pression de la présence des autres espèces, les traits de la mangouste ne subissaient plus la même contrainte nécessaire à leur spécialisation. Ainsi, la petite mangouste indienne devenue généraliste enseigne que les caractères spécifiques peuvent aussi se relâcher. L'interaction, ou, chez la mangouste, son absence, constitue clairement la perturbation originale qui introduit ou empêche la *différence* au sein d'une espèce.

Il serait pourtant sage de modérer notre enthousiasme. Que des caractères soient ainsi déplacés sous l'effet des interactions n'explique pas tout. Le déplacement ne conduit pas toujours à ce que les scientifiques nomment un renforcement du caractère (*character reinforcement*), c'est-à-dire à la fixation évolutive de la différence, quand la divergence se transmet. Il faut que le nouveau caractère persiste dans l'espèce et se diffuse dans la descendance pour fabriquer une vraie différence évolutive. C'est bien la rencontre initiale, l'interaction entre espèces qui engage l'événement évolutif. Mais le déséquilibre de la relation entraîne ici comme une bifurcation : l'espèce initiale se sépare en plusieurs groupes divergents qui devront fixer leur différence. Là, la sexualité vient renforcer la fixation évolutive de ces caractères. À la condition toutefois que ces traits soient utiles à la suite de l'histoire.

Voilà que la spécialisation adaptative redevient une question essentielle de la biologie évolutive.

Revenons sur les glaces. L'ours blanc est parti, reste le cri rauque des toundras et le noir hurlement des forêts. Car nous allons voir que la *spécialisation* débute au sein d'une même espèce. Ainsi, le loup arctique *Canis lupus* expose la blancheur de sa fourrure, à la différence des loups gris et noirs des taïgas. La couleur blanche dans la toundra, la couleur sombre dans la forêt. Le pelage contient une signification adaptative qui le fond dans l'habitat. Mais les loups n'en ont pas divergé pour autant. La couleur n'y suffit pas, il n'y a toujours qu'une seule espèce.

De même, le putois prend un pelage ténébreux, assombrissant son phénotype (*dark phenotype*) dans les ruisseaux forestiers, à la différence du putois masqué des bocages (*typical phenotype*). Là, les animaux divergent de ne pas aimer la couleur de l'autre, et il existe des raisons pour cela. L'un, « dark », est forestier ; l'autre, campagnard, chasse dans les marais. Chaque fois, le caractère « assombrissement du pelage » révèle une adaptation aux nouvelles conditions de vie, suivant la loi de Gloger qui annonce l'influence de l'habitat sur le coloris et la taille. Les putois se divisent, et cette semonce initiale engage déjà la bifurcation vers deux nouvelles espèces. Enfin, cela fait moins de 15 000 ans qu'ils commencent à fractionner leur espèce. Le putois sombre se sépare progressivement du putois masqué, car le déplacement de caractères *écologique* initie aussi un déplacement des amours.

Voilà. Le loup pourra devenir arctique et le putois, forestier si leurs amours persistent à prolonger ces divisions quelques milliers d'années encore. La divergence est en route, mais elle ne s'est pas encore fixée. Rien n'empêche un retour en arrière, il suffit d'un loup blanc amoureux d'un noir ou d'un putois des marais fleuretant en forêt pour empêcher cela. On le voit, dans l'évolution, la modification de la physionomie (*spécialisation du phénotype*) précède la différenciation des espèces (*spéciation*).

Qu'en disent les chrysopes ? Frivole, la chrysope est une étourdie. Elle a oublié que, en modifiant sa livrée, elle allait pouvoir changer ses amours. La distraction des chrysopes a détourné leurs relations. Ces curieux petits insectes diaphanes ressemblent aux libellules. Si les adultes font bombance de miellat et de pollen, leurs larves sont carnivores. Précieux auxiliaires des cultures, les larves du complexe « chrysope verte » (*Chrysoperla sp.*) détruisent nombre de pucerons, d'acariens et de cochenilles en injectant leur salive directement dans les proies. Grâce à leurs terribles mandibules hypertrophiées, les larves engloutissent jusqu'à 500 pucerons par jour, et l'adulte développe trois à quatre générations de plusieurs centaines d'œufs par saison. De quoi oublier que ces belles aux yeux d'or arborent de fines ailes parcourues par un délicat réseau de nervures.

Mais il n'est pas dit que les chrysopes feraient les choses simplement. La petite *Chrysoperla affinis* montre une génétique assez semblable dans toutes ses populations. Et, cependant, elle se distingue par bien des caractères morphologiques pour peu qu'on examine la situation. Lorsque ces chrysopes vivent dans des régions séparées (allopatrie), la morphologie des *affinis* ne se dissocie guère. Tout change lorsqu'elles habitent avec une autre chrysope *Chrysoperla carnea*. Une même région, une divergence sympatrique. Les traits spécifiques de notre *affinis*, quand elle réside à côté des *carnea*, révèlent plusieurs différences, aussi bien dans la morphologie que dans la couleur.

L'insecte reste bien capricieux. Plusieurs changements annoncent un déplacement. Immédiatement, ce déplacement de caractères ne révèle pas clairement sa raison. Pourtant, à y regarder plus attentivement, notre petite *affinis* n'adopte pas du tout la même vie lorsque *carnea* occupe la même région qu'elle. La voilà dérangée dans ses habitudes gastronomiques et résidentielles. Alors qu'elle exploitait la cime des arbres, voilà qu'elle se cantonne maintenant dans les buissons et dans la végétation basse, nous dit Dominique Thierry. Le déplacement de caractères est ici associé à un *glissement de niche* écologique. L'animal n'occupe plus le même milieu de la même manière. Notre *affinis* se distingue à la fois par sa morphologie et par son écologie dès qu'elle se trouve en présence de *carnea*. Là encore, la *spécialisation* phénotypique précède la *différenciation* en une nouvelle espèce. Le déplacement de caractères débute souvent par un glissement de niche, un déplacement écologique.

Mais tout n'est pas encore joué, c'est là la leçon essentielle des chrysopes. Vous constatez que, tout étourdies qu'elles soient, ces demoiselles n'en sont pas moins des enseignantes remarquables.

Il sera encore question de sexe. En effet, notre *affinis* connaît déjà de nouveaux changements. Les chrysopes se câlinent en émettant de drôles de grésillements du corps. Le son de cet appel érotique charme définitivement la belle, si tant est qu'il soit parfaitement reconnaissable. En présence de *carnea*, notre petite *affinis* bruisse sur une tonalité plus marquée qu'elle ne le ferait ailleurs. Car celles qui émettaient leur aubade sur un ton trop peu identifiable, trop ressemblant à *carnea,* ne peuvent plus séduire avec toute l'émotion nécessaire.

Ce « chant » de cour de notre *affinis* paraît déjà différent de celui des autres *affinis* isolées dans leurs populations propres, habitant dans le bocage. Deux *affinis* se découvrent bien divergentes, dans la couleur, l'écologie et l'amour. L'interaction résulte du jeu complexe de multiples facteurs parfois corrélés. La morphologie change, le glissement de niche s'accomplit, et, enfin, le déplacement de caractères reproducteur ouvre la porte sur une nouvelle espèce, sur une *spéciation*. Ainsi, l'interaction entre deux espèces entraîne l'apparition de tant de différences qu'une troisième espèce se forme.

Et c'est bien là la leçon essentielle des chrysopes. Quand le choix des ressources s'allie à la préférence des cœurs, le déplacement de caractères constitue l'événement majeur de la formation des espèces. La corrélation n'est pas difficile puisque l'individu va tendre à préférer ce qui sera efficace. Notre femelle de putois noir dans sa forêt trouvera intimement comment obtenir une descendance adaptée à cette contrainte en se laissant séduire par un mâle sombre. Le déplacement de caractères révèle que c'est la relation plus ou moins conflictuelle entre les espèces qui entraîne non seulement le changement de gènes, mais aussi leur expression. David et Karin Pfennig insistent : l'association des déplacements reproducteurs et écologiques fonde la spéciation.

Et l'histoire se répète chez dix, cent, mille espèces. Les événements se multiplient. Le peuplement des anguilles électriques *Gymnotus* témoigne de ces péripéties. Les salamandres des Appalaches *Plethodon cinereus* et *P hoffmani* connaissent une même histoire. Les gorges-bleues *Luscinia megarhynchos* et *L. luscinia* se séparent de ne pas exploiter les mêmes insectes. Les ombles chevaliers *Salvelinus alpinus*, ces saumons arctiques, divulguent aussi une nuance à cette affaire. Leur bouche et leur physique changent, formant deux variétés distinctes et séparées. Confrontée à des proies clairement dissemblables, l'une des formes exploite les plus grandes des proies, l'autre se nourrissant des plus petites. Ici, la contrainte qui s'exerce sur des individus moyens entraîne leur hécatombe. Grande et petite physionomie ne peuvent plus folâtrer.

Pour en saisir vraiment l'effarante histoire, il faut s'enfoncer en Afrique. Dans les failles géologiques anciennes se sont installés des lacs étendus que de nouvelles espèces ont su conquérir progressivement.

Les poissons vivent ensemble dans un même lieu, le lac, une sympatrie aquatique. Mais quels téméraires ! Colonisant ces houles équatoriales, les poissons ont élaboré un peuplement complexe, chacun profitant de compétences propres pour exploiter tous les menus possibles des eaux douces. Il en a résulté un assemblage disparate d'animaux qui défendent une place entre la surface et le fond. Comme pour les ombles, un incroyable changement de trait écologique paraît.

Tout d'abord, certains de ces explorateurs de l'impossible sont arrivés trop tard. Le dîner était déjà fini, toutes les chaises étaient prises. Ils se sont résignés à un autre régal. Ces minuscules poissons parasites se sont spécialisés dans l'art de l'arrachage de l'armure des autres. Les poissons mangeurs d'écailles, tel *Perissodus microlepis,* vivent de ce maigre butin qu'ils extorquent aux promeneurs du lac. Leur bouche est façonnée pour prélever les écailles du flanc des autres poissons vivant avec eux dans les grands lacs africains. Leur appétit n'est pas moindre bien que chaque prise demeure pauvre pour l'animal en maraudage. La spécialisation incroyable s'apparente ici à un parasitisme alimentaire.

Manger des écailles, certes. Mais il existe un vrai dilemme pour réaliser correctement ce larcin difficile. Pour se consacrer à cette gastronomie originale, il faut choisir son côté, gauche ou droit. Pour arracher une écaille sans encourir la colère de sa proie, le poisson mangeur d'écailles ne peut guère hésiter.

Toute sa postérité réside dans la dextérité buccale de notre parasite. Impérativement, le poisson doit agir avec efficacité et promptitude. Mais voilà. À chasser un butin aplati latéralement, la gueule de notre poisson n'a trouvé son efficience qu'en se tordant vers sa proie. Si sa gueule a été sculptée pour s'ouvrir à droite, il ne peut qu'attaquer le côté gauche des poissons. Il n'existe pas de niche intermédiaire : s'il rate, il ne mange pas. Alors, évidemment, un droitier ne peut séduire un gaucher qu'au risque d'obtenir une progéniture dont la bouche médiane ferait des incapables. Inaptes au travail d'arrachage, les métis à bouche rectiligne n'ont pas d'avenir dans le métier de voleur d'écailles. Quand bien même les procédures de séduction se ressembleraient, Roméo demeure définitivement antithétique de Juliette. Les poissons mangeurs d'écailles *gauchers* restent irrémédiablement séparés des *droitiers*. Et ils doivent le faire savoir en adoptant des cours d'éducation sexuelle qui les distinguent définitivement les uns des autres. Ici l'amour ne connaît pas les intermédiaires.

La différenciation écologique suit la théorie du polymorphisme de ressources (*resource polymorphism*) développée par Skuli Skulason et Thomas Smith : la variation détermine des aliments irrémédiablement distincts, petits ou grands, situés à gauche ou à droite, sans intermédiaire possible.

Le temps peut aussi être à l'œuvre. Chez les cigales périodiques, la larve attend dix-sept ans avant d'émerger pour se reproduire. Une si longue patience incite à une précipitation érotique impensable. Alors, en quelques jours, des milliers de cigales effectuent en même temps la mue imaginale pour devenir adultes. À peine commencent-elles le concert des amours qu'il faut s'emparer d'une femelle. Les nuées de cigales se dépêchent d'accomplir ces copulations qu'elles attendent depuis si longtemps. Le déplacement écologique et reproducteur intervient pour troubler le délai de reproduction. Il s'agit ici d'une allochronie, un temps décalé sectionne les générations qui surgissent. Ce délai immuable interdit aux cigales dix-sept ans *Magicicada septendecula* de croiser l'émergence de la cigale treize ans *Magicicada neotredecim* pendant les dix journées de leurs amours. Impossible d'émerger en même temps, ou bien l'événement est si exceptionnel que chacune des espèces survit isolée temporellement des autres. Chaque fois, après la spécialisation, la divergence se fixe d'abord, comme chez les chrysopes, par la dissemblance reproductive.

Les ritournelles érotiques des petites rainettes arboricoles *Hyla cinerea* aussi s'éloignent l'une de l'autre en présence de l'espèce *Hyla gratiosa*, car les hybrides échouent encore à clarifier leurs vocalisations. Les crapauds *Bufo americanus* ne coassent plus comme d'habitude s'ils rencontrent *Bufo fowleri*. Les grenouilles du Texas *Pseudacris feriarum* ne fredonnent déjà plus la même mélodie dès que d'autres grenouilles chantent avec elles. Les tritons palmés *Lissotriton helveticus* déplacent aussi la morphologie des traits chorégraphiques de leurs incantations aquatiques. Et les femelles du grillon des bois *Gryllus fultoni* ne se laissent séduire que par un chant modifié aussitôt qu'elles cohabitent avec un autre grillon *Gryllus vernalis*.

Celles qui hésitaient n'ont pas laissé de progéniture. Le *déplacement de caractères* se fixe avec la reproduction. C'est dire combien l'amour constitue la clé de l'évolution.

On aurait cependant tort de croire que la leçon ignore les hybrides. La chose est plus embrouillée. L'hybridation introgressive entraîne une convergence des formes intermédiaires (*character convergence*). Est-ce pour cela que les grenouilles rigolent de jouer ce tour-là ? Car les hybrides de la grenouille rieuse *Rana « kl esculenta »* ne peuvent obtenir une descendance que s'ils réussissent à s'accoupler avec une grenouille non hybride. C'est l'hybridogenèse. N'y parviennent que ceux qui savent berner de leur chant ambigu les petites grenouilles vertes de nos marais *Rana lessonae*. Car, sans ce parent providentiel, l'hybride n'est plus. Au fur et à mesure des succès et des échecs reproducteurs, le couplet des hybrides a changé, convergeant peu à peu vers les notes égrenées par les mâles de la petite grenouille verte. Et les corpulents hybrides trompent et abusent les femelles. La petite grenouille verte ne sort pas indemne de cette mystification, et ses populations diminuent au profit d'une mixité hybride qui les leurre.

Le canard de Nouvelle-Zélande *Anas superciliosa* connaît les mêmes déboires. L'introgression hybride avec le colvert *Anas platyrhynchos* introduit un mécanisme de convergence de caractères selon des modalités exactement inverses au déplacement. Ainsi, dès que la reproduction n'agit plus pour filtrer les espèces, les traits différents poursuivent, à travers les succès sexuels, une convergence de caractères. Au contraire, une divergence initiale s'inscrit quand le déplacement de caractères se renforce à travers l'échec des étreintes physiques. L'amour règne en maître sur l'évolution des espèces.

Voilà désormais que le secret de l'évolution, la différence, est mis au jour. Le continu apparent de l'espèce se disloque, et la concurrence n'intervient pas comme on l'imaginait. Contre l'idée d'une évolution solitaire, il faut redire combien chaque changement entraîne en cascade une nouvelle cohérence des flores et des faunes.

Ainsi, dans leurs guildes écologiques, les belettes *Mustela nivalis* montrent des convergences de leurs caractères morphologiques selon la latitude, suggérant que la nature des proies peut s'avérer la force initiale du déplacement de caractères bien plus forte que la concurrence potentielle. Mais on remarque aussi un autre fait que le néodarwinisme refusait. La formation d'espèces nouvelles peut s'accomplir sans séparation géographique irrémédiable, sans cette allopatrie définitive qui constituait la base immuable de la théorie. L'allopatrie ou la sympatrie ne constituent que les deux bornes d'une situation plus glissante, plus modulée. Entre sympatrie et allopatrie se glisse un gradient que la séduction charme ou épuise. Certes, la distance sépare les attachements, mais pas davantage que la spécialisation des êtres vivants. Et la divergence finale s'élabore avec l'épilogue de la complicité des amoureux. Décidément, il n'y a pas de sélection par la mort, mais par l'amour.

Il n'y a pas que des chauves-souris pour apprécier les fleurs…

Chapitre 10
L'île des caractères perdus

Le cormoran aptère,
Nannopterum harrisi.

« Il faut être perdu, il faut avoir perdu le monde, pour se trouver soi-même. »

Henry David THOREAU, *Walden*, 1854.

L'éléphant comprend la plaisanterie. Ma foi, c'est Bertholt Brecht qui l'affirme avec quelque raison. Par exemple, il n'est pas forcément dit que l'éléphant soit grand. N'est-ce pas la moindre des excentricités pour un mastodonte ?

Prenez la douceur méditerranéenne, et vous en trouverez des phénomènes insolites. Certes, il faut remonter au pléistocène, à cette époque ancienne où l'humain hésitait encore à l'être, pour trouver un éléphant à Malte, mais un éléphant nain. Notre *Palaeoloxodon falconeri* adulte dépassait à peine 1 mètre de haut. À cette période, l'éléphant antique faisait le triple !

Les îles ont toujours réduit les éléphants. D'ailleurs, il y a plus minuscule encore avec le mammouth pygmée de Crète *Mammuthus creticus* qui revendique le record du plus petit des éléphantidés sur terre.

Le mammouth nain de Wrangel *Mammuthus exilis* aussi a perdu de sa superbe. Et, dans l'archipel de la Sonde, Florès n'est pas connue seulement pour ses plages de sable et son soleil. Là-bas a été rapportée la découverte d'un petit éléphant archaïque, un stégodon de 1 mètre de haut, *Stegodon sondaari*. Ces stégodons aux longues défenses dérivaient d'une espèce bien plus ancienne, et leur survie, il y a encore 12 000 ans, restait insoupçonnée.

Mais si l'affaire fit grand bruit, c'est que l'identification et la datation du petit stégodon venaient confirmer l'autre découverte d'un lilliputien, l'homme de Florès, *Homo floresiensis*. Cet hominidé très ancien aurait divergé de l'archaïque *Homo erectus* en formant une nouvelle espèce. Des chasseurs pygmées débusquant des éléphants nains, voilà qui apportait une image autrement exotique de l'Indonésie. Pourtant, d'autres chercheurs furent incrédules. Le stégodon aurait déjà disparu de l'île, ce qui infirmerait l'hypothèse d'un hominidé nain. En outre, Florès est beaucoup plus vaste que les archipels où une faune naine a évolué. Le débat continue bien que les interprétations étayent de plus en plus l'idée d'une nouvelle espèce humaine, apparentée à *H. erectus*.

La récente identification, en Sibérie, de restes d'*Homo denisova* à partir d'ADN mitochondrial atteste de la coexistence, en même temps que les néanderthaliens *H. neanderthalis* en Europe, de plusieurs espèces d'hominidés. Et ce beau monde ne s'interdisait pas des épousailles avec les humains modernes *H. sapiens,* comme le confirment les introgressions génétiques. Les néandertaliens ont contribué pour 1 à 4 % au génome des Européens actuels, tandis que les denisoviens participaient pour environ 4 à 6 % du génome des Mélanésiens. Et voilà qu'un quatrième humain fréquentait aussi les îles à la même période ! Les analyses pratiquées depuis laissent entendre que l'histoire du peuplement de Florès est crédible. Nos petits Floréliens n'ont pas été victimes d'une maladie, ni ne constituent des cas exceptionnels sur l'archipel. Le nanisme insulaire (*dwarf endemism*) est un mécanisme écologique connu qui paraît s'être répété à plusieurs reprises sur cette grande île de la Sonde. Sur une période aussi longue, l'homme de Florès se serait fait piéger, autant que les stégodons, par l'effet pervers des îles.

Les fées n'y sont donc pour rien si les éléphants diminuent. Les histoires de lutins, de gnomes, de hobbits et d'elfes émanent sans doute davantage de légendes scandinaves, mais elles trouvent ici des racines biologiques dans une terre étendue près de l'équateur, au-delà de la ligne Wallace.

L'Afrique connaît aussi des questions de taille. Pour les populations pygmées du Cameroun, du Gabon ou du Congo, la petite dimension du corps humain ne constitue pas un nanisme achondroplasique, c'est-à-dire qu'elle ne découle pas d'une mutation pathologique. Elle est considérée comme une adaptation aux contraintes de la forêt équatoriale. Cette particularité des Pygmées africains résulte d'une faible production d'une molécule de croissance, l'IGF-1 (*insuline-like growth factor-1*), pendant le développement. Il reste toutefois plus difficile d'expliquer le sens évolutif chez *Homo floresiensis* de cette variation qui, dans les îles, peut conduire au nanisme évolutif des espèces. Pas d'îles pour les Pygmées africains. Alors la taille des hominidés de Florès proviendrait-elle d'une longue période d'évolution dans des conditions environnementales particulièrement sélectives, entraînant ce possible avantage adaptatif singulier : le nanisme insulaire ?

Les îles restent cependant versatiles. Quand elles influencent l'éléphant pygmée, elles transforment aussi l'émeu australien *Dromaius novaehollandiae* en moas néo-zélandais *Dinornis robustus*. Atteignant 3,50 mètres et 250 kilos, les neuf différentes espèces de moas furent probablement parmi les plus grands oiseaux que l'humain ait connus. Ils promenaient leur gigantisme en Nouvelle-Zélande il y a à peine 600 ans.

D'autres milieux insulaires encore. Le loir de Malte *Leithia melitensis* frôlait le kilogramme quand, sur le continent, son cousin le loir gris *Glis glis* n'atteint guère que 200 grammes. Et même l'île de Florès connaît ses titans, puisque le rat géant *Papagomys armandvillei* dépasse le double de la mesure du rat gris *Rattus norvegicus*. Et, bien sûr, le monstre de l'archipel constitue aussi une exception parmi les sauriens. Le dragon de Komodo *Varanus komodoensis* a pris des allures de géant dans les cinq îles qu'il fréquente, en devenant, avec une masse de 70 kilos, le plus grand varan du monde. C'est à croire que les archipels, saisis d'un insurmontable esprit de contradiction, défont l'évolution pour laisser s'exprimer des nains ou des colosses.

Le caprice insulaire ne passa donc pas inaperçu. C'est à John Bristol Foster en 1964 qu'on doit la première étude sur le phénomène. Analysant la morphologie de 116 espèces ou sous-espèces, Foster a dégagé une loi générale de l'influence insulaire (*island rule*) : les espèces égarées sur les îles grandissent ou diminuent en fonction des ressources de leur nouvel environnement. L'examen de Foster révèle d'intéressantes tendances : les petits rongeurs montrent une modification vers le gigantisme alors que les carnivores et les grands ongulés révèlent une *tendance* inverse. Les îles offrant plus de disponibilités, moins de compétition et moins de prédateurs, les rongeurs pouvaient grandir. Quant aux espèces naines, leur dimension aurait diminué corrélativement au risque de malnutrition. Ainsi cohabitaient des évolutions contraires sous la pression d'un même environnement.

Entre chien et lapin, le plus souvent. Ces deux grandeurs expriment en effet la limite imprécise à partir de laquelle la « tendance » semble contrarier la règle insulaire, opposant les géants et les nains. Alors peut-on considérer, comme on le lit souvent, que le nanisme s'appliquerait ordinairement à des espèces plus grandes qu'un lapin/chien et qu'en deçà de cette taille le gigantisme s'imposerait généralement sur les îles ?

La controverse se prolongeait. D'autant qu'il existe nombre de cas difficiles, comme le lapin géant de Minorque *Nuralagus rex* ou encore la belette de Corse *Mustela nivalis boccamela* plus grande que les autres belettes. Enfin, certains rongeurs et reptiles grandissaient, mais d'autres non. À moins, bien sûr, d'admettre que le dragon de Komodo ne soit le nain improbable d'un ancêtre plus gros, on dut convenir que la conjecture initiale était un peu simplifiée.

L'anomalie des îles devenait maintenant une énigme. Les animaux ne rentraient pas bien dans la case de l'oncle Foster. On imagina deux hypothèses. En premier, une présomption écologique : la taille des animaux permettait de mieux échapper ou résister aux prédateurs ou à la compétition. En second, une hypothèse socio-sexuelle : la densité trop forte des animaux entraînait que le choix amoureux se portait répétitivement sur des individus très puissants.

L'examen des faunes apporta du crédit à la fois aux deux hypothèses, mais aucune ne parut déterminante. Examinant la divergence entre les animaux continentaux et les espèces îliennes, Mark Lomolino conclut que la règle de Foster méritait d'être complètement réformée. Plutôt que de tenter de décrire des tendances avérées, il faudrait davantage s'arrêter sur les exceptions pour identifier les processus sexuels et évolutifs influençant la taille des animaux. Alors, l'effet des ressources et de la compétition retrouverait un contexte général.

Sur les îles océaniques, les animaux ectothermes, comme les reptiles, peuvent aussi remplacer les mammifères endothermes, car maintenir une chaleur corporelle tout le temps peut augmenter la dépense énergétique. La sélection privilégierait ainsi l'agrandissement des petits animaux parce que la concurrence est plus faible pour ces nouveaux venus, puis elle maintiendrait ces récents dodus parce que la puissance des géants les mettrait à l'abri des carnivores. Au contraire, pour les grands ongulés, qui exigent trop d'énergie pour maintenir leur masse, entraînant progressivement cet apparent nanisme « insulaire ». Aussi, la « loi des îles » ne constitue pas un événement différant d'une situation générale, juste un cas restreint des économies d'énergie. Et Shai Meiri insiste : la variation de stature des carnivores insulaires ne semble liée ni à la compétition, ni aux ressources, ni à la capacité de dispersion, ni à un avantage physiologique, ni même à l'absence de leurs prédateurs. La taille témoigne de toute leur histoire évolutive.

D'autres facteurs interfèrent grandement avec l'environnement. L'aptitude à s'envoler ou à se réfugier dans un terrier peut changer bien des choses. La superficie des îles intervient également. La Nouvelle-Zélande a peu de choses à voir avec Malte, si ce n'est la langue pratiquée par les nouveaux autochtones. D'ailleurs, alors que les îles connaissent des prédateurs terribles et de grandes dimensions comme le varan de Komodo, on trouve également des carnivores minuscules comme le renard gris insulaire *Urocyon littoralis* des archipels californiens qui n'atteint pas le format d'un chat. Il existait autrefois aussi bien des hippopotames pygmées herbivores, comme celui de Sicile *Hippopotamus pentlandi*, que des placides végétariens comme les monumentales tortues géantes sur d'autres archipels. La tortue géante des Seychelles *Aldabrachelys gigantea* atteint 300 kilos. Les tortues des Galápagos, ces paisibles reptiles de 250 kilos et peut-être jusqu'à 400 kilos, promènent la bonhomie d'une existence précaire comme *Chelonoidis nigra*, mais certaines ont fini par s'éteindre sans descendants. La génétique permet d'espérer que *Chelonoidis nigra abingdoni* pourrait encore exister. Ces chéloniens magnifiques sont-ils devenus des géants en vivant sur ces îles ou bien dérivent-ils d'un colosse disparu ? Ce qui force l'étonnement reste qu'ils sont arrivés dans l'archipel en nageant depuis l'Amérique du Sud.

Alors les excentricités insulaires montrent-elles des espèces adaptées ou non ? Si le propre du mécanisme de déplacements des caractères est de s'adosser sur les autres espèces, les processus qui enclenchent des évolutions adaptatives paraissent bien difficiles à spécifier. S'appuyant sur des contraintes écologiques, l'exigence de survie d'un individu détermine un effet réitéré, qui peut être regardé comme une adaptation. Ainsi, si un trait singulier ou un comportement favorise la survie, chaque reproduction, le privilégiant d'une génération à l'autre, ajoutera sa touche propre pour l'accroître, donnant cette impression fallacieuse d'une « tendance » évolutive, jusqu'à ce que des pressions contraires viennent stabiliser le caractère.

L'évolution agit à l'aveuglette, mais grâce aux amours. Alors qu'il était acquis, dans le cadre du néodarwinisme, que l'adaptation résultait de la sélection naturelle d'un trait avantageux, on voit qu'il n'est besoin que de l'efficacité provisoire du trait (*principle of temporary efficiency*) pour qu'il se maintienne et se répande. Aussi les corrélations de caractères peuvent-elles s'enclencher en même temps, accordant à chaque génération un ensemble de traits qui modifient les descendants. C'est aussi ce qui apporte cette sensation de cohérence de l'organisme dans son environnement, qu'on nomme alors « adaptation ».

Toutefois, dans un glissement sémantique clandestin, il semble que certains ténors de la théorie néodarwiniste réduisent maintenant les notions de « sélection naturelle » ou d'« adaptation » à ce même principe d'efficacité provisoire. C'est-à-dire que, si une variation entraîne une fonction *efficace* pour l'organisme, on considérera qu'il y a eu sélection adaptative. C'est un peu désavouer les maîtres pour qui l'adaptation était un lent acquis de l'évolution, à coups de petits changements continus. La valeur adaptative est devenue aujourd'hui l'équivalent d'un gain ou d'une perte passagers et à un moment donné. Si l'on préfère, on nomme aujourd'hui « sélection » ce qui fonctionne, ce qui permet de gagner en survie ou en reproduction. Donc, toutes les espèces qui subsistent ont forcément été sélectionnées par la sélection naturelle ou sexuelle, et elles s'en trouvent forcément « adaptées ».

Outre qu'il semble alors assez peu utile de scinder le principe sélectif en deux sélections parallèles, la sélection naturelle et la sélection sexuelle, on peut résumer cette sélection naturelle néodarwiniste à une parfaite tautologie : « Sont survivants ceux qui ont survécu. » Évidemment, tout être vivant résulte alors de cette sélection naturelle omnipotente, puisqu'il a survécu ou a pu se reproduire. Il est par conséquent très aisé d'affirmer haut et fort la prépondérance absolue du néodarwinisme, puisque reconnaître la sélection naturelle revient tout simplement à affirmer que le caractère fonctionne ! La reproduction différentielle est tout de même admise comme la mesure de la sélection des opérations de la « bourse » évolutive.

Or, si l'on regarde attentivement, il en est tout autrement du principe d'efficacité provisoire (*principle of temporary efficiency*) des traits évolutifs que je défends. Ici peut germer un ensemble de stratégies mixtes tant que les différentes réponses adaptatives maintiennent la constance des relations. C'est reconnaître un effet physique, matériel, celui de la *stabilité*, comme effet majeur et la *reproduction différentielle* comme mécanisme diversifiant, au lieu de la sélection naturelle. Chaque individu qui reproduit un des traits particuliers le diffuse *partiellement* dans l'évolution. Le concept de reproduction différentielle, étroitement liée au principe de la descendance modifiée, constitue la contribution la plus essentielle du néodarwinisme à la compréhension de l'histoire évolutive. L'expression « les plus aptes » partageait les espèces en individus meilleurs que les autres. Au contraire, la reproduction différentielle ne fait que mesurer un fait, certains se reproduisent davantage, et cette situation est provisoire. Il en découle qu'aucune signification eugéniste ne peut plus s'insérer dans la théorie, sauf à encore considérer que seuls les meilleurs réussissent ce prodige parce qu'ils seraient dotés de meilleurs gènes et s'avéreraient meilleurs à les diffuser égoïstement. Mais, en donnant au mécanisme son nom concret de « reproduction différentielle » et en oubliant le terme « sélection » emprunté aux éleveurs se pose déjà plus clairement le problème évolutif. Car la reproduction différentielle exige, chez les eucaryotes, la prospérité de la *relation*.

Dans le bal perdu des îles, il faut se souvenir des amoureux. En attribuant à la reproduction différentielle la réalité du mécanisme, ce sont des individus vrais qui deviennent impliqués par un terme immédiatement compréhensible, et non pas des abstractions obsolètes. Pas de jugement de valeur. Pas de « grand sélectionneur » non plus ! Jetons définitivement les suspicions que le médiocre concept de sélection a offertes aux créationnistes.

Mais parler du principe d'efficacité provisoire, c'est aussi admettre que les choix évolutifs sont *pluriels* et non pas univoques à la manière de la sélection. La solidarité constitue ainsi beaucoup plus qu'une supplique morale, c'est une *stratégie évolutive*. Car le propre d'une stratégie mixte, c'est à la fois de partir de la décision individuelle, de sa propre liberté, et d'introduire une différence supplémentaire active à produire du changement, à faire de l'évolution biologique. Il s'agit aussi d'un mécanisme actif à court terme, simple mais dont l'effet multiple entraîne une série de conséquences en cascade extrêmement complexes. Les individus font leur évolution et ils n'ont besoin ni de conscience ni de prendre des décisions rationnelles pour influer sur leur histoire évolutive. À la manière des relations sexuelles, la préférence peut aussi changer sans autre raison que l'occasion qui se présente, que la nouveauté de l'alternative.

L'évolution n'est cependant pas le résultat des caprices, mais de choix, même irrationnels mais qui se révéleront viables. Efficaces temporairement, les options individuelles restent susceptibles de modifier l'ensemble du système à travers des réactions en chaîne. Par conséquent, l'efficacité provisoire place à l'aveuglette non pas le gène, mais les décisions individuelles et le caractère phénotypique au centre de l'histoire évolutive. Ce choix libre des individus enracine la liberté en évolution.

Et cela n'a rien d'un mécanisme absolu à la manière du « démon » de Pierre-Simon de Laplace ou de cette liberté d'ignorance dont traite Gottfried Leibniz – « je me sens libre parce que je ne connais pas les causes qui me font agir ». Au contraire, il faut regarder les stratégies mixtes dans une compréhension proche de la conception de Søren Kierkegaard, une *liberté de choix* entre plusieurs alternatives. La théorie du déterminisme universel, qui a dirigé la science pendant tant d'années, a heureusement été contestée par le *phénomène fortuit* présenté dès 1908 par Henri Poincaré et popularisé sous le nom d'*effet aile de papillon*. La notion évolutive du principe d'efficacité provisoire y glisse *ipso facto* une forme du désir. La préférence amoureuse, par exemple, sans être raisonnable (« le cœur a ses raisons... »), engage la progéniture dans un résultat évolutif, et il n'est alors pas faux d'affirmer que l'évolution résulte de ces décisions individuelles, de ces consentements impulsifs, selon le même principe que l'événement fortuit de l'aile de papillon.

Ici encore, le comportement contredit le gène en compensant ses limites. Aucune désinvolture pourtant, l'environnement aussi joue sur le patrimoine, comme le mesure l'épigénétique, et chacun interprète un peu de l'expression de ses gènes au fur et à mesure qu'il avance dans la vie. C'est-à-dire qu'en « cuisinant » et en laissant l'environnement accommoder ce qu'il possède (son hérédité) l'individu réalise une recette singulière (*gene cookbook theory*) provisoirement efficace. Rien de lucide dans les processus de la mécanique cellulaire et physiologique, juste des ajustements. La diversité des relations constitue une *force structurante*. L'efficacité se mesure alors par la plus ou moins grande stabilité évolutive de l'interaction ou du trait en question.

Un rien fait donc de grandes choses. L'adaptation n'existe que comme résultat *a posteriori*. En fait, avec Stephen Gould, on sait que l'*exaptation*, comme il la nomme, révèle des caractères qui n'ont pas pu être sélectionnés pour leur valeur immédiate. L'exaptation fournit une explication satisfaisante qui affirme que l'adaptation ne peut provenir que d'un trait développé pour une autre raison, par *détournement*.

Voyons cela. Un trait différent apparaît, la sélection trie les traits qui n'empêchent pas de survivre ou confèrent un avantage. Donc, le trait qui reste est adapté. Non. Car les pattes ont nécessairement dû apparaître *avant* la locomotion terrestre et cela chez un poisson puisque le caractère a ensuite été « sélectionné ». C'est-à-dire que ce caractère ne peut pas avoir été retenu *pour* marcher. Pas de fonction voulue prématurément ! Aussi, la sélection portant sur les pattes s'est obligatoirement exercée chez un poisson avant même qu'elles ne permettent de marcher, avant qu'elles soient opérantes pour cela. Si l'on préfère, il fallait que les pattes soient d'abord efficaces *pour autre chose*. C'est l'exaptation. Un paradoxe, n'est-ce pas ? C'est pourtant parce qu'il est censé conférer un avantage immédiat que le caractère est resté : les pattes accordaient une aubaine temporaire à un poisson. Le principe d'efficacité provisoire le divulgue. Le trait reste parce qu'il est efficace un certain temps, puis peut être *détourné* en devenant efficace pour autre chose. Une exaptation. Le principe de détournement des caractères parcourt ainsi l'évolution.

Alors, la nuit tomba sur les rats. Petit laboureur des terres d'Europe orientale, les rats-taupes comme le *Spalax typhlus* ou le *Nannospalax leucodon* possèdent des yeux petits. Trop minuscules. En outre, ceux-ci sont recouverts d'une peau qui aveugle l'animal. Le rat-taupe ne voit rien. Lamarck avait observé en 1801 cet étrange rongeur vivant enterré dans un réseau complexe de galeries. Dans la conception de l'évolution qu'il construisait, il en avait déduit que seules les particularités de la vie endogée pouvaient expliquer une telle meurtrissure : « Le spalax, qui, apparemment, ne s'expose pas à la lumière du jour, encore moins que la taupe, a simplement perdu l'usage de la vue : au point qu'il ne montre rien de plus que des vestiges de cet organe. »

Le concept d'organe vestigial (*vestigiality*) venait d'apparaître. Mais comment l'expliquer ? Installée dès le début du XIXe siècle, notamment par Johann Friedrich Blumenbach et accueillie avec intérêt par le néodarwinisme, la notion d'organe vestigial allait divulguer une plus grande ambiguïté qu'attendu.

Darwin reste encore persuadé que ces organes sont des résidus qui résultent de la « déliquescence des effets héréditaires de l'usage et de la désuétude ». On le voit, l'hypothèse lamarckienne d'usage et de non-usage paraissait encore l'explication la plus recevable au darwinisme primitif. Elle s'imposa rapidement entre 1860 et 1960 selon l'idée, fort répandue chez les eugénistes et les partisans du sélectionnisme, d'une dégénérescence biologique atavique (*biological degeneration*). Il s'agirait d'une déviation génétique et donc transmissible. Cette « déchéance » entre parfaitement dans le discours idéologique sur le « gène du criminel » ou le « gène de l'imbécile » toujours obsédé par l'hypothèse d'une décadence héréditaire des populations. L'œil des rongeurs connaîtrait une irréductible déchéance par suite d'un renoncement sous l'effet des pressions de sélection. Donc, ce serait parce que le spalax dans le noir « oublie » d'utiliser ses yeux qu'il deviendrait non-voyant et léguerait sa cécité à sa lignée ? Le terrain est glissant, et l'explication, peu crédible.

Toutes les espèces ne seraient donc pas adaptées. Il y a un peu contradiction, aussi, le néodarwinisme ne s'y attardera pas beaucoup plus dans son panadaptationnisme. Le changement d'un organe devrait constituer un trait qui a été favorisé par la « sélection naturelle ». Mais comment la perte d'un organe pourrait-elle se révéler une adaptation, c'est-à-dire comment l'altération peut-elle fournir un avantage ? Et cela plus singulièrement quand la privation concerne la perception visuelle. Les structures vestigiales ont en général des homologues fonctionnels chez d'autres espèces. Par conséquent, l'existence de ces organes résiduels ne peut être attribuée qu'à des changements « sélectifs » d'environnement qui rendraient caduc l'organe. La fonction n'étant plus bénéfique pour la survie, la probabilité d'hériter de sa forme normale s'affaiblirait. Ici les îles n'ont rien à y voir.

Mais quelle sélection pourrait avantager la cécité d'un animal ? Quelle adaptation conférerait le « bon gène aveuglant » ? Du coup, la théorie de l'organe vestigial ne retient plus la sélection adaptative, car perdre la vue ne paraît pas favoriser la survie. L'organe serait juste un rebut, une « dégénérescence génétique ». Donc, ici, il n'y a pas adaptation, mais en quelque sorte une involution, une maldaptation, une évolution à rebours.

Mais alors la sélection adaptative n'est plus une sélection, et elle n'est pas non plus adaptative. Il est tout de même remarquable que les deux concepts les plus importants du néodarwinisme, le gène et la sélection, reçoivent ainsi des interprétations aussi changeantes. La définition de la « sélection » était déjà incommode, laissant présupposer une force extérieure aux individus et signifiant tour à tour « survie du plus apte contre les moins aptes », « caractère héréditaire révélant un plus grand rendement dans l'environnement », « modification héréditaire d'un trait ou d'un comportement utile à l'espèce » ou encore « capacité à produire plus de descendants », sans compter que la cible de la sélection reste variable, tantôt le gène, tantôt le caractère, ou l'individu, ou la population, voire carrément l'espèce. Voilà que le mot sélection prend encore une nouvelle signification, celle de « modification par dégénération de caractère » dans sa polysémie néodarwiniste. Le vestige constituerait maintenant une « exception normale » de la théorie de la transformation évolutive des caractères. Du coup, la théorie « moderne » décide soit de ne plus faire appel à la sélection naturelle – c'est une dégénérescence –, soit de l'attribuer à une sélection non favorable ! Le néodarwinisme substitue à l'adaptation l'hypothèse d'une fonction surannée, dégénérée, devenue obsolète dans la configuration particulière de la vie de l'espèce. Toutes les espèces survivantes ne seraient donc pas précisément adaptées, en dépit de la concurrence. Il pourrait se conserver des vestiges de leur histoire, des traces de leur passé et même de leur déchéance. Ces organes périmés devaient seulement être rangés dans le musée des antiquités biologiques.

La vue se serait donc, au mieux, démodée, voire aurait dégénéré chez les rats-taupes. Quand donc ces petits animaux ont-ils dépassé leur date de péremption ?

Revenons. Si leur œil est un vestige, c'est parce qu'on présume que les ancêtres des spalax pouvaient voir. Alors pourquoi la sélection naturelle aurait-elle sélectionné cette très surprenante suppression chez le rat-taupe ? On comprend l'importance de la fonction visuelle, moins l'intérêt d'en être dépossédé. Quelle que soit la définition de la sélection, perdre la vue devrait constituer un avantage contre ceux qui en seraient encore pourvus ? Pourtant, il serait raisonnable de suspecter que, pour survivre, le spalax doit pouvoir reconnaître son alimentation et ses congénères, et qu'il a besoin de savoir s'il est protégé dans son couloir ou s'il est exposé aux prédateurs.

Comment trouve-t-on une carotte, une racine comestible sans les voir ? Les rats-taupes fouillent au hasard, creusant des galeries à la hauteur et dans les endroits frais où les tubercules s'implantent. L'humidité du sol oriente leurs tâtonnements. Mais les spalax organisent aussi des expéditions nocturnes en quête de bulbes. La perception des odeurs facilite ensuite la discrimination alimentaire et la reconnaissance des congénères. Le spalax a-t-il des prédateurs ? Les chouettes, notamment l'effraie des clochers *Tyto alba*, le renard roux *Vulpes vulpes* et de nombreux autres en dévorent régulièrement. Le rongeur figure bien dans le menu des prédateurs. Alors pourquoi perdre les yeux ?

Mais, au fait, le spalax ne voit-il vraiment rien ? L'œil rudimentaire est logé sous la peau et ne répond pas aux stimuli. Pourtant, bien que leurs yeux se développent dans un grand désordre, les spalax perçoivent encore la durée du jour et la longueur de la photopériode. Distinguant la lumière de l'obscurité, les rongeurs ne disposeraient que d'une information minimale sur le monde extérieur. Le mystère s'épaissit.

La question serait-elle mal posée ? Le problème n'est sans doute ni de définir quel *avantage* peut conférer la perte de la vision contre ceux qui en seraient encore pourvus, ni de décréter que la vue est un exercice *démodé* chez les spalax. Notre principe d'efficacité provisoire (*principle of temporary efficiency*) prend le sujet autrement. C'est à partir d'un événement fondateur que ces rongeurs en sont venus à exploiter leurs galeries. Une petite population nouvelle s'installe.

La cécité n'est pas directement en jeu. En fait, on peut suspecter que l'organe lui-même risquait de devenir préjudiciable dans les conditions d'une vie endogée. Peut-être parce que, dans l'environnement particulier que fréquentent ces petits animaux, le creusement disperse plus de poussières, de sables et autres matières irritantes pour les yeux, surtout dans l'étroitesse des couloirs souterrains. Ou encore parce que le développement physiologique n'obtenait plus le stimulus nécessaire ou était en conflit avec d'autres exigences. Les spalax, qui disposaient d'yeux plus petits ou mal dégagés de leur fourrure, se sont montrés plus efficaces que les autres. Ils ont développé moins de maladies et ont donc eu plus de descendants, suivant une reproduction différentielle pendant leur histoire.

Mais, ne constituant pas une nocivité en soi, l'organe a pu être conservé chez d'autres ou se réduire si rien ne venait en renforcer le besoin, un sol moins dur, moins sableux par exemple. La peau qui recouvre les yeux constitue une réponse *singulière* aux problèmes des spalax ; d'autres espèces ont répliqué autrement. Les rongeurs n'ont pas perdu la vue, mais les yeux, et cela est très différent. C'est ce qui a entraîné la perte de la vision.

Voilà comment agit le processus évolutif, ce n'est pas la *fonction* qui est ici visée, mais l'*organe* et les inconvénients qu'il connaît. Contrariant la survie de l'espèce, l'œil s'est révélé trop inefficace pour qu'en soient conservés, et l'existence, et l'usage. D'autant que le rat-taupe est loin d'être privé de ses aptitudes sensorielles. Il dispose au contraire de ce qu'il faut de perception dans son environnement propre. Le spalax fait du Bourdieu : « Exister, c'est être différent. »

Le cormoran reste perplexe. Pensez donc. Voici un oiseau qui a conquis l'océan alors même qu'il n'a jamais obtenu que ses plumes soient étanches, et voilà que, arrivé au bout du monde, notre ami a perdu ses ailes.

Les cormorans s'embêtent toujours à sécher leur plumage perméable, les bras en croix et leur poitrail comme figé dans la brise. Curieusement, ces oiseaux marins ou aquatiques ne disposent pas du revêtement hydrofuge que possèdent presque toutes les espèces aviaires. Aussi doivent-ils sécher leurs plumes après quelques plongées afin de récupérer leur capacité de protection thermique. On peut ainsi les observer sur les côtes rocheuses ou près des plans d'eau, posés droits sur un promontoire, les ailes grandes ouvertes en fixant le soleil.

Dans la cohorte de ces grands oiseaux noirs, le cormoran des Galápagos *Nannopterum/Phalacrocorax harrisi* fait désordre avec ses ailes minuscules. Il est vrai que tous les oiseaux présentent cette particularité anatomique de développer des membres réduits. L'aile ne comporte presque plus de métacarpes et seulement quelques phalanges, comme si le tribut de leur vol acrobatique s'était payé par l'amputation de leurs doigts. Les grands sauriens volants du crétacé ou les délicates chauves-souris montrent au contraire un allongement considérable des phalanges, déployant une fine membrane qui s'appuie sur l'air pour leur envol. Et la compétence aérienne des sauriens volants ou des chauves-souris n'en est pas moins prodigieuse. L'avifaune a résolument choisi une autre bifurcation évolutive en usant d'un membre gracile, quasi mutilé, pour fabriquer des ailes.

Mais le cormoran des Galápagos exagère. Unique en son genre, l'oiseau endémique exhibe en séchant des membres impotents si courts qu'on le nomme également cormoran aptère, c'est-à-dire sans ailes. Le fier navigateur d'autrefois paraît un estropié qui regarde, au loin, passer les albatros *Phoebastria irrorata*, voiliers incomparables des océans. D'ailleurs, peut-il voler, armé de ces moignons emplumés ? Non. Désormais parvenu au terme de son voyage colonisateur depuis l'Amérique du Sud, cet ancien vagabond des vents s'est mué en une nouvelle espèce pathétique, le cormoran aptère.

Car, sur l'archipel, le cormoran a perdu l'un des caractères essentiels qui faisaient de lui un oiseau. Chez ce pêcheur marin, la privation de l'aptitude au vol n'est pas même compensée par l'étanchéité du plumage. Quel avantage adaptatif peut-il bien résider dans cette atrophie dramatique qui, maintenant, le cloue définitivement sur le sol de ces îlots lointains ?

On a imaginé que notre oiseau sans ailes avait perdu son aptitude au vol parce que l'absence de prédateurs sur l'île ne l'obligeait plus à s'envoler. Et, cependant, le très marin cormoran de Bougainville *Phalacrocorax bougainvillii*, qui loge à quelques encablures sur les côtes d'Amérique latine, n'a rien gâché de ses compétences aériennes. Souffre-t-il d'une plus forte prédation, lui ? Les encyclopédies ou les manuels naturalistes en rajoutent même sur le cormoran aptère en affirmant : « C'est un exemple type de la théorie de l'évolution de Darwin : dépourvu de prédateurs terrestres, l'oiseau a perdu l'habitude de s'envoler et ses ailes se sont atrophiées » (article daté de mars 2012), ou encore : « Cette perte d'aptitude est due sans aucun doute, selon le darwinisme, à l'absence avérée de prédateurs » (article daté de novembre 2011). L'explication se prétend donc, sans rire, darwinienne, alors que Darwin a toujours prétendu rejeter les notions supposées lamarckiennes d'habitudes et de volonté ! Un comble !

Voilà donc que, négligeant ses petites manies, le cormoran a désappris l'envol. Pas très malin, l'animal. Son aile amoindrie serait alors un caractère résiduel, un organe vestigial, la preuve de sa déchéance du monde des volatiles. Comme le rat-taupe, notre cormoran dégénéré aurait progressivement « oublié » sa capacité démodée au vol, c'est d'ailleurs le sens de son nom anglo-saxon, *flightless*, « incapable de vol ».

Comme chez compères les rats-taupes, la mode ou la décadence feraient rage aussi chez les oiseaux. L'idée est caricaturale. L'absence de pression prédatrice est une théorie qui n'engage que la pensée crédule. Il faut quitter la vision téléologique et fonctionnelle du vivant. Jamais une espèce n'évolue *pour voler*, pour sortir des eaux ou pour devenir autre chose. Là encore, ce n'est pas la *fonction* qui est la cible du processus évolutif, mais l'*organe* et ses désagréments. L'évolution n'a ni but ni direction ; elle est aveugle et ne connaît que des lois naturelles. Il n'y a pas de grand sélectionneur. L'évolution est une histoire qui résulte de la pression des contraintes et des événements naturels sur les choix individuels. Et notre cormoran a longtemps joué avec les circonstances.

Le cormoran aptère, avec près de 4 kilos, est la plus grosse espèce du groupe. Sous son plumage noir nuancé de reflets bruns, il dissimule des ailes atteignant moins du tiers de la longueur nécessaire à son envol. La simplification de l'asymétrie des plumes devenues arrondies et la réduction de la longueur du radius et de l'ulna empêchent l'élan du décollage. Rien sur son sternum, pas de bréchet*, aucune carène osseuse ne permet aux muscles pectoraux du vol de bien s'accrocher. L'oiseau a compromis ses facultés aériennes.

Mais le cormoran n'en a cure. Il nage. Il pêche. Il poursuit en surface et sur le fond les calmars, crevettes, poissons et autres petites proies dont il se nourrit. Quand ces voyageurs aériens sont arrivés, ils ont pu pêcher. Le courant de Cromwell et celui de Humboldt rafraîchissent la mer. La forte disponibilité des ressources marines dans ces eaux froides a pu prédisposer les oiseaux fondateurs à accroître leur masse adipeuse, quitte à ne plus utiliser le vol. Le muscle et le poids des animaux se sont renforcés. L'inertie de l'eau et la nage appliquent une contrainte forte sur les ailes, entraînant un conflit entre les masses musculaires. Comme chez les manchots, cette pression contraire s'est révélée assez forte pour augmenter l'aptitude à la nage, et donc le poids, contre la résistance des ailes et la légèreté aérienne. Car, au fur et à mesure que la nage s'améliorait, les muscles augmentaient les problèmes énergétiques du vol.

Aussi, la reproduction différentielle y a trouvé à redire. Maintenant, les femelles, plus grandes que les autres cormorans et dispensées de l'exigence aérienne d'une taille mannequin, peuvent cumuler deux couvées par an. En outre, elles en laissent une grande partie du soin aux mâles. Le degré de différenciation génétique entre les colonies est surprenant, pour un oiseau si peu volant, dans un archipel, sans que des barrières physiques limitent les mélanges génétiques. On peut en déduire que le comportement sexuel a joué un rôle majeur dans les spécialisations du cormoran aptère. L'effet domino des nouvelles aptitudes corrélées a égaré l'aile perdue. Mais le comportement du cormoran prenait une efficacité nouvelle et provisoire.

L'étonnante énigme de l'origine des espèces peut donc être inversée. Plutôt que de s'intéresser à l'*avantage* de chaque espèce qui forcément fait retomber sur un dénominateur commun et sur l'arbre, regardons ce que signifie la diversification elle-même. L'espèce se différencie à travers des détournements organiques, des caractères nouveaux qui se mettent en place en déformant l'ensemble des corps, en changeant structurellement la morphologie. Le détournement de caractères s'apparente à une spécialisation efficace. Ici, ni dégénérescence eugéniste ni bénéfice des concurrents ; seulement du provisoire.

De fait, la diversification des espèces témoigne des tentatives multiples et diverses de recherche de la stabilité des rapports au monde que ces nouveaux traits procurent. Chaque espèce constitue une expérience différente qui fixe les caractères par la répétition de la reproduction différentielle, par l'effet facilitant de la sexualité. La spéciation – la formation d'espèces – est donc finalement un *événement de diversification amoureuse*. Loin d'afficher une adaptation finie *pour* un environnement donné, les espèces sont des expérimentations de caractères nouveaux, un essai d'exaptation dont chacune éprouve les potentialités nouvelles. Il faut encore reconnaître le pouvoir structurant de la stabilité des interactions. Si le caractère s'inscrit dans un nouvel équilibre progressivement ou radicalement, il pourra se fixer dans l'une ou l'autre des diverses espèces. L'évolution est une écologie coévolutive.

Le « choc latéral » d'une espèce sur une autre est aussi puissant que la symbiose simple, que la prédation ou que le parasitisme, révélant combien une espèce peut bénéficier de la simple présence de l'autre. La différence s'introduit dans l'évolution qui entrouvre désormais la théorie sur un autre mode que celui de l'erreur génétique. En outre, cette pression d'une espèce sur une autre, cette interférence, ne se résume ni en *tout ou rien*, non plus qu'elle n'affecte un caractère isolé. Au contraire, la corrélation des traits entraîne qu'une nouvelle efficacité sur un caractère agit aussi sur un autre, comme la graisse, le poids et la nage stimulent la reproduction, mais révoquent l'aile du cormoran aptère dans le nouvel environnement qu'il a choisi. Quant aux rats-taupes, ils révèlent aussi les introgressions de leur histoire mosaïque.

La théorie néodarwiniste restait la mesure des gains et des pertes des concurrents qui se battent pour leurs gènes. Une lutte pour la survie. Imaginons le modèle du conducteur fou (*chicken game*). Si l'évolution agissait selon cette conduite à tombeau ouvert, deux véhicules, ou plus, se précipiteraient côte à côte vers un rétrécissement de la route n'autorisant que le passage de l'un des deux conducteurs, celui qui serait le meilleur, celui disposant des « bons gènes ». Ce modèle de « la fureur de vivre » illustre parfaitement la vision néodarwiniste de la compétition. Une grande collision. Seul le survivant est « sélectionné ». L'environnement constitue une sévère contrainte selon une terrible loi de la jungle, un combat de gladiateurs que seul le plus fort emporte.

Au contraire, l'interaction, selon le modèle de coévolution écologique, insiste sur le *gradient* de pression entre les espèces et leur environnement. Le poids de chacun sur l'autre n'est pas aussi absolu.

Le cormoran aptère n'a rien de dégénéré. Il n'y a ni tendances ni plan dans une évolution aveugle. De fait, même la mutation génétique ne constitue plus l'alpha et l'oméga du changement évolutif. Chaque relation produit une pression « latérale » plus ou moins suffisante pour affecter l'histoire de vie de l'autre espèce, ou, si l'on préfère, l'évolution de chacun dépend des autres. Seule la relative stabilité de l'interaction la fera durer. Chaque variation développée dans un gradient de réponses, parfois différentes, finit par influencer le devenir des autres au cours de leur histoire naturelle. Décidément, l'évolution n'est jamais solitaire ni la même pour tous. Si chaque épisode d'extinction découle d'une série d'événements dramatiques, chaque changement entraîne également une cascade d'effets qui reconstruit des flores et des faunes nouvelles.

La chimie du désir aussi déplace les caractères. Non seulement l'un des deux conducteurs « fous », devenu raisonnable (déplacement de caractères), peut modestement diminuer sa vitesse évolutive (choix individuel), mais il peut aussi modifier sa voiture (déplacement de caractères). La « coopération » peut également exister entre eux, développant un mutualisme. Ils peuvent même choisir de monter ensemble dans un seul véhicule et former une symbiose. Bien sûr, le « poids », le conflit potentiel, que l'un porte sur l'autre influence son histoire de vie, mais, tant qu'une stabilité de la relation est provisoirement atteinte entre deux espèces, leur interaction se prolonge. Il en est ainsi du déplacement des caractères.

Alors le cormoran aptère n'avait rien oublié du bal perdu des îles, ni du cormoran de Bougainville. Il s'était juste un peu éloigné.

Chapitre 11
Que cherche le hérisson de l'autre côté de la route ?

Le hérisson d'Europe, *Erinaceus europaeus*.

> « Pourquoi faudrait-il aimer rarement pour aimer beaucoup ? »
>
> Albert CAMUS, *Le Mythe de Sisyphe*, 1942.

La perplexité d'Égisthe ne réside pas seulement dans son ignorance du projet d'Électre, il s'y ajoute les agaçantes répliques du mendiant : « L'amour pour les hérissons consiste d'abord à franchir une route, affirme le vagabond de Jean Giraudoux, en raison de la faute originelle des hérissons qui est de traverser les chemins départementaux sous prétexte que la limace ou l'œuf de perdrix a plus de goût de l'autre côté... en réalité pour y faire l'amour des hérissons. »

Les amants y ont leur part. Mais l'énigme de la randonnée des hérissons est à double sens. Car, si l'on peut s'étonner de l'objet de la quête éperdue de l'autre côté des routes, il reste tout aussi insolite de savoir ces animaux capables de retrouver leur initial foyer.

L'automne, l'animal a grossi pour atteindre au moins 550 grammes, la masse nécessaire pour survivre endormi tout l'hiver. Dès le réveil du printemps, le hérisson amaigri se met en quête de s'approprier un nouveau domaine. Il y a d'abord le gîte où se dissimule le repos. Une simple excavation dans la roche, un creux entre deux racines ou même un buisson peuvent suffire pour cacher un craintif sommeil. Comme nombre de mammifères exposés aux tracas de la présence humaine, le hérisson d'Europe *Erinaceus europaeus* s'assoupit le jour. Il attend patiemment dans sa couche douillette que les animations paysannes ou citadines atténuent leur entrain. Parfois, au zénith, quand l'endroit est au calme, le hérisson sort son museau, juste un peu alentour, pour savourer les effluves de midi. Mais, le plus souvent, notre piquant ami ne quitte sa demeure qu'au crépuscule tombé, pour profiter de la quiétude du soir.

La démarche est lente et mesurée. Il commence par un nettoiement en règle, une longue toilette intime, époussetant son corps et apaisant les démangeaisons subtiles de sa peau. Ici, il frotte ses flancs au sol ; là, il dépose quelques marques odorantes de son passage ; là encore, il gratte la terre ou égratigne une écorce. Nulle frénésie ne l'habite, chaque geste est posé, et, peu à peu, l'animal consent à s'écarter du site, à s'aventurer plus loin, empruntant une sente connue, un chemin notoire.

Car de multiples indices jalonnent son déplacement exploratoire. Et, s'il en manque, le hérisson en ajoute, abandonnant un repère olfactif à l'endroit où l'hésitation pourrait poindre. Plus l'activité s'avère dense, plus les estampilles parfumées s'accumulent, construisant un parcours d'odeurs indiscutables. Le domaine vital est cartographié par l'action animale, dans un gradient de repères plus ou moins involontaires. Le hérisson s'éloigne encore sur des allées négligées, où la trace s'imprime plus sobrement, où la piste cède peu à peu la place à l'inconnu. Plus loin encore, dans ces secteurs troubles que d'autres fréquentent parfois, là où les rencontres nocturnes peuvent devenir des bravades, peut-être même de fâcheuses batailles, le hérisson ne laisse plus que de timides indices. Aux confins du domaine, où ne se hasarde que quelquefois le hérisson, les arômes resteront plus diffus, plus rares, parfois déjà remplacés par les senteurs d'un autre.

C'est ainsi que le domaine vital s'édifie dans un gradient d'odeurs discrètes, c'est ainsi que l'éloignement se mesure par la dilution des signatures odoriférantes et qu'au contraire la proximité du refuge se révèle par l'augmentation de la densité des indices. La recherche de son repaire n'est pas toujours facile, il faut s'instruire des effluves de la nuit. Mais, dès qu'un indice est découvert, le hérisson peut retrouver la piste, suivant le fil d'Ariane secret des traces confiées au sol et à l'obscurité. Il n'est pas besoin d'inscrire une carte ou de surveiller les étoiles, nulle nécessité de puiser dans les compétences d'une mémoire formidable. Il est inutile d'appeler à l'existence d'un sixième sens révélé aux seuls hérissons audacieux par un mage improbable. Non, nulle magie chez les animaux. Le chemin est simplement tracé de parfums sibyllins.

L'énigme du retour est ainsi éventée. Sans occultisme céleste. Loin d'une propriété privée dont les bornes seraient âprement défendues, le territoire n'est en fait qu'un gradient de familiarité centripète. Mais le mystère du voyage montre aussi une autre voie, celle que souligne le mendiant de Giraudoux, celle de la conquête des dames nouvelles. Ce périple n'est pas seulement celui des jeunes qui convoitent un domaine où s'installer. C'est aussi l'expédition intrépide des hérissons amoureux.

Le hérisson se reproduit avec beaucoup de précaution. Certes, il n'est pas le plus démuni des animaux champêtres, et le mâle doit accéder doucement à la femelle. Elle a son « élégance propre, à l'extérieur, bardé de piquants », dit Muriel Barbery. Son dos, en effet, arbore une solide armure couverte de 6 000 pointes bigarrées. Dans la durée des temps d'évolution, le poil, ce phanère propre aux mammifères homéothermes, s'est transformé pour acquérir une rigidité acérée, un pointu défensif. De multiples étuis aigus, renforcés de kératine, garnissent désormais l'échine de l'animal. Car les conflits horizontaux les plus archaïques, s'ils n'engendrent pas les mutualismes attendus, renvoient à la résistance la plus efficace, celle qui, d'une défiance, équilibre la relation. « Le renard sait beaucoup de choses, le hérisson n'en sait qu'une grande, il sait se défendre sans combattre, et blesser sans attaquer », s'émerveille Georges Buffon. Le hérisson a édifié une efficace parade. Il a érigé ce rempart de piquants aiguisés sans interstice vulnérable à la dent carnivore. Il complète le dispositif par un comportement de défense très contrariant. À la moindre agression suspecte, le petit animal se blottit en boule, exhibant les dards acérés de son dos comme autant de hallebardes. Il ne cherche pas même à fuir, confiant dans la puissance acquise.

Il eût pourtant été avisé de se garder d'une telle audace. Le hérisson amoureux est protégé, ou presque. Car le bitume ne connaît pas l'amour des hérissons. Les ingénieurs ont dessiné de larges voies routières qui fragmentent le paysage, qui isolent chaque espace, et qui contrarient le sentiment des hérissons. Les collisions routières piègent mortellement les épousailles de la grenouille et les fiançailles du hérisson. « Personne m'a tué », dit le cyclope, et le hérisson est bien comme le géant d'Ulysse : il ne sait rien de l'asphalte et de sa mort soudaine.

Ce morcellement des habitats, qui interdit les rencontres amoureuses du hérisson, contribue tant à la destruction de la faune qu'il a reçu un nom scientifique en écologie : l'effet de fragmentation du paysage (*landscape fragmentation*). Les milieux naturels sont sectionnés, séparés en petites unités éloignées les unes des autres qui entravent les rencontres. Le fractionnement des structures paysagères isole les reproducteurs et empêche la dispersion des jeunes individus, entraînant une inexorable perturbation des amours, une altération génétique inéluctable des populations animales. Certes, il existe bien quelques panneaux routiers pour indiquer ici ou là : « Attention, passage d'animaux sauvages », invitant ainsi à restreindre la vitesse des véhicules. Mais ces indications sont bien peu efficaces quand il faut traverser inconsciemment un espace dangereux. Les yeux fermés, le hérisson se risque à cette téméraire et bien hasardeuse traversée.

La fragmentation n'est pas tout. Limitée dans ses déplacements, une population finit par être caractéristique d'un lieu. En fait, les espèces se partagent naturellement en populations distinctes, selon les disponibilités, selon l'habitat ou parce qu'au cours de leur voyage elles viennent conquérir une frontière inconnue. Ces rassemblements d'individus de la même espèce constituent des populations biologiques où les relations amoureuses sont privilégiées. On parle de panmixie. La probabilité de rencontrer un partenaire dans sa population paraît en effet plus forte que de séduire un migrant.

Sans le sexe, la migration n'est rien d'autre qu'une impasse. Mais les étrangers disposent d'une séduisante richesse, des gènes nouveaux. La sexualité émerge dans l'évolution des populations comme une rénovation majeure, une hardiesse du vivant, multipliant sa disposition à produire de la différence.

La fragmentation des espèces en populations différentes n'empêche donc pas les relations amicales et même amoureuses. Les excursions de reproduction amènent des gènes nouveaux et tendent ainsi à uniformiser la génétique des espèces. Plus les échanges migratoires sont importants, plus l'espèce charrie des gènes d'un endroit à l'autre, d'une population à la suivante, entraînant que chaque population dispose à peu près des mêmes gènes. Mais l'espace n'est pas toujours propice à ces mélanges, et des populations parfaitement installées à un endroit qui leur convient peuvent être très isolées des autres. Alors, à travers la dérive génétique (*genetic drift*), chacun y développe un accent singulier, une particularité locale, des caractères propres. L'addition de ces traits particuliers entraîne, en s'accentuant, des différences de plus en plus prononcées qui, à leur tour, peuvent réduire les attirances pour des étrangers, accroissant encore la divergence du patrimoine génétique (allopatrie). Alors, ces populations peuvent acquérir une identité propre, des adaptations locales, et, si la semence sexuelle vient fermer la séduction, la population peut même devenir une nouvelle espèce.

Aussi, il ne faudrait pas craindre la *fragmentation des espèces* puisque la singularité de la vie des populations constitue aussi le désordre par où l'évolution peut s'introduire. Il en est tout autrement de la *fragmentation des paysages* qui tronçonne l'environnement. Ce morcellement isole des groupes entiers d'animaux qui ont besoin de leurs interrelations pour continuer à trouver des partenaires sexuels, pour développer des comportements propres à valider l'expérience des uns ou pour installer leurs pérégrinations migratoires. Des migrants, pas tout à fait – Monsieur va juste se déplacer pour retrouver Madame. C'est un simple touriste de l'amour. Ces excursions de reproduction sont plus souvent le fait des mâles qui visitent les domaines des femelles, attentifs à leur réceptivité. Mais, même chez des espèces méfiantes comme le léopard *Panthera pardus*, le fractionnement des paysages écourte les nuits amoureuses et allonge désespérément les trajets.

Il y a bien eu l'aménagement de quelques buses étroites, quelques couloirs, mais l'efficacité de ces « crapauducs » ou de ces « passages à faune » reste incroyablement fragile face au flot des véhicules et à l'ampleur de la fragmentation des milieux naturels. À peine 10 % des crapauds survivent grâce à un crapauduc lors de l'aménagement d'autoroutes nouvelles, et les analyses de la mortalité révèlent qu'une route tue bien davantage qu'on ne le croit. Mais ce n'est pas la seule prudence que doivent imaginer les hérissons. Car ces promeneurs du soir ne connaissent rien non plus de la lutte agrochimique. Et les pesticides constituent un ennemi plus perfide encore, empoisonnant les insectes et les mollusques du menu.

Heureusement pour lui, bien peu de carnivores se risquent à tâter du pointu. L'équipement du hérisson déroute facilement la fouine et le renard roux. Bien sûr, pour échapper au prédateur, rien ne vaut la distance de fuite, et la plupart des animaux rapides ouvrent, avant leur débandade, un éloignement décisif. Attentif au moindre bruit, la gazelle de Thomson *Gazella thomsonii* ne tolère le risque du guépard *Acinonyx jubatus*, et ses formidables accélérations, qu'à un intervalle précis, permettant de prendre une fuite d'avance. En deçà de cette distance, l'échappée serait critique, et gare à l'animal distrait.

Mais, pour les animaux plus lents, plus tardifs à l'évasion, la nature a développé d'autres arrangements. Pas d'armements ici. Ils vont juste s'éclipser en prenant les couleurs du milieu. Ainsi, sur les sols pierreux, l'œdipode bleu *Œdipoda caerulescens* n'a nul besoin de se cacher. Ce criquet arbore une tenue camouflée sur le plateau du Larzac. Dérangé, il s'envolera pourtant brusquement en déployant ses fines ailes bleutées. L'engoulevent *Caprimulgus europaeus* fait de même, sans azur sur ses ailes. L'oiseau paraît invisible même lorsqu'il couve, les couleurs de son corps le dissimulent dans les nuances du sol.

La vaillance de Frobert est réservée aux seules épopées du *Roman de Renart*, et le grillon domestique *Acheta domesticus* sait se teinter d'imperceptible. Le phasme gaulois *Clonopsis gallica* se travestit en rameau. La chenille arpenteuse de la larentie *Geometridae larentiinae* se farde en brindille de saule. Le papillon kallima *Kallima inachus*, d'un bleu éclatant, falsifie la feuille sèche lorsqu'il replie ses ailes, vibrant à peine sous la brise. Et tant d'autres stratagèmes assistent l'accoutrement. Le comportement y trouve sa part, assistant l'absence de gènes de dissimulation. Ainsi, le bernard-l'ermite *Pagurus bernhardus* s'active lui-même à découper l'éponge et le brin d'algue, et il colle du gravier sur la coquille qui l'abrite. Le crabe décorateur *Naxia tumida* se couvre de sable et de fragments d'algues et, dans cette tenue déguisée, il espère s'escamoter à la vue de tous. Souvent, des modifications de la pigmentation des couches superficielles de l'épiderme facilitent encore le déguisement.

Disparaître du paysage, se fondre dans son environnement pour répondre à l'œil affûté, à l'oreille sensible, au nez exercé du prédateur. L'évolution dévoile la stratégie du mimétisme. Voilà un bénéfice adaptatif simple et aisé à comprendre : se dérober aux prédateurs par un vrai camouflage.

Alors, se dirait-on, des animaux si bien dissimulés par leur morphologie doivent posséder un excellent avantage reproducteur ? Eh bien, non. Un néodarwinisme élémentaire n'y suffit pas. Là encore, tout se passe comme si l'évolution ne favorisait même pas ces espèces si bien pourvues. En fait, la reproduction ne peut pas être trop bénéfique à ces animaux déguisés. Car le mimétisme sera d'autant plus efficace que les animaux qui le pratiquent restent *rares*. Si l'affublement constitue une exception dans l'environnement, il diminue le risque d'être décelé. Au contraire, trop présents, les travestis se feront vite deviner. Les déguisements ne peuvent donc pas autoriser l'obtention d'une grande progéniture.

Ce paradoxe, démontré par Fritz Müller (*müllerian paradox*) – l'avantage s'affaiblit en proportion du carré de l'abondance relative –, révèle un effet de densité-dépendance : le succès de la stratégie dépend de la densité (effet Allee, *Allee effect*). Du coup, des espèces animales bien protégées par la discrétion de leur camouflage ne pourront disposer que de faibles effectifs, bien qu'elles soient théoriquement avantagées. L'animal n'a pas même intérêt à propager trop de ses gènes. Voilà une bien bizarre sélection de « bons gènes » qui ne produit même pas une meilleure valeur adaptative. Les artistes de la feinte diminuent de se dissimuler.

Certains, au contraire, affichent fièrement leurs couleurs.

Déçu par les suites de la révolution prussienne de 1848, Müller s'enfuit au Brésil. Personnage insoumis, athée convaincu et naturaliste émerveillé, Müller découvre la forêt tropicale sèche et surprend la multitude des serpents et des papillons. Rouges, jaunes, bleus, les animaux qui possèdent une défense active, une protection énergique, résultant de l'existence de sécrétions nauséabondes ou toxiques, exhibent généralement une livrée vive. Müller s'aperçoit qu'il s'agit d'un coloris d'avertissement, ce que l'on nomme couleur aposématique (*aposematism*). L'aposématisme indique une série de défenses secondaires. Les teintes vives du dendrobate *Dendrobates tinctorius* annoncent que ce petit crapaud dispose de glandes terriblement toxiques dont les peuples d'Amazonie tirent le curare de leurs flèches mortelles. Même la défense de la guêpe germanique *Vespula germanica* est d'autant plus efficace que chacun reconnaît immédiatement la coloration bariolée de son abdomen prévenant de l'existence du dard redoutable. Autant dire que l'animal évite d'user de son poison en annonçant préventivement qu'il en possède. Le coloris prévient le prédateur que la proie est immangeable, dangereuse ou toxique. Le signal aposématique ne dérive donc pas de la défense elle-même, mais constitue un facteur associé qui la rend plus efficace. Une défense de plus en quelque sorte.

Mais pourquoi deux espèces venimeuses différentes adoptent-elles les mêmes couleurs criardes ? se demande Müller. Les animaux adoptent des colorations aposématiques assez similaires les unes aux autres, quelle que soit leur parenté génétique, et la guêpe et la salamandre affichent ensemble un même contraste jaune et noir. Comble de la sélection, voilà que le mimétisme développe la *ressemblance*, alors que l'évolution existe d'abord par la *différence*, par la diversification qu'elle entraîne. Quel est ce prodige à rebours ?

L'évolution reste ici très conservatrice, très stabilisante, et contredit apparemment la diversité. La couleur se fixe pour rester pertinente. En exhibant la même apparence, deux espèces toxiques se renforcent l'une l'autre : le prédateur qui a goûté au poison de l'une évitera aussi le venin de l'autre, apprenant ce que la couleur signifie. La coloration aposématique entraîne une même répulsion des prédateurs, et chacune bénéficie de l'efficacité du mécanisme de défense. C'est le mimétisme müllerien (*Müllerian mimicry*). En fait, le mimétisme ne concerne pas obligatoirement le contraste de la couleur, il peut aviser le prédateur avec divers éléments sensoriels – odeur, forme, etc.

Arlequin costume ses fanfaronnades. Car, à défaut de cachette, on peut se contenter de tromper son monde. Voilà le credo des syrphidés, ces mouches à l'allure de guêpe : paraître ce que l'on n'est pas, prendre la ressemblance comme seul armement, l'intimidation de l'apparence.

Il semble possible de décourager le prédateur en imitant les attributs effrayants d'autres espèces, se dit le syrphe du poirier *Scaeva pyrastri*. Cette tromperie peut surprendre le prédateur et l'amener à renoncer à une capture apparemment dangereuse. La proie potentielle peut profiter du désarroi du carnassier pour se soustraire à sa vue. Ce mimétisme de diversion se retrouve aussi dans l'incitation à attaquer des régions non vitales de son corps. Les petits lézards des murailles *Podarcis muralis*, par exemple, sont capables d'abandonner l'extrémité de leur queue lorsqu'ils sont attaqués. L'organe perdu continue de s'agiter, attisant l'intérêt du prédateur, et autorise une fuite salutaire. La couleuvre à collier *Natrix natrix* préfère s'immobiliser dans une attitude cadavérique, la bouche ouverte, la langue tirée et exhalant un effluve pestilentiel, laissant le chasseur s'interroger avec perplexité. Et les ocelles immenses que les papillons découvrent en écartant leurs ailes peuvent illusionner l'oiseau qui y discerne comme le regard fixe et menaçant d'un grand animal.

Mais c'est le mimétisme batésien (*batesian mimicry*) qui construit l'ultime supercherie du monde animal, la ressemblance parfaite, une forme plus intense encore de mimétisme de diversion. Plutôt que de disparaître aux yeux du prédateur en mimant le milieu, le batésien va prendre la teinte d'un animal toxique ou venimeux, il va s'orner de sa coloration d'avertissement. Dès lors que les pigmentations contrastées sont associées à un poison, la couleur aposématique prévient le chasseur du péril qui le menace.

Tout n'est cependant pas si facile. Le jeune naïf, le prédateur encore inexpérimenté doit apprendre vite, et après quelques essais, l'association irrévocable entre la couleur et la nocivité. L'expérience peut s'avérer alors fort désagréable car la proie punit le prédateur. Le skunks rayé *Mephitis mephitis*, par exemple, exhibe deux bandes de fourrure blanche sur un pelage noir et se permet de déambuler tranquillement en quête de sa nourriture. Le puma, une fois sa leçon apprise, évite la bêtise d'entreprendre de déranger le skunks. Bien lui en prend, car, si l'importun osait avoir une telle prétention, le skunks se retournerait, exposant sa queue relevée, prêt à faire feu de son odeur nauséabonde. Aucun puma ne s'en remettrait avant quelques semaines. Donc, les colorations de la proie supposée vont clairement indiquer au prédateur le risque qu'il prend.

Voilà la crainte qu'exploite le batésien. Le batésien est anodin, il n'est même pas venimeux. Mais il sait mentir. Il s'agit d'une espèce mimétique qui va duper le prédateur en montrant une couleur d'avertissement, bien qu'il ne dispose, lui-même, d'aucune arme ni d'aucune défense chimique le rendant toxique ou simplement désagréable. Ainsi, le syrphe reste totalement inoffensif, comme une petite mouche habituelle. Mais l'abdomen coloré du syrphe innocent ressemble à celui de la guêpe, son modèle. Sa défense réside seulement dans l'imposture. Le mimétisme batésien met en œuvre des caractéristiques qui vont tromper la détection d'un prédateur. La ressemblance concerne donc les caractères les plus évidents d'identification du modèle. Le modèle doit être une espèce dangereuse, indigeste ou nocive. Le mimétique va tenter de tirer son avantage de sa seule ressemblance avec le modèle, rappelant au prédateur des expériences désagréables. Ainsi du si joli papillon *Heliconius erato* imitant l'insecte toxique *H. melpomene*.

Henry Walter Bates explorait les forêts primaires d'Amazonie en 1863 quand il découvrit l'artifice de ce mimétisme antiprédateur nommé maintenant batésien. Pourvus des qualités extérieures d'une espèce néfaste, les mimétiques vulnérables arborent une coloration d'avertissement pour qu'on les confonde avec le modèle. En décrivant les délicats papillons *Heliconius,* Bates établit un modèle de ce schéma évolutif. Car, bien sûr, l'efficacité de l'artifice dépend strictement de l'abondance de l'espèce imitée. En effet, le prédateur doit associer la couleur d'avertissement et la nocivité de l'espèce en y étant régulièrement confronté. Il faut donc que l'animal toxique prospère.

Bien des événements inattendus découlent de cette imitation stratégique. Le batésien ne peut se suffire de ressembler à la physionomie de son modèle. Il doit en adopter les caractéristiques comportementales, copier le vol lourd du papillon vénéneux ou fréquenter les mêmes habitats que la guêpe. Le batésien n'a pas d'autres libertés que de vivre au milieu de ceux qu'il imite pour que le prédateur ne décèle pas la supercherie.

En outre, la plupart des modèles toxiques disposent, en plus de leur coloration typique et de leurs armes, d'un tégument cuirassé. Cette armure permet aux guêpes ou aux papillons de supporter une première agression sans trop de dommages, jusqu'à ce que le prédateur perçoive enfin l'effet de la défense chimique et les recrache. Pourquoi donc l'évolution a-t-elle si bien pourvu les animaux dangereux quand elle a oublié les syrphes ? Cette injustice constitue une protection supplémentaire des modèles qui réduit encore le risque de mortalité des animaux vénéneux. Mais elle n'existe pas chez les mimétiques batésiens. Leur corps n'est pas défendu par ce bouclier supplémentaire, ils n'ont rien d'autre que leur apparente similitude pour échapper au pire.

Pourquoi donc les blessures infligées à la guêpe restent-elles sans gravité, alors qu'elles causeraient la mort immédiate du syrphe mimétique ? L'évolution ne pouvait retenir que les batésiens disposent d'une armure. Aucun batésien mimétique ne peut survivre à une première agression puisqu'il ne peut pas se défendre en envenimant le chasseur. S'il est découvert, il meurt, et, même s'il survivait à une première morsure, rien n'empêche le prédateur d'en finir avec lui puisqu'il n'a rien pour se défendre. Il ne peut donc jamais transmettre à sa descendance une telle endurance. Au contraire, la guêpe pique aussitôt qu'elle est capturée, et, ainsi, les plus robustes survivent, entraînant que se reproduisent mieux celles qui possèdent la cuticule la plus résistante.

Les modèles se voient pourvus d'une autre défense contre leur prédateur, ils disposent de cette cuticule blindée. Au contraire, comme aucun batésien, sans poison, ne saurait être libéré par le prédateur, aucune toxicité ne le préserve ni n'autorise qu'on le recrache s'il est pris. Le batésien ne pourra jamais ni transmettre ni hériter de l'avantage d'une cuirasse. Alors l'évolution offre à la fois la couleur, la substance venimeuse et le blindage à l'un, tandis que l'autre ne détient que la force imaginaire de son imposture colorée. Et Müller comprend immédiatement que le mimétisme ne constitue pas une exploitation d'une espèce par une autre. Au contraire, entre modèles et batésiens se construit un arrangement mutualiste, la cuirasse pour l'un, la protection des couleurs pour l'autre. Une coévolution écologique les associe dans la nature d'autant que les batésiens ne peuvent jamais être assez nombreux pour déranger les ressources des guêpes.

Car les mimes batésiens n'en ont pas fini encore avec l'iniquité de leur évolution. La survie des syrphes peut, à son tour, altérer leur propre succès.

Il ne fait pas bon de trop copier. Pour apprendre, l'oiseau goûte. Immédiatement prêt à recracher la proie, le chasseur goûte toujours de temps en temps, comme pour vérifier ce qu'il a appris. Aussi, si l'abondance d'individus batésiens venait à excéder les vrais individus nocifs dans les populations, le prédateur serait incapable de retenir la couleur d'avertissement comme pertinente. Une fois, c'est mangeable ; une fois, ce ne l'est plus ; comment se le rappeler ? Alors, la sécurité des mimétiques s'effondrerait aussi. Pourtant, il existe un paradoxe. La protection que confère la mystification concourt à augmenter la survie et, donc, la reproduction du batésien. L'avantage du mimétique est lié à la plus grande contribution reproductrice des individus qui possèdent les couleurs d'avertissement les plus proches du modèle.

Néanmoins, chaque fois que le batésien accroît le nombre de ses descendants, il renforce la proportion des mimétiques dans les populations de guêpes. Cet accroissement réduit la portée de l'avertissement. L'augmentation des batésiens va donc diminuer la probabilité que le prédateur découvre, dans les couleurs portées, une proie vénéneuse. Au-dessus de 30 %, l'artifice ne sert plus à rien, leur déguisement est toujours découvert. Si la proportion de proies colorées qui se révèlent nocives se restreint, le prédateur a peu de raisons d'en refuser la consommation. Il découvrira de plus en plus de proies consommables.

Les batésiens ne seraient alors plus protégés par leur subterfuge. Du moins, la prédation redoublant, seule l'hécatombe viendra restreindre les mimétiques à une abondance plus discrète, une proportion qui les confonde à nouveau avec leurs modèles toxiques. On voit combien l'évolution dépend des autres. Les batésiens ne peuvent jamais être nombreux ; sinon, ils avouent leur propre feinte. Le néodarwinisme orthodoxe n'en peut plus : le mimétisme batésien constitue un *bénéfice adaptatif qui n'avantage pas* le succès reproducteur. Ernst Mayr est confondu. L'évolution ne consiste pas à multiplier le succès reproducteur pour propager ses gènes. Pire même, chez les batésiens, le succès de reproduction devient un désavantage, un handicap.

On pourrait croire que la grive litorne *Turdus pilaris* se trompe. De temps en temps, et même avertie de la toxicité des proies jaune et noir, elle goûte prudemment un de ces insectes. Une ruse prémonitoire la guide. C'est ainsi que même le prédateur le plus chevronné contrôle son expérience. La grive continue épisodiquement de vérifier la répulsion des proies au coloris avertisseur. Elle apprend. Les tentatives sont peu nombreuses avec des modèles très toxiques, mais persistent longtemps avec des modèles seulement désagréables au goût. Ces apparentes méprises possèdent également une *signification adaptative* : le prédateur s'assure régulièrement de la valeur de sa propre expérience. Le cerveau compte aussi en évolution. Si les mimétiques augmentaient en proportion, le prédateur pourrait alors modifier son rejet sélectif et s'adonner à un nouveau régal.

Mais il ne faudrait pas conclure que les animaux vénéneux disposent d'un trésor absolu. Malgré tous leurs efforts de couleur, de cuirasse et de venin, les animaux toxiques sont condamnés à s'exhiber et même à être blessés par les tentations désordonnées de leurs prédateurs les plus naïfs. La coloration aposématique constitue aussi, par conséquent, un handicap évolutif, le modèle forcément détectable pouvant être mutilé. Au demeurant, le sonneur à ventre jaune *Bombina variegata* cache les teintes vives de ses avertissements, prouvant qu'elles confirment son handicap. Ce petit crapaud arbore un dos gris sable, qui le fait passer inaperçu dans la vase, mais, s'il est démasqué, il entreprend une autre gymnastique. Soulevant ses quatre pattes, le sonneur dévoile les couleurs aposématiques jaune et noir de sa bedaine, espérant enfin décourager l'importun. S'escamoter ou s'afficher, le sonneur use de tous les moyens successivement pour se défendre.

Entre les prédateurs et leurs proies se combine-t-il une course parallèle ? À chaque défense construite répondrait une arme nouvelle, une réplique inédite dans une épreuve hallucinante « où il faut courir sans cesse pour seulement rester à la même place », comme le sermonne la reine rouge à Alice. Leigh Van Valen a utilisé cette image en 1973 pour élaborer son modèle de la Reine rouge, affirmant que l'évolution est d'abord une coévolution parallèle (*Red Queen hypothesis*). Le scientifique ne put réussir à publier son article et décida de créer sa propre revue pour faire connaître son idée, devenue désormais incontournable en biologie évolutive.

La Reine rouge veut couper toutes les têtes. Les ambitions sont pareillement distribuées dans notre monde. Même à l'université, le fonctionnement des laboratoires s'effectue parfois à travers des pressions malhonnêtes, des médisances acerbes et autres hypocrisies sans que l'institution sache vraiment réguler ces conflits. Les jeunes chercheurs y sont en général bien plus habiles qu'on croit. Ainsi, les travaux endurent toutes les fraudes possibles, dont les plus courantes, l'oubli systématique des citations, mais aussi le plagiat éhonté des écrits, le changement d'auteurs et ses arrangements bizarres, la rature du nom sur des travaux réalisés, le retard provoqué ou même l'écart des publications, le dénigrement et l'exigence de changer des données. Cette petite délinquance grandit en même temps que s'exacerbe la concurrence, mais elle n'existe pas qu'en Chine ou aux États-Unis. La recherche reste un affairement humain, trop humain, et l'avidité de l'obtention des titres ne simplifie pas le travail scientifique. L'arrogance entraîne aussi des censures acerbes quand les idées étroites sont dérangées par des dissidences. Pourtant, il n'est pas d'autres lieux où les humains posent la reconnaissance des autres, la liberté de penser, la lucidité et l'intelligence comme principes premiers de leur activité. À défaut de justice, cela vaut bien de garder un certain optimisme.

Van Valen, récusé, utilisa l'allégorie de la Reine rouge en publiant ailleurs que dans les cercles officiels. L'escapade vaine d'Alice et de la Reine signifie une perpétuelle course aux armements. Chaque organisme est en quelque sorte contraint à se modifier, à augmenter ses défenses, seulement pour rester efficient face à un équipement toujours amélioré de ses prédateurs ou de ses concurrents. En fait, l'augmentation d'un avantage entraîne un déséquilibre des espèces qui provoque un retour sélectif, un regain d'efficacité chez les autres espèces. Toutes les espèces en interaction se trouvent par conséquent emmenées dans la course d'Alice. La compétition induite ne s'arrêterait jamais, mais tendrait vers une course-poursuite illimitée.

L'hypothèse de Van Valen est d'une incroyable richesse. En plaçant le conflit et sa résolution sur la table, il insiste sur la dynamique évolutive. Il existe cependant bien des raisons de penser que la course coévolutive décrite par Van Valen ne puisse jouer ni pour la sexualité ni pour entraîner les modifications batésiennes.

Tout d'abord, l'abondance du modèle devient forcément supérieure à celle du batésien, condamné par sa densité-dépendance pour survivre. Le batésien ne peut pas évoluer aussi vite que son modèle, ce qui engendre une disparité de la course-poursuite. Les taux de changement ne peuvent pas être équivalents entre eux, avise James Mallet en examinant le phénomène.

Et une autre raison intervient encore. Le modèle éprouve une certaine sélection qui impose la couleur la plus pertinente et défavorise toute variation. L'efficacité est à ce prix. En revanche, l'adaptation lie intimement le mimétique et son modèle, conduisant au contraire à une stase unilatérale, et non pas à la course d'Alice. Van Valen et la Reine rouge se voient ici opposer le principe de Humpty-Dumpty, ce personnage en forme d'œuf qui tombe du mur (la sélection) et dont on ne peut recoller, c'est-à-dire faire parfaitement coïncider les morceaux.

Quant à la couleur, elle connaît bien un handicap évolutif, et non pas une course parallèle. Comment imaginer un changement de couleur, même progressif, puisqu'il condamnerait son initiateur ? Si le batésien varie de son modèle, il ne peut pas espérer survivre. Pas de lente accumulation de gènes permettant de changer les choses : la couleur est efficace ou non.

Donc, comme Humpty-Dumpty contre Alice, la ressemblance reste le *maître*, et rien n'autorise l'évolution à se permettre d'être *diversifiante*. L'hypothèse était-elle trop hardie, trop incertaine ? Quoique cette suite en soit fâcheuse, jamais l'idée que l'évolution tienne dans la différence n'a été à ce point *théoriquement* contredite par le mimétisme. Le batésien réfute-t-il mon modèle de coévolution écologique ?

La nature se comporte autrement. Bien entendu, le propre du mimétisme exige que les caractères séduisants mais attirant le prédateur soient cachés. Mais rien n'interdit de les exposer dès qu'une rencontre se fait avec un partenaire. D'autre part, les espèces exploitent aussi d'autres éléments sensoriels pour plaire. Quand la couleur montre le poison, les parfums captivent. Mieux encore, chacun peut aussi séduire par l'avertissement qu'il affiche. La coloration devient ainsi deux fois efficace, une fois pour dissuader, une autre fois pour plaire. Alors, la sexualité joue justement sur les petites variations, les différences. Enfin, un dimorphisme sexuel* existe qui différencie le mâle et la femelle, introduisant encore une modification. Du coup, dès que le modèle remanie ses couleurs, le plagiaire en poursuit l'expérience.

Alors, le magnifique papillon *Melinaea hypothyris* se montre bien changeant, et son imitateur *Heliconius numata* fait de même. Au sud du Sahara, les papillons batésiens *Acraea* et *Danaus* exposent des dizaines de morphes en vivant ensemble – en sympatrie. Et l'espèce *Dendrobates imitator*, crapaud mimétique du Pérou, va parvenir à imiter plusieurs espèces différentes de terribles dendrobates. Selon la région qu'il fréquente, il empruntera les couleurs du *Dendrobates variabilis* ou du *Dendrobates fantasticus* sans se gêner de cet incroyable polymorphisme.

Mallet découvre aussi que la diversification des espèces modèles entraîne la formation d'espèces nouvelles, mimétiques. Chez les papillons, même les gènes attendus se montrent sinon bien dissipés, du moins très variables, comme dans une épopée non mendélienne*.

Le gène n'exprime pas toujours la couleur prévue. Il varie. Comment expliquer cette variation, théoriquement désavantageuse des dendrobates, ce polymorphisme impossible qui emporte aussi plus de 120 espèces de papillons et leurs mimétiques autour de la cordillère des Andes ? Et, cependant, cette utopique diversité l'emporte largement chez toutes les espèces mimétiques. La coévolution écologique resterait-elle donc valide ?

Il faut songer au double avantage de la guêpe. En fait, le modèle peut afficher une certaine variabilité puisque l'évolution l'a pourvu de trois lignes de défense : la fuite, la cuirasse et le poison. Cette variation qui s'immisce autorise l'évolution à pratiquer cette diversification inattendue. La recherche de relations mutualistes souscrit d'autant plus à la diversité que l'équilibre reste dynamique, précaire et stable à la fois, fabriqué de résistances et de bousculades. Et il reste la différence des sexes. Dans le groupe des *Papilio* par exemple, les femelles révèlent une coloration plus mimétique que les mâles. Il serait tentant d'y voir une simple application de la théorie : les mâles doivent plaire, et leurs nuances favoriseraient les plus séduisants, parce qu'ils constitueraient les « meilleurs » partenaires. Mais ces mâles exposent-ils une teinte vive pour plaire ?

Non. Contrairement à l'hypothèse de la sélection sexuelle, ce ne sont pas les mâles qui gagnent en couleurs, mais les femelles qui les perdent et se dissimulent davantage, entraînant une dissemblance, un dimorphisme des couleurs. Une différence peut s'introduire, plus puissante que la ressemblance si l'amour la confirme. Le sexe encore une fois intervient dans ce pari étonnant.

Alors, et à l'inverse de ce que la conception traditionnelle supposait, des modèles nouveaux peuvent afficher des couleurs un tantinet plus originales que celles de leurs parents. Et le batésien peut ainsi mimer son nouveau modèle, ou, du moins, les batésiens comparables à ce novateur survivront davantage dans le lieu où habite ce modèle inédit. Les descendants ne sont jamais les copies de leurs géniteurs. Le mimétisme n'interdit rien de la diversification. Et la coévolution ne correspond pas toujours à une course d'Alice. Ici, elle demeure une résistance, un tir à la corde évolutif.

L'étude du mimétisme naturel n'apporte donc pas de contradictions. Au contraire, elle révèle que, même si la théorie la veut stabilisante, l'évolution des interactions reste avant tout une incroyable source de diversification. La relation change tout.

Il lui faut seulement ajouter le privilège de l'amour. Alors le hérisson possède bien des raisons de franchir les routes.

Chapitre 12
Les cérémonies amoureuses ou un cours d'éducation sexuelle

L'élan,
Alces alces.

« Je ne mène pas une vie de débauche : je ne fais que nouer des draps pour faciliter mon évasion. »

Anne ARCHET, *Aphorismes*, 1995.

Les jeunes gens devraient se garder de fréquenter les bals. En effet, on risque de se montrer bien téméraire à aborder ingénument la piste des guinguettes ou des boîtes de nuit. Pour les garçons surtout. Car, à exercer leur talent dans des chorégraphies incertaines, les jeunes hommes peuvent se voir attribuer une valeur comme les chevaux.

Loin du divertissement innocent, la danse sombre dans l'introspection. Voilà que, précisément, un travail scientifique l'atteste. De la bamba au flamenco, de la gavotte au rockabilly et que ne sais-je encore, la manière de valser démontrerait aux femmes attentives les aptitudes sexuelles de leur cavalier. La même chose arrive aux étalons, c'est en faisant sautiller les chevaux qu'on distingue les qualités des pur-sang. Tout ne serait qu'une question de symétrie.

Le jeu de l'amour possède ses règles biologiques. Mais, si certains critères d'attraction s'éprouvent pendant la rencontre, la partie a commencé beaucoup plus tôt, souvent avant même la naissance. Dès la conception, les cellules se fractionnent pour édifier un corps dont les deux côtés sont idéalement semblables. Mais la nature ne prévoit pas l'image du miroir. Au fur et à mesure de la construction des chairs, de minimes imperfections altèrent plus ou moins la symétrie. Plus que les gènes, l'environnement va prendre part à la variation, et le développement du corps va accumuler les petits déficits, entraînant une morphologie particulière, originale. Les tissus adipeux, par exemple, rencontrant d'autres zones plus ou moins résistantes, ne se partagent pas d'une manière univoque et s'installent ici ou là selon la personne. Mais, surtout, l'influence des hormones sexuelles va se montrer déterminante pour refléter les traits physiques. La testostérone et les œstrogènes vont sculpter les visages et souligner les courbes, modifiant chaque côté du corps différemment. La symétrie serait ainsi un indicateur biologique de la stabilité du développement sexuel.

Il n'en fallait pas tant pour intriguer l'élan. La femelle sait aussi détailler la ramure du roi des aulnes. L'élan *Alces alces*, en effet, exhibe sa virilité sur la tête. Les bois des cervidés tombent chaque année, puis repoussent, atteignant leur pleine croissance au moment du rut. L'âge façonne les bois autant que le milieu. Le développement symétrique reflète alors la bonne santé du partenaire. Bien que le nombre d'andouillers soit sans rapport direct avec l'âge, une ramure de belle taille accompagne la maturité du grand mâle, et l'élan porte la parure la plus imposante des cervidés.

Cette haute exhibition d'attributs sexuels ne prête cependant pas à sourire tant l'élan est grincheux quand il effectue sa propagande. Le mâle se pare de ces atours pour parader devant la femelle attentive, brutalisant les roseaux et les saules. Mais observe-t-elle vraiment cet illustre ornement ?

Quitte à exposer un tel organe, il apparaîtrait sage de s'enquérir de sa parfaite harmonie. Moins zélé que les singes acrobates, moins bon danseur que nos chers jeunes gens, notre élan ne porte pas davantage la voix d'un ténor. Les bois semblent donc constituer l'ornement capital de sa séduction prochaine. La logique serait d'examiner la variation de symétrie de l'édifice pour fonder la préférence du partenaire. C'est la théorie de la fluctuation d'asymétrie (*fluctuating asymmetry*). Les petits écarts aléatoires de la symétrie bilatérale définissent ainsi une asymétrie fluctuante qui pourrait témoigner de la moins bonne qualité génétique du prétendant.

Mais il semble bien, chez l'élan d'Alaska, que les andouillers soient toujours plus nombreux à gauche qu'à droite de la ramure.

Que peut-on en penser ? Si tous les mâles portent cet incident, le choix peut se révéler plus compliqué que prévu. Il existe cependant bien une certaine fluctuation, et les jeunes mâles présentent une plus grande dissymétrie que les anciens. Les femelles n'y semblent pas insensibles puisque les études montrent que les vieux mâles s'accouplent bien davantage que les jeunes.

Diantre, serait-ce que l'âge du partenaire indique le meilleur choix sexuel ? Seulement, la fluctuation d'asymétrie ne paraît pas non plus un caractère assez héritable pour constituer un indicateur de « bons gènes ». Alors il n'y a pas de raison que des traits sexuels asymétriques soient refusés par le partenaire puisqu'ils ne se retrouvent pas dans la progéniture. Pourtant, les femelles boudent un peu et persistent dans leur caprice sélectif. Le problème vient principalement du fait que l'asymétrie reflète clairement des mauvaises conditions environnementales de développement et, notamment, la qualité de la nourriture dans les stades les plus juvéniles.

Si la symétrie ne fait pas preuve d'une totale efficacité sexuelle, l'âge le peut-il ? La vaillance confère la subtilité d'une séduction intense, et les femelles font les yeux doux aux seuls vétérans de la nature. La théorie développée par John Manning sur l'indicateur basé sur l'âge (*age-based indicator theory*) assure que l'âge constitue un excellent témoin de la qualité de survie des mâles. Un indice sur lequel il est bien difficile de tricher. Pour devenir vieux, il faut avoir vécu. C'est ce que l'on nomme un signal honnête, car les stigmates, que la maturité creuse, sont exposés sans fioritures. Le corps lui-même signale hardiment quelle date de naissance approximative peut avoir le soupirant.

Alors, aux jeunes prétendants d'à peine 7 ans, les femelles préfèrent toujours les ours noirs *Ursus americanus* âgés de 11 à 13 ans, et porteurs de quelques cicatrices. Avant de dévoiler les rides propres à l'âge canonique de 40 ans, point d'espoir que l'éléphant *Elephas maximus* ne séduise sa belle éléphante, jeune dame de 14 à 30 ans. Jamais la mélodie du crapaud alyte *Alytes obstetricans* ne paraît si attirante aux femelles que lorsqu'un crapaud vénérable envoie sa note flutée sur ce ton si grave et si profond qu'aucun jeune débutant ne pourra jamais la copier. Et les cerfs élaphes seniors *Cervus elaphus* peuvent crier ce pouvoir de plaire avec force brames face à des juniors dépités. Quelle que soit la nature du compliment, il semble que Chimène n'a d'yeux que pour les vieux.

Sans doute les vétérans posséderaient-ils de meilleurs gènes ? Un *arrière-monde* génétique tient à faufiler son déterminisme désuet. Pourtant l'âge ne confère qu'un avantage éphémère. Il serait tentant de supposer hardiment que les femelles attentives sélectionnent des individus matures parce qu'ils ont fait ainsi preuve de leur aptitude à survivre. Les mâles les plus mûrs ont prouvé leur capacité. Mais les « bons gènes » n'y peuvent résider. De fait, la théorie de l'indicateur basé sur l'âge se heurte à une difficulté majeure. Car, si les femelles n'acceptent que des doyens pour bénéficier de leurs caractères à offrir en héritage, les rejetons de la population finissent tous progressivement par posséder ces avantages supposés d'une plus grande survie. Même en admettant qu'un « bon gène » confère un avantage, il ne faut que quelques générations pour que tous les nouveau-nés disposent du caractère attendu. À force de choisir les vieux mâles pourvus de « bons gènes de la survie », forcément, tous les descendants porteraient ces « bons gènes ». À quoi sert-il alors d'attendre que les jeunes prétendants deviennent vieux ? Les jeunes devraient forcément devenir aussi séduisants que les plus âgés dès que pointe en eux l'ardeur de la puberté.

Qu'importe, notre crapaude insiste, elle préfère les doyens. Aussi loin qu'on analyse, seule la voix grave des patriarches émoustille ses ardeurs. Or nous venons de voir que l'âge n'est cependant guère propice à s'exposer comme l'indicateur d'une qualité dissimulée. Sans doute ici se glisse autre chose.

L'aigle impérial *Aquila adalberti* va divulguer un secret. Les plus âgés de ces empereurs des airs trouvent à se reproduire, comme si les femelles pratiquaient elles aussi un choix précis des vétérans. Mais la sélection des dames n'y est qu'indirecte. Les mâles les plus jeunes se retrouvent refoulés dans les territoires les plus pauvres, et leur reproduction échoue le plus souvent. Au contraire, les grands mâles savent acquérir le domaine qui favorisera la survie des aiglons. D'autant que les jeunes mâles de toutes les espèces multiplient les conduites dangereuses, éprouvant leur force et leur agilité dans nombre de culbutes de défi aux concurrents. Ils sont souvent eux-mêmes leur pire ennemi.

Ne serait-ce pas plutôt que l'*expérience* offre quelque avantage dans le monde et que les patriarches sont aussi les mieux pourvus dans le territoire ou dans la hiérarchie sociale ? Ce n'est donc pas le gène de la survie que les femelles cherchent, mais le réconfort. Elles ne sont cependant pas indifférentes aux petits cadeaux, voire aux diamants qui restent des *girl's bestfriends*. La maturité des mâles peut donc les éblouir par tout ce qu'elle comporte d'avantages matériels et d'expériences.

D'ailleurs, si se sélectionnait ainsi le « gène » de la meilleure survie, que ne sommes-nous pas devenus immortels à toujours développer une telle diffusion génétique ? D'autant que l'égoïsme fondamental prétendu ne devrait pas non plus pousser à laisser une place aux jeunes. Une forte réduction de la mortalité devrait suffire à conférer un avantage reproducteur définitif sur les affres de la sénescence. Plus grande est la longévité reproductrice, plus la progéniture peut être abondante, et cette postérité posséderait à son tour l'héritage essentiel pour entraîner les corps dans des longévités extrêmes. Puisque l'écologie comportementale affirme que les femelles sont aptes à choisir des paons à la queue démesurée, engageant l'allongement continuel de ces « bons gènes » dans un emballement de Fisher (effet boule de neige génétique), pourquoi donc ces belles ne parviennent-elles jamais à obtenir une filiation persistance en sélectionnant la prouesse de survie des pères ? Est-ce que les vétérans les tromperaient toujours, ou seraient-elles trop peu lucides ? De fait, il est probable que les présents offerts embrouillent un peu la sagacité des femelles. L'intention des mâles n'y est pas pour rien.

La survie devrait constituer un « trait d'histoire de vie » héréditaire, avantageusement sélectionné si les gènes s'exprimaient également chez les individus géniteurs. Peu à peu devrait apparaître une survie reproductrice de plus en plus longue, voire génétiquement incompatible avec la mort, et une sélection à l'œuvre depuis si longtemps devrait bien réussir à stabiliser ce bénéfice de l'immortalité.

L'âge garde aussi son ambiguïté. Que veut dire vivre vieux ? Les tardigrades, ces étranges minuscules habitants des mousses, peuvent subsister sans eau et s'enkyster des années durant – une cryptobiose, en fait – pour renaître ensuite dans de meilleures conditions et rester toujours en forme.

Certes, Harriet, la femelle de tortue géante des Galápagos *Chelonoidis nigra*, a eu l'inouïe coquetterie de survivre jusqu'à 176 ans. La moule d'eau douce *Margaritifera margaritifera* garde au moins l'ultime courtoisie de ne pas dépasser les 150 ans. Le poisson des rochers ou sébaste à œil épineux *Sebastes leurancienci* atteint gaillardement l'âge canonique de 205 ans et continue de convoler jusqu'au dernier jour. Et on ne sait par quel ensorcellement un spécimen du coquillage *Arctica islandica* a inscrit ses stries de croissance sur plus de 400 ans. Mais que ces âges, pourtant mémorables, paraissent limités au regard des durées géologiques. Dérisoires innocences.

Il existe bien l'incroyable méduse *Turritopsis nutricula* capable d'inverser son cycle de vie et de recommencer sa vie juvénile, invitant à une éternité virtuelle. Mais, le plus souvent, rien n'y fait. L'augmentation de la longévité découle communément d'une meilleure hygiène qui soustrait à la mortalité des individus affaiblis ou qui réduit les conduites à risque des juvéniles. Bref, la longévité ne connaît qu'une brève moyenne.

Au contraire, le corps semble se fatiguer inexorablement de la vie, inscrivant la vieillesse comme un épuisement irréversible. Si la sélection n'opère pas, peut-être est-ce l'indice que la nature des gènes ne le permet pas. Et les saumons cohos *Onchorynchus kisutch*, qui ont bravé d'inouïs périls pour retrouver la source infantile, ressentent ce dépérissement quelques heures après leur unique reproduction. Ils meurent dès leur première ponte fécondée dans le torrent de leur enfance. Tout se passe comme s'il s'établissait un compromis entre la survie individuelle et le succès reproducteur, peut-être parce que quelque chose oppose ces deux composants de la réussite adaptative. Bref, l'immortalité se fait attendre, et l'amour reste décidément une activité dangereuse.

D'ailleurs, les mâles exagèrent souvent leurs ambitions galantes. On peut considérer que manquer une occasion sexuelle n'est généralement pas très important pour les jeunes femelles, grâce à l'abondance de la demande des soupirants. L'erreur à ne pas commettre serait au contraire de céder à tort à un engagement reproducteur de mauvaise qualité. La belle fait bien de se garder de répondre trop précipitamment aux sollicitations et d'examiner attentivement les atouts partagés par ceux qui la courtisent. Seule la moins grande profusion des cavaliers peut l'alerter sur la baisse de sa séduction potentielle.

À l'opposé, les mâles semblent des coureurs inlassables. Le désir des mâles se montre généralement plus exacerbé, bien qu'il soit possible de regarder cette diligence sexuelle démesurée comme la seule stratégie concevable, la meilleure des mauvaises solutions (*best of a bad job*). En affichant le plus souvent possible ses prétentions, le séducteur évite le risque de présupposer, à tort, le désintérêt d'une partenaire consentante. Le danger d'une stratégie inverse, se tromper sur la réceptivité supposée d'une femelle, est moins grave. Si le mâle se hasarde à solliciter une femelle indifférente, il ne craint que d'être rembarré, sans s'interdire de recommencer ailleurs.

La meilleure des deux stratégies reste donc de réclamer avec empressement la faveur de toute femelle potentiellement disponible à la moindre opportunité. Le galant peut même escompter qu'en se déclarant à une belle sur laquelle un autre mâle a déjà jeté son dévolu il puisse malgré tout la faire changer d'avis, voire réussir à déloger le fâcheux. Alors, les jeux de rivalité se multiplient contre les autres mâles. Aussi n'est-il pas étonnant que les parades de séduction, comme celles du poisson porte-épée vert *Xiphophorus helleri*, ne soient pas adressées uniquement aux femelles. Même en étant repoussé, le mâle déjoue les tentatives des autres en révélant le difficile abord de la femelle. Et cela d'autant plus que les goûts éclectiques de ces dames vont souvent vers les xiphos étrangers ou ceux possédant des caractéristiques un rien exotiques.

Mais l'exigence des mâles peut très vite déborder. L'attraction du désir sexuel développe une émotion considérable qui pourra se modifier en un véritable sentiment d'attachement. Sur les prémices de la divergence d'intérêts se construisent cependant les bases du *conflit sexuel*. Le harcèlement (*sexual coercion*) est une stratégie de coercition sexuelle qui découle directement de l'inférence de l'intérêt amoureux des femelles pour les mâles. Il est renforcé par le fait que le mâle repoussé puisse également perdre en prestige devant ses concurrents. À l'extrême de ce conflit, la brutalité physique et la copulation forcée (*forced mating*) deviennent des moyens extrêmes, pour les mâles les moins aptes à séduire, de fustiger leurs échecs et d'outrepasser la décision d'une femelle.

Il est curieux de découvrir la naïveté de certains rédacteurs. Souvent, ils annoncent que les violences sexuelles seraient absentes des conduites animales. Chaque fois, on croit déceler là une inexorable détermination pour prôner, y compris en négatif, la « différence humaine » contre les « animaux ». Le conflit sexuel forme la base biologique du sexisme des hommes, mais une vraie « guerre des sexes » accompagne systématiquement le développement du conflit sexuel d'intérêts chez toutes les espèces, tout comme chez les humains. L'évolution y puise aussi sa dynamique des relations. Chez les guppies *Poecilia reticulata*, par exemple, la pratique des copulations forcées est fréquente, et, des araignées aux primates, certains individus manifestent des brutalités sexuelles et des sévices, s'évertuant au viol avec des frénésies démesurées. La coercition de certains mâles reste très répandue chez la plupart des espèces qui vivent une forte promiscuité. Chez les chimpanzés *Pan troglodytes*, des individus frustrés peuvent infliger de sérieuses blessures aux belles qui les repoussent, et il n'est même pas dit que ces agressions leur offrent un meilleur succès reproducteur. C'était pourtant leur seule justification néodarwiniste. En fait, le harcèlement ou le viol ne servent à rien d'autre qu'à démontrer l'incompétence et la brutalité de ses auteurs à construire une liaison paisible, quand leur égoïsme ne comprend rien de la *relation*. Mais l'existence de ces crimes ne rend pas tous les mâles et toutes les femelles coupables d'avoir des désirs.

Le sexe est à la fois une activité banale et dangereuse. Pourtant, son absence peut aussi altérer la vie. Il est parfois assuré que la sexualité ne constituerait pas un besoin biologique au même sens que la faim ou la soif. C'est une petite erreur. La sensibilité sexuelle est presque vitale. Dérivé de la spécialisation des médiations à l'environnement (tout comme la recherche alimentaire), le sexe constitue la *caractéristique essentielle et unique* de l'ensemble des eucaryotes. Le comportement sexuel s'avère même le fondement de leur histoire évolutive. Si sa fonction entraîne une extraordinaire diversification, il répond d'abord à un besoin inhérent des organismes. Car, avec le sexe, les eucaryotes ont déclenché la nécessité évolutive d'établir une *relation*. L'exigence d'être reconnu comme un partenaire sexuel peut être retardée un certain temps, mais vivre le sexe fait intégralement partie du développement biologique, émotionnel, sensible et intellectuel des êtres vivants. L'absence d'activité sexuelle constitue chez tous les animaux, et donc aussi dans l'espèce humaine, une grave source de perturbation émotionnelle, diminuant l'aptitude à appréhender les autres et l'environnement.

Dès lors, comment comprendre les enjeux évolutifs du sexe ? Nous parlons ici d'un principe biologique issu des proto-organismes, depuis la *conjugaison* véritable des protistes jusqu'à la *sexualité* des animaux et donc jusqu'à la *conjugalité* des humains. Nous sommes loin de l'égoïsme. Si le sexe servait à propager égoïstement les gènes, pourquoi le fait-il si mal, puisque chaque parent ne délivre au mieux que la moitié de son patrimoine génétique à sa progéniture et que tant de gamètes disparaissent sans féconder ni être fécondés, sans compter toutes les exubérances des comportements associés. Le sexe oblige les eucaryotes à construire une relation entre deux partenaires, et cette relation constitue un choc dynamique qui initie la force diversificatrice de l'évolution. Mais là n'était pas le *but*, non, c'est parce que le sexe fonctionne que ses différentes étapes ont été retenues. Dès le début, et aujourd'hui encore, le sexe a spécialisé une relation de porosité et d'échanges dont l'efficacité est induite par une émotion irrépressible, l'état amoureux. Retrouvant l'importance des individus en évolution, l'incorporation du concept de facilitation dans la théorie évolutive constitue un enjeu capital pour la rénovation du paradigme. Les jeux de l'amour sont intervenus pour perturber le hasard.

À considérer l'étrangeté des mondes bactériens, plusieurs curiosités apparaissent. Point de corps, point de sociétés, les bactéries restent indéfiniment des cellules indépendantes. Elles ont développé des parois cellulaires complexes, de plus en plus étanches en réponse aux conditions de l'environnement. Ensuite, les microbes ne connaissent pas l'entente, la majorité des relations sont négatives – prédation et parasitisme. Les bactéries ne sont pas perfides ni individualistes, simplement elles ne savent pas faire autrement. Rien n'a enclenché autre chose.

À l'opposé, les eucaryotes sont nés d'un incessant libertinage. Les cellules s'amalgament, les corps s'intègrent comme des poupées russes. Les bactéries, elles, ne connaîtront jamais que le peuplement des flores. Pourquoi une telle inégalité ? Parce que les eucaryotes ont définitivement inventé la *différence du sexe*.

Considérons l'ensemble du scénario. Imaginez la terre primitive. Des molécules s'agglomèrent en liaisons chimiques instables. La vie consiste dans une certaine organisation de la matière émergée naturellement dans les conditions archaïques de la planète. Nulle création n'a incité la vie. Puis, quelque part au sein de la matière et de l'eau, se forment les peptides, des bulles de graisses, ensuite les premiers brins d'ARN* et d'ADN, probablement au sein de ces bulles de lipides. Une membrane s'organise, des inclusions, un métabolisme archaïque. Le sexe n'est encore qu'une infime probabilité qui découlera d'une bifurcation initiale inattendue. Pour le moment, ces bulles prébiotiques se touchent et se dévorent. Le monde des protobactéries s'élabore et organise ses relations à l'environnement terrible de l'époque. Des organismes de mieux en mieux pourvus pour résister, disposant d'une paroi et protégeant leur unique chromosome circulaire. Devant l'incroyable succès évolutif des bactéries, les archées sont peu à peu reléguées aux endroits les pires, aux conditions les plus extrêmes.

Parfois, une certaine neutralité peut émerger, et les bactéries admettent occasionnellement des colonies, des biofilms. Mais les relations que les bactéries développent entre elles découlent du seul hasard, et l'éventualité d'un échange ne dépend que de la durée d'un contact aléatoire. Pas de vrai sexe ici, juste quelques mainmises de l'une sur l'autre, juste quelques recombinaisons partielles de gènes, rares et fragmentaires.

Et puis, au contraire, des êtres ne vivent que de sexualité. On ne sait trop quand, d'autres bulles prébiotiques se sont livrées les unes aux autres, gardant une grande perméabilité de leurs membranes. On ne raconte pas les débuts comme cela dans les manuels, parce que l'histoire évolutive se construit à rebours. Mais il faut imaginer le grand commencement des eucaryotes – les animaux, les plantes, les champignons et les divers protistes. Jamais discontinuité évolutive ne fut plus déterminante. Sans refuser l'attractivité chimique et les attouchements, la porosité des membranes a mélangé les gènes, et cela à partir des premiers processus de survie.

Dérivant de fonctions métaboliques, les premiers archaïsmes du désir commençaient. Certaines bulles, privées de matériel génétique, ont disparu. Mais d'autres ont profité de ces échanges, et les plus libertines, celles qui toléraient mieux la promiscuité, ont mêlé leurs gènes. Cette appropriation réciproque a permis de profiter de l'aptitude des gènes à rénover les enzymes, à changer le métabolisme. Du coup, l'ADN s'additionnait, se dédoublait même, organisant sa redondance. Entre les cellules, un équilibre des échanges s'est réalisé, une gestion du contact, et, à partir de mécanismes primitifs de rejet d'un trop-plein d'ADN, la réduction méiotique a tempéré le nouvel organisme, inventant les débuts du sexe. Nul grand dessein ne les guidait, nulle volonté, juste des raisons immédiates.

Libertines, les premières bulles exagèrent. Les échanges d'ADN se multiplient, entraînant un conflit génomique que la réduction méiotique gouverne. Grâce au noyau, ces protocellules admettent les multiples chromosomes et la recombinaison totale. Les premiers eucaryotes apparaissent. Avec l'établissement d'une relation préalable, déjà deux étapes essentielles du sexe s'étaient construites, la recombinaison des gènes et la méiose réductionnelle*, et cela chez des êtres non sexués, ni mâles ni femelles. Car le sexe est apparu avant les individus sexués ! Une première médiation des interactions s'est élaborée, qui a partagé la relation au monde entre la phagotrophie pour la nourriture et la conjugaison véritable pour l'échange des gènes. Une spécialisation pour gouverner le renouvellement cellulaire. Le début du sexe permettait la grande bifurcation isolant les bactéries, d'un côté, et les eucaryotes, de l'autre.

Le sexe signait sa première différence. Une deuxième médiation des relations pouvait se produire : les individus cellulaires allaient se rapprocher, puis s'assembler, quittant, par leur bousculade, leur environnement immédiat appauvri. Nul dessein ne les y entraînait, juste des causes immédiates, proximales. Le collagène y a sans doute eu un rôle en favorisant l'assemblement. Cette incroyable association, où chacun s'appuyait encore sur les autres, allait définir la méthode des eucaryotes : générer une *différence*. Car chacun, en se *spécialisant*, n'empêchait rien des autres, permettant de fabriquer la collaboration des corps, l'emboîtement des cellules spécialisées, les organes, les individus, les sociétés.

De cette entreprise inouïe allaient émerger les trois grands régimes de la vie pluricellulaire : les champignons, les plantes et les animaux. Les deux autres étapes du sexe s'y réglaient en séparant le germen de l'organique, le soma. La formation des cellules sexuelles se mit en place, spermatozoïdes et ovules, mouvant l'un vers l'autre pour fusionner dans la syngamie, cette fusion de l'œuf développant un organisme nouveau, unique. La sexualité devenait un mécanisme complet, associant, étape par étape, la recombinaison des gènes, la méiose réduisant la quantité d'ADN, la fécondation syngamique et la formation des cellules sexuelles ou gamétogenèse. Du coup, les relations avec les autres devenaient obligatoires dans l'évolution.

Ainsi, la différence du sexe a ouvert trois conséquences inouïes qui ont révolutionné l'évolution du vivant : 1) l'introduction imprévisible de la différence, de la diversité à travers la recombinaison, 2) la mise en œuvre de la force évolutive de la relation et du choix libre des individus et 3) l'opposition inévitable des mâles et des femelles renforçant, en retour, le rôle indispensable des facilitations et des émotions.

Avec deux gamètes, une cellule mâle, une cellule femelle, le sexe multiplie les différences. La syngamie et la recombinaison qui fusionnent des ADN étrangers incorporent les dissimilitudes, un hétérogénome. Ensuite encore, le sexe stabilise sa double nature en s'appuyant sur une petite cellule mâle mobile et sur une cellule femelle pleine d'énergie. Il n'y aura pas de troisième type. Bien que certains chercheurs aient voulu identifier plusieurs sexes chez les algues, deux genres seulement existent : l'un qui bouge ou est transporté, l'autre non. Un premier déplacement de caractères. L'interaction se stabilise mieux en couple. Ensuite se forment les organes sexuels, d'abord probablement hermaphrodites, chacun portant les deux sexes à la fois. Car il n'y aura toujours que deux organes sexuels et seulement deux, un fécondant et l'autre fécondé, bien que de multiples morphologies les contiennent. Bien sûr, les premiers individus sexués devaient être bisexués, un hermaphrodisme primitif. Mais la reproduction était différée car il fallait en passer par des échanges de sperme. Bientôt, c'est par une nouvelle spécialisation que se séparèrent en organismes distincts les femelles d'un côté, les mâles de l'autre. Sans doute la spécialisation sexuelle dérive-t-elle d'une atrophie évolutive d'un des deux organes, mâle ou femelle, renforçant l'efficacité de chacun. Le sexe trouvait sa signification de césure. Deux organismes sexués différents apparaissent, et la nature double, qui caractérise le sexe, s'est révélée alors un formidable accélérateur d'évolution. Mais, peu à peu, cette spécialisation, plus assurée encore, dessinait aussi la grande divergence d'intérêts, le conflit sexuel.

À chaque étape des relations, le conflit inhérent des dissemblances a généré des spécialisations qui résistent et les associent. Le noyau s'est tellement spécialisé dans le confinement de l'ADN qu'il doit exploser à chaque reproduction. La modification des attractants chimiques facilite les échanges amoureux qui se dégagent enfin des interactions métaboliques. La divergence des cellules sexuelles, l'anisogamie, sépare inéluctablement les intérêts des mâles et des femelles, mais réclame aussi leurs fiançailles. Et celles-là nécessitent un exercice inouï de réconciliation. Certains ont sombré, privilégiant la reproduction végétative, le morcellement du corps pour engendrer une lignée. D'autres, les plus lents, les plus sessiles, ont redécouvert les charmes d'un hermaphrodisme secondaire. Et d'autres encore, trop engagés dans le conflit, ont dédaigné l'intérêt des fécondations et préféré se reproduire par parthénogenèse. Mais le sexe s'est imposé dans la majorité des espèces.

Ainsi, devenir amoureux, c'est développer la sensibilité initiale qui fit se rencontrer des bulles prébiotiques, s'accrocher des êtres unicellulaires, s'associer des organes, façonner la contrariété des mâles et des femelles, déclencher des émotions intenses et déraisonnables, en faire jaillir le sentiment, puis l'intelligence et même entraîner la vie sociale des populations. On comprend mieux l'incomparable exigence des cérémonies sexuelles.

Les biologistes se fondent souvent sur une typologie des systèmes de reproduction sexuelle, partagés en :

– individualisme, comme chez la musaraigne *Sorex coronatus* qui ne fréquente un partenaire que durant les minutes d'une brève rencontre ;

– monogamie, telle que la vit le couple d'albatros des Antipodes *Diomedea antipodensis* fidèlement attachés l'un à l'autre ;

– polygynie, quand un groupe de femelles admet un seul mâle, comme chez les gorilles ou les cerfs élaphes *Cervus elaphus* ;

– polyandrie, quand une seule femelle s'accouple avec plusieurs mâles, comme cela se pratique chez certains oiseaux tels que le jacana du Mexique *Jacana spinoza* ;

– promiscuité, enfin, quand chacun vaque avec plusieurs amants, ainsi que les singes et les bonobos *Pan paniscus* notamment aiment à le vivre.

En revanche, les comportements amoureux n'ont guère été étudiés qu'à travers deux alternatives principales : les troubadours et les tricheurs (ceux-là sont appelés *cheaters* ou *sneakers*, les sournois). Le comportement des tricheurs consiste à profiter de la séduction d'une belle par un autre mâle pour interférer dans la relation. Sur les mares au printemps, une grenouille agile discrète *Rana dalmatina* peut alors tenter de féconder la ponte d'une femelle pendant que le mâle chanteur s'époumone encore.

Et, cependant, il faut toujours un rien de fantaisie de plus pour une déclaration d'amour. La facilitation du désir embrouille les émotions pour initier la rencontre. Aussi, les soupirants révèlent d'incroyables stratégies, extraordinairement diversifiées, dont l'enjeu reste de dépasser les rivalités et d'apprivoiser les cœurs. Tous les canaux sensoriels sont mobilisés pour allumer les passions et obtenir le consentement, et l'on voit des troubadours, des chorégraphes, des chevaliers servants.

Plutôt que d'exposer un seul caractère attractif, le paon *Pavo cristatus* préfère la répétition du message qui, selon Adeline Loyau et Dirk Schmeller, mieux que le gène isolé, divulgue la passion sincère. Le triton fait de même, évaluant à la fois la parure et la danse de cour. Les grenouilles aussi sont les ténors de sortilèges multiples, jouant sur la couleur, le chant, la taille. Et le charme des putois recommence inlassablement l'ensorcellement des odeurs, des nuances de pelage, de la taille et de la voix. Des dizaines de travaux scientifiques l'évoquent. Ce n'est pas un trait plaisant et solitaire qui séduirait parce qu'il serait l'indicateur de « bons gènes ». Non, il faut à l'amour la variété des signes et même leur polysémie élémentaire. La diversité et la redondance des attraits démontrent combien il faut introduire d'émotion, de facilitation pour apprivoiser le conflit virtuel. Car le choix du partenaire change le jeu.

Il faut aimer beaucoup. Car la cérémonie amoureuse a besoin de réitérer son émotion singulière. Le criquet écailleur d'Australie *Ornebius aperta* se montre très assidu. Il peut effectuer plus de cinquante copulations avec la même femelle. Bien sûr, une telle prestance accroît la fécondation des femelles. On voit sur les branches les mésanges charbonnières *Parus major* répéter un accouplement alors que le nid est déjà garni d'une nichée. L'étreinte des putois dure souvent plusieurs heures, mais cela ne réduit pas leur fréquence. Les animaux recommencent l'enlacement avec persévérance dès que possible, et plus d'une dizaine de copulations peuvent ainsi se succéder. Les lions peuvent aussi s'accoupler fréquemment. Les lionnes cependant n'y recueillent pas grand avantage. Les copulations s'ajoutent simplement d'une manière redondante. Il faut croire que les femelles aiment à se faire câliner.

Des alliances complexes peuvent aussi se mettre en place. Voilà qu'apparaît l'improbable tango des chevaliers. Les combattants variés *Philomachus pugnax* sont des petits oiseaux limicoles très querelleurs qui fréquentent nos plages. À la saison des amours, les mâles, d'ordinaire si agressifs, savent lier d'insolites alliances. Ces bagarreurs ne doivent ni effrayer la femelle qu'ils tentent de séduire ni prendre trop de mauvais coups dans la bataille. Or les femelles préfèrent les chevaliers blancs, alors que les noirs sont plus vaillants pour conquérir la place. Comment résoudre le dilemme ? Un combattant chevalier varié à plumage noir, agressif et territorial, peut s'associer sur le site de reproduction avec un chevalier blanc plus séduisant, mais moins apte à défendre l'arène de parade. Une alliance organise leurs relations mutuelles sans déployer leur jalousie. Chez d'autres espèces comme les loups, la relation va même prendre la forme d'une reproduction coopérative, d'une famille étendue où les générations participent ensemble à l'élevage de la progéniture et peuvent initier une vie en société.

Parfois, chez certaines espèces, la séduction est si rapide que seuls les intéressés appréhendent la façon dont s'élabore le charme. On n'y voit qu'une précipitation balourde. L'amour a cependant été arrangé par d'invisibles approches et à travers d'indicibles attractants. D'autres semblent bien grossiers dans leurs manières, mais ils savent convier le trouble avec d'imperceptibles sortilèges.

Le renouvellement de la passion amoureuse n'a pas d'autres certitudes que de se répéter, car l'interaction n'est regardée comme honnête qu'en se prolongeant, établissant l'efficacité provisoire d'une relation stable. « M'aimes-tu encore ? » est la litanie que recommencent, sans se lasser, aussi bien les amoureux que les relations mutualistes. La redondance divulgue la validité du message. Car chacun reste incertain qui connaît la précarité des ententes.

En conclusion
Le miroir aux flamants

La tortue géante des Galápagos, *Chelonoïdis nigra*.

« Si quelqu'un désire en savoir davantage au sujet des mœurs et usages des Houyhnhnms, il prendra, s'il lui plaît, la peine d'attendre qu'un gros volume in-quarto que je prépare sur cette matière soit achevé. »

Jonathan SWIFT, *Les Voyages de Gulliver*, 1726.

Le rat est un animal étonnant. En 1999, deux chercheurs de l'université de l'Ohio et de l'Illinois furent intrigués par des vocalisations bizarres que poussaient des jeunes rats blancs, faisant vibrer régulièrement leurs cordes vocales. Répétés à une fréquence de moins de 50 Hz, des étranges gazouillis semblaient croître au point de leur couper le souffle, comme l'observaient Jaak Panksepp et Jeff Burgdorf en 2001. Les rongeurs répliquaient aux chatouillis en exhibant un affect saugrenu. Les rats riaient.

On connaissait déjà l'hilarité des gorilles, des chimpanzés ou de l'orang-outan. Les grands singes savent répondre aux taquineries, mais l'hypothèse d'une émotion aussi inutile restait réservée aux seuls proches cousins de l'humain. « Pour ce que le rire est le propre de l'homme », disait Rabelais. Et voilà que les jeunes rats pouffaient aussi. On découvrit ensuite que les chiens étaient, eux aussi, capables de cet éclat gratuit et que même les cobayes s'esclaffaient sous les chatouilles. Chaque fois, établit Marina Davila Ross, ce contact corporel déclenche un rire spontané, naturel, qui peut même durer trois fois le temps d'un cycle respiratoire normal. Tout aussi étonnante est la pandiculation, ce bâillement que le chat, le grèbe, l'ours ou le renard étirent et, qui, à l'inverse d'une idée répandue, ne trouve aucune utilité à la respiration ou à la vigilance. Ailleurs, l'abeille n'est pas si heureuse. Dans les champs qu'elle parcourt, tout est tranquille. L'abeille aventureuse cherche des goûts nouveaux, des nectars différents. Mais, à force de goûter des liqueurs trop médiocres, la butineuse devient de plus en plus pessimiste et hésite à poser sa trompe sur le nectar tant elle en anticipe le mauvais goût. Quant au corbeau triste *Corvus corax*, il se fait consoler par les autres oiseaux de sa bande qui assistent à son chagrin. À quoi bon rire ou pleurer quand on se bat pour la survie ? L'émotion jaillit à nouveau dans le comportement en ouvrant cette fois-ci une porte béante sur l'inconnu de la sensibilité, de la facilitation originelle.

C'est une autre coquetterie malaisée que de s'habiller en rose. Il convient d'en prévenir les flamants. Non que la livrée rose ne touche au dernier chic. Mais, à vouloir colorer son plumage de la teinte enfantine, le flamant rose *Phoenicopterus roseus* ne peut se hasarder à jouer les gastronomes trop éclectiques. Il doit plutôt concentrer son appétit vorace sur les crevettes, végétaux et autres sources de bêtacarotène qui livreront la couleur adéquate à son plumage singulier. Il est bien connu que, sans ce rationnement assidu, ses plumes virent au pâle insignifiant. Les algues et les crevettes jouent par conséquent un rôle inopiné dans les amours des flamants roses.

À cette esthétique particulière, notre oiseau ajoute l'étrange difformité de son appareil filtreur qui semble le figer sur un curieux sourire. De fait, le flamant conserve une origine parmi les plus énigmatique,

En conclusion

mais on sait aujourd'hui, et en dépit de ce bec célèbre, que les flamants partagent avec les grèbes des atomes lointains.

Malgré cette élégance apprêtée et le tapage de ses déclarations d'amour, le flamant ne convainc guère. Car, esseulé, le flamant dépérit. La sexualité de ces oiseaux a besoin de la foule. Les colonies assemblent souvent plusieurs milliers de soupirants. Mais la réunion des flamants doit commencer avant que ne débute la moindre parade. L'oiseau ne fait rien seul. Il faut d'abord une agrégation ordinaire d'une centaine de membres pour que commence la cérémonie des passions. Alors, dès que l'assemblée montre son importance, les mâles se déhanchent et remuent la tête en un ballet des plus excentriques. La danse paraît même burlesque, mais néanmoins synchronisée au sein d'un groupe d'une vingtaine à plus d'une cinquantaine de prétendants. Les oiseaux calquent toujours leurs entrechats sur les autres. À croire que seule cette gymnastique rythmique groupée leur apporte la hardiesse sexuelle indispensable. C'est pourquoi les zoos s'obligent à duper les flamants. Entre autres subterfuges, l'adjonction de miroirs, accompagnée de haut-parleurs, multiplie leur image et fabrique la foule, illusoire certes, mais nécessaire à la tendre entreprise. Ce n'est qu'en se voyant ensemble que les flamants tombent amoureux. Le flamant ne demeure jamais seul.

La vie des espèces ressemble à l'amour des flamants roses. Chacun a besoin du miroir des autres pour exister vraiment. Dégagés du grouillement des bactéries, qui resteront à jamais privées de sexe, les eucaryotes ne vivent que de libertinages et d'émotions ; pour cela, ils ont associé leur destin. Le sexe a tout changé car il implique maintenant que s'établisse une relation entre partenaires. Et cette relation introduit le choc dynamique par lequel s'immisce l'évolution. Le résultat de cette dynamique à l'œuvre est visible à travers les ornements exubérants, les armes du conflit sexuel et les déplacements de caractères. La facilitation primordiale, dérivée des fonctions métaboliques, s'est révélée plus forte que la concurrence néodarwiniste. Des mutualismes complexes se sont échafaudés, inscrivant chacun dans des relations subtiles et précaires, s'attachant même les flores bactériennes.

Ni gènes généreux ni gènes égoïstes, le sexe a enraciné une *relation* entre les organismes vivants. Ainsi s'organise une relation dynamisée par le conflit sexuel, une relation qui détourne les caractères et engage les mutualismes. C'est ici que se révèle la force structurante des interactions. Les champignons et les plantes ont hésité encore, mais la plupart des êtres vivants, et 95 % des animaux, se risquent désormais avec davantage de résolution dans l'aventure sexuelle.

Depuis le rendez-vous des bulles libertines, le sexe résiste et gère la porosité archaïque des premiers organismes, organisant des noyaux cellulaires, puis des emboîtements organiques, des individus, des espèces, et tous ces assemblages révèlent que la nature est faite de mutualismes. À l'opposé, la « concurrence » et ses « sélections » ne peuvent que s'exacerber et se conclure sur des effets purement destructifs, morbides et, par conséquent, inopérants. Des centaines de rivalités forcées ont terminé ainsi leur course dans le néant des échecs évolutifs. Mais rien n'empêche de tester expérimentalement encore cette hypothèse des effets comparés de la *facilitation* par rapport à la *compétition* interspécifique. On peut prédire que des interactions incorporant la sensibilité, la facilitation, la spécialisation et le mutualisme devraient se montrer plus stables et plus diversifiantes que des interactions résolument concurrentielles.

La réintroduction de l'homme dans le monde animal fut une révolution, la découverte de l'histoire évolutive par Lamarck fut une autre révolution plus considérable encore. Darwin, puis le néodarwinisme apportèrent une contribution matérialiste essentielle avec le principe de descendance modifiée. Aujourd'hui, l'émergence de l'écologie évolutive pourrait ouvrir une nouvelle porte.

En dépit de la valeur heuristique des concepts darwiniens, l'évolution ne peut plus se réduire seulement à la propagation des gènes. L'évolution comporte une part largement *non darwinienne* dont le sens peut révéler la nature de l'établissement des relations. Ainsi, l'épigénétique et les transferts horizontaux de gènes dévoilent que des procédures regardées comme lamarkiennes ont été non pas auxiliaires, mais essentielles dans les premières étapes du vivant et pendant des milliards d'années sans doute. Des processus comme la formation autogène du noyau ou l'endosymbiose, permettant la respiration cellulaire ou la photosynthèse, ont aussi constitué des épisodes évolutifs primordiaux et sans beaucoup de rapport avec la diffusion des allèles. D'autres manifestations cruciales comme la pluricellularité ou encore l'émergence du sexe se sont également établies en tant que changements majeurs dont la théorie actuelle ne réussit pas à bien rendre compte. Enfin, les grandes extinctions ont aussi probablement peu de choses à voir avec le gradualisme darwiniste.

Il existe au moins trois raisons pour demander un dépassement de la théorie évolutive actuelle. Premièrement, il faut enfin s'affranchir d'une histoire équivoque. La négation des dérives ne pourra jamais être une stratégie valide à long terme. Deuxièmement, plutôt que les soumettre à une exégèse permanente, nombre de termes et de processus peuvent être précisés, d'autant que les contributions du darwinisme s'incorporent parfaitement à son dépassement. Troisièmement enfin, l'ampleur des procédures évolutives non darwiniennes doit être intégrée à une nouvelle synthèse.

N'en déplaise à Darwin ou à Dawkins, l'évolution ne consiste pas dans la diffusion infinie d'une hérédité ou de gènes égoïstes qui chercheraient à se répandre en exploitant la convoitise des individus. Certes, l'évolution découle en partie du fait que la fréquence de certains allèles varie d'une génération à l'autre, mais le gène n'est pas meilleur pour cela. Le gène n'existe pas sans l'individu qui l'exprime. Il y a autant de gènes dans un chat mort que dans un chat vivant, mais il n'en découle pas les mêmes aptitudes. Simple livre de recettes, le gène ne peut pas se répandre sans la machinerie organique. Si la cible évolutive reste l'individu, la relation constitue la force de la dynamique évolutive. Et l'évolution n'est pas un progrès, mais une histoire. Ensuite, l'évolution n'affecte jamais un trait isolé, car la corrélation des traits entraîne que l'efficacité d'un caractère agit aussi sur un autre, produisant d'incessantes cascades évolutives. L'expression des gènes ne se fait pas non plus d'une manière univoque. Enfin, l'égoïsme ne paraît un principe explicatif que parce qu'il fonde l'hypothèse de la *concurrence* comme moteur de l'évolution biologique.

Si la symbiose stabilise, la concurrence n'est qu'une relation qui tourne mal. Il n'y a pas lieu de tenir pour efficace le rôle d'une seule interaction négative et son fondement inné, l'égoïsme. Si je ne me trompe pas en suggérant le rôle crucial des interactions comme l'avènement du sexe le suggère, l'évolution suit le scénario d'un agencement immédiat et aveugle : dans l'enchevêtrement des milieux et de la matière, chaque espèce interagit dans l'environnement des autres, et ces assemblages fonctionnels construisent des ensembles subtils, parfois invisibles où chacun reste interdépendant des autres. Corollaire de ce que les êtres vivants résultent de ces milliers d'interactions immédiates, la vie n'a pas de sens, et l'évolution n'a pas de direction. Aucune téléologie ne la parcourt. Alors, parfois sous l'effet d'une perturbation de trop, l'ensemble s'effondre comme un château de cartes, conduisant à une crise majeure et à l'extinction de toute une faune, de toute une flore et sans y faire entrer, à cet instant-là, le moindre darwinisme. Puis, à partir de quelques résistants de l'impossible, de nouveaux assemblages se reconstruisent alors différemment jusqu'à la crise finale qui fera de la terre une simple planète éteinte et vide dans l'univers. Même le gène n'est pas immortel.

Quitte à réécrire le livre de la jungle, autant l'actualiser. Plutôt que de garder une attitude crispée de défense des acquis scientifiques, les chercheurs devraient enfin admettre la possibilité de développer une critique de l'hégémonie de la « théorie moderne » du néodarwinisme et de l'« écologie comportementale ». Quelle perspective fascinante pour les jeunes biologistes !

En conclusion

Jamais il ne fut aussi temps de construire un nouveau paradigme évolutif qui :

— Discute le modèle d'une *coévolution écologique*, intégrant les organismes dans un ensemble d'interrelations dynamiques et changeantes avec leur environnement et reconnaissant *la force structurante des interactions*, de l'hétérogénéité de l'environnement et *des stratégies mixtes*.

— Intègre une nouvelle vision de l'information génétique, bannissant le déterminisme des « bons gènes » en s'ouvrant, au contraire, sur l'épigénétique, sur ma *théorie du gène livre de cuisine* ou sur la *théorie de la partition musicale* de Denis Noble par exemple.

— Désavoue la dichotomie des sélections naturelle ou sexuelle au profit d'une réflexion sur la *reproduction différentielle*, seul critère d'efficacité à long terme, reconnaissant combien les individus et leurs décisions stratégiques pèsent sur l'histoire diversifiante de leur évolution.

— Démente, par conséquent, la figure traditionnelle de l'arbre phylétique vertical et des ancêtres uniques, mais, à l'opposé, admette les *transferts horizontaux* et une construction phylétique en *mosaïque*, selon le principe d'une *évolution réticulée*.

— Évacue l'hypothèse centrale de la concurrence intraspécifique et propose plutôt de réfléchir au rôle des *interactions* et de la *facilitation* dans le processus évolutif, générant du *conflit* et de la *spécialisation* phénotypique, introduisant la *différence* dans l'histoire, probablement selon des dispositifs bioéquivalents au *mécanisme de déplacement de caractères*.

— Conteste la théorie du sexe comme processus avantageux de propagation des gènes, mais accepte, au contraire, d'étudier la sexualité comme une interaction primitive propre aux eucaryotes suivant la *théorie des bulles libertines*, et réalisant que tout changement résulte d'un mécanisme immédiat et proximal sans orientation ni but ultime.

— Et, enfin, conçoive que le comportement ne consiste pas dans une force complémentaire au service des gènes, mais cherche plutôt à retrouver une *écoéthologie*, le développement des comportements dans leur environnement, évacuant définitivement la tentation eugéniste.

Ni généreux ni égoïste, l'amour constitue une solution biologique qu'ont découverte les êtres vivants en se séparant des bactéries. De la séduction solitaire du rhinocéros au rassemblement des flamants, de la facilitation primitive des bulles libertines aux relations mutualistes du geai, du tapir et des fleurs, les corps aménagent en mosaïque leurs caractères détournés.

Finalement, comme Ulysse, nous sommes tous entraînés par le chant des sirènes. Car, dit le renard, « l'essentiel est invisible pour les yeux ».

Références bibliographiques

Abi-Rached L. *et al.*, « The shaping of modern human immune systems by multiregional admixture with archaic humans », *Pub. Health Res.*, 123, 2011.
Acuña R., B. E. Padilla, C. P. Flores-Ramos, J. D. Rubio, J. C. Herrera, P. Benavides, S. J. Lee, T. H. Yeats, A. N. Egan, J. J. Doyle, J. C. K. Rose, « Adaptive horizontal transfer of a bacterial gene to an invasive insect pest of coffee », *PNAS*, 109, 4197-4202, 2012.
Adams D. C., « Character displacement via aggressive interference in southern Appalachian Mountain salamanders », *Ecology*, 85, 2664-2670, 2004.
Agrawal A. F., « Differences between selection on sex versus recombination in red queen models with diploid hosts », *Evolution*, 63, 2131-2141, 2009.
Alatalo R. V., J. Mappes, « Tracking the evolution of warning signals », *Nature*, 382, 708-10, 1996.
Albert V., B. Jonsson, L. Bernatchez, « Natural hybrids in Atlantic eels (*Anguilla anguilla, A. rostrata*), evidence for successful reproduction and fluctuating abundance in space and time », *Mol. Ecol.*, 15, 1903-1916, 2006.
Alcock J., « Interspecific differences in avian feeding behaviour and the evolution of Batesian mimicry », *Behaviour*, 40, 1-9, 1971.
Alexander R., D. Otte, « Cannibalism during copulation in the bush cricket *Hapithus agitator* », *For. Ent.*, 50, 79-87, 1967.
Allendorf F.W. *et al.*, « The problems with hybrids, setting conservation guidelines », *Trends Ecol. Evol.*, 16, 613-622, 2001.

Alvarez N., B. Benrey, M. Hossaert-McKey, A. Grill, D. McKey, N. Galtier, « Phylogeographic support for horizontal gene transfer involving sympatric bruchid species », *Biol. Dir.*, 1, 21, 2006.
Alves P. C., N. Ferrand, F. Suchentrunk, D. J. Harris, « Ancient introgression *of Lepus timidus* mtDNA into L. *granatensis* and L. *europaeus* in the Iberian Peninsula », *Mol. Phylogenet. Evol.*, 27, 70-80, 2003.
Andersson M., *Sexual Selection*, Princeton University Press, 1994.
Andrew R. M., « Evolution of viviparity, variation between two sceloporine lizards in the ability to extend egg retention », *J. Zool. Lond.*, 243, 519-595, 1997.
Angel F., M. Lamotte, « Un crapaud vivipare d'Afrique occidentale *Nectophrynoides occidentalis* (Angel). A viviparous toad in Western Africa », *Ann. Sc. Nat. Zool.*, 6, 63-89, 1944.
Angers B., I. J. Schlosser, « The origin of *Phoxinus eos-neogaeus* unisexual hybrids », *Mol. Ecol.*, 16, 4562-4571, 2007.
Antón S. C., C. C. Swisher III, « Early dispersals of *Homo* form Africa », *Ann. Rev. Anthrop.*, 33, 271-229, 2004.
Arkhipova I., M. Meselson, « Deleterious transposable elements and the extinction of asexuals », *Bioessays*, 27, 76-85, 2004.
Armbruste W. S., N. Muchhala, « Associations between floral specialization and species diversity. Cause, effect, or correlation ? », *Evol. Ecol.*, 23, 159-179, 2009.
Armstrong D. P., « Why don't cellular slime molds cheat ? », *J. Theor. Biol.*, 45, 119-129, 1984.
Arnold M. L., R. S. Cornman, N. H. Martin, « Hybridization, hybrid fitness and the evolution of adaptations », *Plant Biosys.* 142, 166-171 2008.
Arnold M. L., *Natural Hybridization and Evolution*, Oxford Univ. Press, 1996.
Arnold M. L., A. Meyer, « Natural hybridization in primates. One evolutionary mechanism », *Zoology*, 109, 261-276, 2006.
Arnqvist G., L. Rowe, *Sexual Conflict*, Princeton Univ. Press, 2005.
Aureli F., F. B. M. de Waal, *Natural Conflict Resolution*, Univ. Cal. Press, 2000.
Aurora M., Nedelcu, E. Richard, E. Michod, « The evolutionary origin of an altruistic », *Gene Mol. Biol. Evol.*, 23, 1460-1464, 2006.
Avilés L., « Cooperation and non-linear dynamics. An ecological perspective on the evolution of sociality », *Evol. Ecol. Res.* 1, 459, 1999,
Avivi A., A. Joel, E. Nevo, « Melanopsin evolution, seeing light in darkness by the blind subterranean mole rat, Spalax ehrenbergi superspecies », *Isr. J. Ecol. Evol.*, 53, 81-84, 2007.
Avivi A., F. Gerlach, A. Joel, S. Reuss, T. Burmester, E. Nevo T. Hankeln, « Neuroglobin, cytoglobin, and myoglobin contribute to hypoxia adaptation of the subterranean mole rat Spalax », *Proc. Natl. Acad. Sci. USA*, 107, 21570-21575, 2010.

Bak P., *How Nature Works. The science of self-organized criticality*, Springer Verlag, 1996.

Brown W., W. L. Brown, E. O. Wilson, « Character displacement », *Syst. Zool.*, 5, 49-64, 1996.

Baker R. J., Bradley R. D., « Speciation in mammals and the genetic species concept », *J. Mammal.*, 87, 643-662, 2006.

Baldauf S. L., A. J. Roger, I. Wenk-Siefert, W. F. Doolittle, « A kingdom-level phylogeny of eukaryotes based on combined protein data », *Science*, 290, 972-977, 2000.

Baraud I., B. Buytet, P. Bec, P., C. Blois-Heulin, « Social laterality and "transversality" in two species of mangabeys. Influence of rank and implication for hemispheric specialization », *Behav. Brain Res.*, 198, 449-458, 2009.

Barraclough T. G., « Independently evolving species in asexual bdelloid rotifers », *PLoS Biol.*, 5, e87, 2007.

Barrett D., J. G. Greenwood, J. F. McCullagh, « Kissing laterality and handedness », *Laterality*, 11, 573-579, 2006.

Barton N. H., B. Charlesworth, « Why sex and recombination ? », *Science*, 281, 1986-1990, 1998.

Barton N. H., G. M. Hewitt, « Adaptation, speciation, and hybrid zones », *Nature*, 341, 497-503, 1989.

Basile M., S. Boivin, A. Boutin, C. Blois-Heulin, M. Hausberger, A. Lemasson, « Socially dependent auditory laterality in domestic horses (*Equus caballus*) », *Anim. Cog.*, 12, 611-619, 2009.

Bates H. W., *A Naturalist on the River Amazons*, John Murray, 1863.

Bateson M., S. Desire, S. E. Gartside, G. A. Wright, « Agitated honeybees exhibit pessimistic cognitive biases », *Curr. Biol.*, 21, 1070-1073, 2011.

Beauregard-Racine J., C. Bicep, K. Schliep, P. Lopez, F. J. Lapointe, E. Bapteste, « Of woods and Webs. Possible alternatives to the tree of life for studying genomic fluidity in *E. coli* », *Biol. Direct.*, 6, 39, 1-39, 2011.

Bejder L., B. K. Hall, « Limbs in whales and limblessness in other vertebrates, mechanisms of evolutionary and developmental transformation and loss », *Evol. Dev.*, 4, 445-58, 2002.

Bell G., *Sex and Death in Protozoa*, Cambridge University Press, 1988.

Bell P. J., « Viral eukaryogenesis, was the ancestor of the nucleus a complex DNA virus ? », *J. Mol. Evol.*, 53, 251-256, 2001.

Bendich A. J., K. Drlica, « Prokaryotic and eukaryotic chromosomes, what's the difference ? », *BioEssays*, 22, 481-486, 2000.

Benedix J. H., D. J. Howard, « Calling song displacement in a zone of overlap and hybridization », *Evolution*, 45, 1751-1759, 1991.

Berger J., C. Cunningham, « Predation, sensitivity, and sex : Why female black rhinoceroses outlive males », *Behav. Ecol.*, 6, 57-64, 1995.

Bernstein H., C. Bernstein, « Evolutionary origin of recombination during meiosis », *BioScience*, 60, 498-505, 2010.

Birkhead T. R., J. D. Biggins, « Reproductive synchrony and extrapair copulation in birds », *Ethology*, 74, 320-334, 1987.

Birky W. C., « Uniparental inheritance of organelle genes », *Curr. Biol.*, 18, R692-R695, 2008.

Birky W. C., Jr, « Bdelloid rotifer revisited », *Proc. Natl. Acad. Sci. USA*, 101, 2651-2652, 2004.

Blanckenhorn W. U., T. Reusch, C. Muhlhauser, « Fluctuating asymetry, body size, and sexual selection in the dung fly Sepsis cynipsea-testing the good genes assumptions and predictions », *J. Evol. Biol.*, 11, 735-753, 1998.

Bode S. *et al.*, « Exceptional cryptic diversity and multiple origins of parthenogenesis in a freshwater ostracod », *Mol. Phyl. Evol.*, 54, 542-552, 2010.

Bolnick D. I., R. Svanbäck, J. A. Fordyce, L. H. Yang, J. M. Davis, C. D. Hulsey, M. L. Forister, « The ecology of individuals, incidence and implications of individual specialization », *Am. Nat.*, 161, 1-28, 2003.

Bonner J. T., « Evolutionary strategies and developmental constraints in the cellular slime molds », *Am. Nat.*, 119, 530-552, 1982.

Bonner J. T., « On the origin of differentiation », *J. Biosci.* 28, 523-528, 2003.

Boomsma J. J., N. R. Franks, « Social insects, from selfish genes to self organization and beyond », *TREE*, 21, 303-308, 2006.

Bowler R. T., K. M. Stewart, J. G. Kie, W. C. Gasaway, « Fluctuating asymmetry in antlers of Alaskan moose, size matters », *J. Mammal.*, 82, 814-824, 2001.

Bramblett C. A., S. S. Bramblett, D. A.Bishop, A. M. Coelho Jr, « Longitudinal stability in adult status hierarchies among vervet monkeys (*Cercopithecus aethiops*) », *Am. J. Prim.*, 2, 43-51, 2005.

Branciamore S., E. Gallori, E. Szathmary, T. Czaran, « The origin of life, Chemical evolution of a metabolic system in a mineral honeycomb ? », *J. Mol. Evol.*, 69, 458-469, 2009.

Brocks J. J., G. A. Logan, R. Buick, R. E. Summons, « Archean molecular fossils and the early rise of eukaryotes », *Science*, 285, 1033-1036, 1999.

Bronstein J. L., R. Alarcon, M. Geber, « Tansley Review. Evolution of insect/plant mutualisms », *New Phyt.*, 172, 412-428, 2006.

Bronstein J. L., « The evolution of facilitation and mutualism », *J. Ecol.*, 97, 1160-1170, 2009.

Brower A. V. Z., « Parallel race formation and the evolution of mimicry in *Heliconius* butterflies, a phylogenetic hypothesis from mitochondrial DNA sequences », *Evolution*, 50, 195-221, 1996.

Brown J. R., M. Italia, K. Koretke, A. Lupas, M. Stanhope, C. Volker, « Phylogenetic analyses do not support horizontal gene transfers from bacteria to vertebrates », *Nature*, 411, 940-944, 2001.

Brown P. et al., « A new small-bodied hominin from the Late Pleistocene of Florès, Indonesia », Nature, 431, 1055-1061, 2004.
Brown W. M. et al., « Dance reveals symmetry especially in young men », Nature, 438, 1148-1150, 2005.
Bruno J. F., J. J. Stachowicz, M. D. Bertness, « Inclusion of facilitation into ecological theory », TREE, 18, 119-125, 2003.
Bshary R., J. L. Bronstein, « A general scheme to predict partner control mechanisms in pairwise cooperative interactions between unrelated individuals », Ethology, 117, 271-283, 2011.
Buffon G., Œuvres complètes, Abèle Ledoux, 1845.
Burda H. et al., « How to eat a carrot ? Convergence in the feeding behavior of subterranean rodents », Naturwissens., 86, 325-327, 1999.
Burgdorf J., J. Panksepp, « Tickling induces reward in adolescent rats », Physiol. Behav., 72, 167-173, 2001.
Buss L., The Evolution of Individuality, Princeton Univ. Press, 1987.
Butlin R., « Reinforcement, an idea evolving », TREE, 10, 433-434, 1995.
Butlin R., « The costs and benefits of sex, new insights from old asexual lineages », Nat. Rev. Gen., 3, 311-317, 2002.
Byrne R. A., M. Kuba, U. Griebel, « Lateral asymmetry of eye use in Octopus vulgaris », Anim. Behav., 64, 461-468, 2002.
Byrne R. A. et al., « Does Octopus vulgaris have preferred arms ? », J. Comp. Psychol., 120, 198-204, 2006.
Caccone A., J. P. Gibbs, V. Ketmaier, E. Suatoni, J. R. Powell, « Origin and evolutionary relationships of giant Galápagos tortoises », PNAS, 96, 13223-13228, 1999.
Cailliet G. M., A. H. Andrews, E. J. Burton, D. L. Watters, D. E. Kline, L. A. Ferry-Graham, « Age determination and validation studies of marine fishes, do deep-dwellers live longer ? », Exp. Gerontol., 36, 739-764, 2001.
Canard M., A. Letardi A., D. Thierry, « The rare Chrysopidae of southwestern Europe », Acta Œcol., 31, 290-298, 2007.
Case T. J., « A general explanation for insular body size trends in terrestrial vertebrates », Ecology, 59 (1), 1-18, 1978.
Casjens S., « Evolution of the linear DNA replicons of the Borrelia spirochetes », Curr. Opin. Microbiol., 2, 529-534, 1999.
Cavalier-Smith T., « Cell evolution and Earth history, stasis and revolution », Phil. Trans. R. Soc. B. Biol. Sc., 361, 969-1006, 2006.
Cavalier-Smith T., « Origin of the cell nucleus », BioEssays, 9, 72-78, 1988.
Cavalier-Smith T., « Bacteria and eukaryotes », Nature, 356, 570, 1992.
Cézilly F., V. Boy. C. J. Tourenq, A. R. Johnson, « Age-assortative pairing in the Greater Flamingo, Phoenicopterus ruber roseus », Ibis, 139, 331-336, 1997.

Chaline J., L. Nottale, P. Grou, « L'arbre de la vie a-t-il une structure fractale ? », *C. R. Acad. Sci.*, 328, 717-726, 1999.

Chapman T., G. Arnqvist, J. Bangham, L. Rowe, « Sexual conflict », *TREE*, 18, 41-47, 2003.

Charlesworth D., B. Charlesworth, « Evolutionary biology, the origins of two sexes », *Curr. Biol.*, 20, 519-521, 2010.

Chasin B., « Sociobiology. A sexist synthesis », *Science for the People*, 9, 27-31, 1977.

Chazara O. *et al.*, « Evidence for introgressive hybridization of wild common quail (*Coturnix coturnix*) by domesticated Japanese quail (*Coturnix japonica*) in France », *Conserv. Gen.*, 11, 1051-1062, 2010.

Cheney D. L., « Intragroup cohesion and intergroup hostility, the relation between grooming distributions and intergroup competition among female primates », *Behav. Ecol.*, 3, 334-345, 1992.

Chernikova D., S. Motamedi, M. Csürös, E. V. Koonin, I. B. Rogozin, « A late origin of the extant eukaryotic diversity, divergence time estimates using rare genomic changes », *Biol. Direct.*, 6, 26, 2011.

Christen Y., *L'Homme bioculturel, des molécules à l'évolution*, Le Rocher, 1986.

Claverys J., M. Prudhomme, I. Mortier-Barriere, B. Martin, « Adaptation to the environment. *Streptococcus pneumoniae*, a paradigm for recombination-mediated genetic plasticity ? », *Mol. Microbiol.*, 35, 251-259, 2000.

Clobert J., E. Danchin, A. A., Dhondt, J. D. Nichols, *Dispersal*, Oxford Univ. Press, 2001.

Clutton-Brock T. H., *The Evolution of Parental Care*, Princeton Univ. Press, 1991.

Clutton-Brock T. H., « Breeding together : Kin selection and mutualism in cooperative vertebrates », *Science*, 296, 69-72, 2002.

Cohen C., *The Fate of the Mammoth, Fossils, Myth, and History*, Univ. Chicago Press, 2002.

Combes C., *Les Associations du vivant, l'art d'être parasite*, Flammarion, 2001.

Combes C., *Parasitism. The Ecology and Evolution of Intimate Interactions*, Univ. Chicago Press, 2001.

Cooper H. M., M. Herbin, E. Nevo, « Mosaic evolution, ocular regression conceals adaptive progression of the visual system in a blind subterranean mammal », *Nature*, 361, 156-159, 1993.

Corballis M. C., « The evolution and genetics of cerebral asymmetry », *Philos. Trans. R. Soc. Lond. B. Biol. Sci.*, 364, 867-879, 2009.

Cornuau J., M. Rat, D. S. Schmeller, A. Loyau, « Multiple signaling in the Palmate newt, longer is not better if you do not court », *Behav. Ecol. Sociobiol.*, 66, 1045-1055, 2012.

Coyne J. A., H. A. Orr, *Speciation*, Sinauer Associates, 2004.

Crampton W. G. R., N. R. Lovejoy, J. C. Waddell, « Reproductive character displacement and signal ontogeny in a sympatric assemblage of electric fish », *Evolution*, 65, 1650-1666, 2011.
Crease T., D. Stanton, D. P. N. Hebert, « Polyphyletic origin of asexuality in *Daphnia pulex*. II. Mitochondrial DNA variation », *Evolution*, 43, 1016-1026, 1989.
Crespi B. J., « The evolution of social behavior in microorganisms », *TREE*, 16, 178-183, 2001.
Crespi B. J., C. Semeniuk, « Parent-offspring conflict in the evolution of vertebrate reproductive mode », *Am. Nat.*, 163, 635-653, 2004.
Crews D., J. J. Bull, « Mode and tempo in environmental sex determination in vertebrates », *Sem. Cell Dev. Biol.*, 20, 251-255, 2009.
Crews D., M. Grassman, J. Lindzey, « Behavioral facilitation of reproduction in sexual and unisexual whiptail lizards », *PNAS*, 83, 9547-9550, 1986.
Crews D., « The (bi)sexual brain », *EMBO Rep.*, 13, 779-784, 2012.
Csermely D., B. Bonati, P. Lopez, J. Martin, « Is the Podarcis muralis lizard left-eye lateralized when exploring a new environment ? », *Laterality*, 16, 240-255, 2011.
Cullum A., « Phenotypic variability of physiological traits in populations of sexual and asexual whiptail lizards (genus *Cnemidophorus*) », *Evol. Ecol. Res.*, 2, 841-855, 2000.
Cuvillier-Hot V., A. Lenoir, R. Crewe, C. Malosse, C. Peeters, « Fertility signalling and reproductive skew in queenless ants », *Anim. Behav.*, 68, 1209-1219, 2004.
Czárán T. L., R. F. Hoekstra, « Evolution of sexual asymmetry », *BMC Evol. Biol.*, 4, 34, 2004.
D'Amico S., T. Collins, J. C. Marx, G. Feller, C. Gerday, « Psychrophilic microorganisms, challenges for life », *Embo J.*, 7, 385-389, 2006.
Dagan T., W. Martin, « The tree of one percent », *Gen. Biol.*, 7, 1-118, 2006.
Dagan T., M. Roettger, D. Bryant, W. Martin, « Genome networks root the tree of life between Prokaryotic domains », *Gen. Biol. Evol.*, 2, 379-392, 2010.
Danchin A., *Une aurore de pierres*, Seuil, 1990.
Darlu P., P. Tassy, *La Reconstruction phylogénétique. Concepts et Méthodes*, Masson, 1993.
Darwin C., *The Descent of Man, and Selection in Relation to Sex*, Princeton Univ. Press, 1871.
Darwin C., *On the Origin of Species by Means of Natural Selection, or the Preservation of Favoured Races in the Struggle for life*, 1859.
David L. A., E. J. Alm, « Rapid evolutionary innovation during an archaean genetic expansion », *Nature*, 469, 93-96, 2010.
Davidov Y., E. Jurkevitch, « Predation between prokaryotes and the origin of eukaryotes », *BioEssays*, 31, 748-757, 2009.

Davison J., « Genetic exchange between bacteria in the environment », *Plasmid*, 42, 73-91, 1999.
Dawkins R., *Le Gène égoïste*, Odile Jacob, 1996.
Dawkins R., *The Extended Phenotype. The Long Reach of the Gene*, Oxford Univ. Press, 1982.
Dayan T., D. Simberloff, « Ecological and communitywide character displacement, the next generation », *Ecol. Lett.*, 8, 875-894, 2005.
Demski L. S., « Diversity in reproductive patterns and behavior in teleost fishes », *in* D. Crews (éd.), *The Psychobiology of Reproductive Behavior. An Evolutionary Perspective*, Prentice-Hall, p. 1-27, 1987.
De Nardi F., C. Puaud, B. Parinet, T. Lodé, M. Pontié, « Phosphorus (P) and natural organic matter (NOM) excesses in dam waters from anthropogenic activities. Diagnosis and treatments », *World Water Congress*, Montpellier, 2008.
Denault L. K., D. A. McFarlane, « Reciprocal altruism between male vampire bats, *Desmodus rotundus* », *Anim. Behav.*, 49, 855-856, 1995.
De Queiroz K., « Ernst Mayr and the modern concept of species », *PNAS*, 102, 6600-6607, 2005.
Desmond E., C. Brochier-Armanet, P. Forterre, S. Gribaldo, « On the last common ancestor and early evolution of eukaryotes, reconstructing the history of mitochondrial ribosomes », *Res. Microbiol.*, 162, 53-70, 2011.
Deutsch J., *Le Gène, un concept en évolution*, Seuil, 2012.
De Visser J. A., S. F. Elena, « The evolution of sex, empirical insights into the roles of epistasis and drift », *Nat. Rev. Genet.*, 8, 139-149, 2007.
De Vries P. J., R. Lande, « Associations of co-mimetic ithomiine butterflies on small spatial and temporal scales in a neotropical rainforest », *Biol. J. Linn. Soc.*, 67, 73-85, 1999.
Dhondt A. A., « Changing mates », *TREE*, 17, 55-56, 2002.
Dickins T., « On the aims of evolutionary theory », *Hum. Nat.*, 3, 79-84, 2005.
Dickman C. R., « Commensal and mutualistic interactions among terrestrial vertebrates », *TREE*, 7, 194-197, 1992.
Dobzhansky T., « A critique of the species concept in biology », *Phil. Sc.*, 2, 344-355, 1935.
Doncaster C. P., G. E. Pound, S. J. Cox, « The ecological cost of sex », *Nature*, 404, 281-285, 2000.
Douzery *et al.*, « The timing of eukaryotic evolution. Does a relaxed molecular clock reconcile proteins and fossils ? », *PNAS*, 101, 15386-15391, 2004.
Dowling T. E., C. L. Secor, « The role of hybridization and introgression in the diversification of animals », *Ann. Rev. Ecol. Syst.*, 28, 593-619, 1997.
Drickamer L. C., P. A. Gowaty, C. M. Holmes, « Free female mate choice in house mice affects reproductive success and offspring viability and performance », *Anim. Behav.*, 59, 371-378, 2000.

Dubois F., F. Cézilly, « Breeding success and mate retention in birds, a meta-analysis », *Behav. Ecol. Sociobiol.*, 52, 357-364, 2002.

Duffie C., T. C. Glenn, F. H. Vargas, P. G. Parker, « Genetic structure within and between island populations of the flightless cormorant (*Phalacrocorax harrisi*) », *Mol. Ecol.*, 18, 2103-2111, 2009.

Dujon B., « Yeasts illustrate the molecular mechanisms of eukaryotic genome evolution », *Trends Genet.*, 22, 375-387, 2006.

Dumont J. N., A. R. Brummett, « Egg envelopes in vertebrates », *Devel. Biol.*, 1, 235-288, 1985.

Duncan C. J., P. M. Sheppard, « Sensory discrimination and its role in the evolution of Batesian Mimicry », *Behaviour*, 24, 269-282, 1965.

Duncan L. *et al.*, « The VARL gene family and the evolutionary origins of the master cell-type regulatory gene, *regA*, in *Volvox carteri* », *J. Mol. Evol.*, 65, 1-11, 2007.

Dunn P. O., R. J. Robertson, D. Michaud-Freeman, P. R. Boag, « Extrapair paternity in tree swallows, why do females mate with more than one male ? », *Behav. Ecol. Sociobiol.*, 35, 273-281, 1994.

Edler R., T. W. P. Friedl, « Within-pair young are more immunocompetent than extrapair young in mixed-paternity broods of the red bishop », *Anim. Behav.*, 75, 391-401, 2008.

Egel R., « Primal eukaryogenesis, on the communal nature of precellular states, ancestral to modern life », *Life*, 2, 170-212, 2012.

Egel R., D. Penny, « On the origin of meiosis in eukaryotic evolution, coevolution of meiosis and mitosis from feeble beginnings », *Gen. Dyn. Stab.*, 3, 249-288, 2008.

El Albani A. *et al.*, « Large colonial organisms with coordinated growth in oxygenated environments 2.1 Gyr ago », *Nature*, 466, 100-104, 2005.

Eldredge N., S. J. Gould, « Punctuated equilibria, an alternative to phyletic gradualism », *in* T. J. M. Schopf (éd.), *Models in Paleobiology*, Freeman Cooper, p. 82-115, 1972.

Eldredge N., S. N. Salthe, « Hierarchy and evolution », *Oxford Surveys Evol. Biol.*, 1, 184-208, 1984.

Embley M. T., W. Martin, « Eukaryotic evolution, changes and challenges », *Nature*, 440, 623-630, 2006.

Emlen J. M., « Batesian mimicry, a preliminary theoretical investigation of quantitative aspects », *Amer. Nat.*, 102, 235-41, 1968.

Engel C., « Livestock self-medication », *in* T. F. Morris, M. T. Keilty (éd.), *Alternative Health Practices for Livestock*, Blackwell, p. 54-61, 2006.

Engel C., *Wild Health*, Weidenfeld and Nicolson, 2002.

Erdös G. W., K. B. Raper, L. K. Vogen, « Sexuality in the Cellular Slime Mold *Dictyostelium giganteum* », *PNAS*, 72, 970-973, 1975.

Estonba A. *et al.*, « The genetic distinctiveness of the three Iberian hare species, *Lepus europaeus, L. granatensis*, and *L. castroviejoi* », *Mam. Biol.*, 71, 52-59, 2006.

Extavour C., « Oogenesis, making the Mos of Meiosis », *Curr. Biol.*, 2009, 19, R489-491.

Felsenstein J., « The evolutionary advantage of recombination », *Genetics*, 1974, 78, 737-756.

Field M. C., J. B. Dacks, « First and last ancestors, reconstructing evolution of the endomembrane system with ESCRTs, vesicle coat proteins, and nuclear pore complexes », *Curr. Opin. Cell Biol.*, 21, 4-13, 2009.

Fisher H. S., G. G. Rosenthal, « Male swordtails court with an audience in mind », *Biol. Lett.*, 3, 5-7, 2007.

Fisher R. A., *The Genetical Theory of Natural Selection*, Clarendon, 1930.

Flack J. C., M. Girvan, F. B. M. de Waal, D. C. Krakauer, « Policing stabilizes construction of social niches in primates », *Nature*, 439, 426-429.

Foitzik S., J. M. Herbers, « Colony structure of a slavemaking ant, II. Frequency of slave raids and impact on the host population », *Evolution*, 55, 316-323, 2001.

Follmann H., C. Brownson, « Darwin's warm little pond revisited, from molecules to the origin of life », *Naturwiss.*, 96, 1265-1292, 2009.

Fontaneto D. *et al.*, « Independently evolving species in asexual bdelloid rotifers », *PLoS Biol.*, 5, e87, 2007.

Forstmeier W., K. Martin, E. Bolund, H. Schielzeth, B. Kempenaers, « Female extra-pair mating behavior can evolve via indirect selection on males », *PNASS*, 2012.

Forterre P., S. Gribaldo, « Bacteria with a eukaryotic touch, a glimpse of ancient evolution ? », *PNAS*, 107, 12739-12740, 2010.

Forterre P., « Thermoreduction a hypothesis for the origin of prokaryotes », *C. R. Acad. Sci.*, 318, 415-422, 1995.

Foster J. B., « The evolution of mammals on islands », *Nature*, 202, 4929, 234-235, 1964.

Fragoso J., J. Huffman, « Seed-dispersal and seedling recruitment patterns by the last Neotropical megafaunal element in Amazonia, the tapir », *J. of Tropical Ecology*, 16, 369-385, 2000.

Fredriksson R. *et al.*, « The G-protein-coupled receptors in the human genome form five Mmin families », *Mol. Pharmacol.*, 63, 1256-1272, 2003.

Friedl T. W. P., G. M. Klump, « Extra-pair paternity in the red bishop *Euplectes orix*, is there evidence for the good-genes hypothesis ? », *Behaviour*, 139, 777-800, 2002.

Fuller R. C., D. Houle, J. Travis, « Sensory bias as an explanation for the evolution of mate preferences », *Am. Nat.*, 166, 437-446, 2005.

García-Moreno J., M. S. Roy, E. Geffen, R. K. Wayne, « Relationships and genetic purity of the endangered mexican wolf, an analysis of 10 microsatellite loci », *Conserv. Biol.*, 10, 376-389, 1996.

Gaubert P., C. Bloch, S. Benyacoub, A. Abdelhamid, P. Pagani *et al.*, « Reviving the African Wolf Canis lupus lupaster in North and West Africa », *PLoS One*, 78, e42740, 2012.

Gavrilets S., T. I. Hayashi, « Sexual conflict and speciation », *Evol. Ecol.*, 19, 167-198, 2005.

Gavrilets S., D. Waxman, « Sympatric speciation by sexual conflict », *PNAS*, 99, 10533-10538, 2002.

Generoux D. P., J. M. Logsdon, « Much ado about bacteria-to-vertebrate lateral gene transfer », *Trends in Gen.*, 194, 191-195, 2003.

Gerlach N. M., J. W. McGlothlin, P. G Parker, E. D. Ketterson, « Reinterpreting Bateman gradients, multiple mating and selection in both sexes of a songbird species », *Behav. Ecol.*, 23, 1078-1088, 2012.

Geyer L. B., S. R. Palumbi, « Reproductive character displacement and the genetics of gamete recognition in tropical », *Evolution*, 57, 1049-1060, 2003.

Ghiselin M., *The Economy of Nature and the Evolution of Sex*, Univ. California Press, 1974.

Gibbons A., « Who were the Denisovans ? », *Science*, 333, 1084-1087, 2011.

Gibbons A., « Y chromosome shows that Adam was an African », *Science*, 31, 278, 804-805.

Gilbert W., « Origin of life. The RNA world », *Nature*, 319, 618, 1997.

Gilman A. G., « G proteins : Transducers of receptor-generated signals », *Ann. Rev. Biochem.*, 56, 615-649, 1987.

Glansdorff N., Y. Xu, B. Labedan, « The last universal common ancestor. Emergence, constitution and genetic legacy of an elusive forerunner », *Biol. Direct.*, 3, 29-35, 2008.

Gogarten J. P., F. Townsend, « Horizontal gene transfer, genome innovation and evolution », *Nature Rev. Microbiol.*, 3, 679-687, 2005.

Goldberg E. E., B. Igic, « On phylogenetic tests of irreversible evolution », *Evolution*, 62, 2727-2741, 2008.

Goldenfeld N., C. Woese, « Biology's next revolution », *Nature*, 445, 369, 2007.

Goldschmidt R. B., *In and Out of the Ivory Tower*, Univ. of Washington Press, 1960.

Goodwin D., « Some aspects of the behavior of the jay *Garrulus glandarius* », *Ibis*, 93, 414-442, 602-625, 1951.

Gordon I. J., D. A. S. Smith, « Diversity in mimicry », *TREE*, 14, 150-151, 1999.

Gotelli D. *et al.*, « Molecular genetics of the most endangered canid, the Ethiopian wolf *Canis simensis* », *Mol. Ecol.*, 34, 301-312, 1994.

Gould S. J., *Wonderful Life : The Burgess Shale and the Nature of History*, Norton, 1989.

Gould S. J., *The Structure of Evolutionnary Theory*, The Belknap Press of Harvard Univ. Press, 2002.

Gould S. J., *Le Pouce du panda*, Grasset, 1982.

Gould S. J., *The Structure of Evolutionary Thought*, Harvard University Press, 2002.

Gould S. J., R. C. Lewontin, « The spandrels of San Marco and the Panglossian paradigm, a critique of the adaptationist programme », *Proc. R. Soc. Lond. B.*, 205, 581-598, 1979.

Gould S. J., E. Vrba, « Exaptation – a missing term in the science of form », *Paleobiology*, 8, 4-15, 1982.

Goulven L. (éd.), *Jean-Baptiste Lamarck : 1744-1829*, Actes du 119ᵉ Congrès national des sociétés historiques et scientifiques, section d'histoire des sciences et des techniques, Amiens, 25 octobre, 1994.

Gourbière S., J. Mallet, « Are species real ? The shape of the species boundary with exponential failure, reinforcement, and the 'missing snowball », *Evolution*, 64, 1-24, 2009.

Gouyon P.-H., J.-P. Henry, J. Arnould, *Les Avatars du gène, théorie néodarwinienne de l'évolution*, Belin, 1997.

Gouyon P.-H. (éd.), *Aux origines de la sexualité*, Fayard, 2009.

Gowaty P. A., « Evolutionary biology and feminism », *Human Nat.*, 3, 217-249, 1992.

Gowaty P. A. (éd.), *Feminism and Evolutionary Biology*, Chapman, 1997.

Grant P. R., B. R. Grant, « Evolution of character displacement in Darwin's finches », *Science*, 313, 224-226, 2006.

Grinnell J., C. Packer, A. E. Pusey, « Cooperation iu male lions : Kinship, reciprocity or mutualism », *Anim. Behav.*, 49, 95-105, 1995.

Gross J., Bhattacharya D., « Uniting sex and eukaryote origins in an emerging oxygenic world », *Biol. Direct.*, 5, 53, 1-53, 2010.

Güntürkün O., « Adult persistence of head-turning asymmetry », *Nature*, 421, 711, 2003.

Haddon M. W., « Introgressive hybridisation, clucks, and ecological character displacement », *New Zeal. J. Zool.*, 25, 245-248, 1998.

Hadid Y. *et al.*, « Is evolution of blind mole rats determined by climate oscillations ? », *PLoS One*, 71, e30043, 2012.

Haig D., A. Wilczek, « Sexual conflict and the alternation of haploid and diploid generations », *Phil. Trans. R. Soc. B. Biol. Sc.*, 361, 335-343, 2006.

Haldane J. B. S., « Sex ratio and unisexual sterility in hybrid animals », *J. Genet.*, 12, 101-109, 1922.

Haldane J. B. S., « A mathematical theory of natural and artificial selection », *Proc. Camb. Phil. Soc.*, 23, 19-41, 1924.

Hamilton W., « Selfish and spiteful behaviour in an evolutionary model », *Nature*, 228, 1218-1219, 1970.

Han T., B. Runnegar, « Megascopic eukaryotic algae from 1.2 billion years old Negaunee iron formation, Michigan », *Science*, 257, 232-235, 1992.

Haucourt A. H., F. B. M. de Waal (éd.), *Coalitions and Alliances in Humans and Other Animals*, Oxford Univ. Press, 1992.

Haynes G., *Mammoths, Mastodonts and Elephants. Biology, Behaviour, and the Fossil Record*, Cambridge Univ. Press, 1991.

Helm B., T. Piersma, H. Van der Jeugd, « Sociable schedules interplay between avian seasonal and social behaviour », *Anima. Behav.*, 72, 245-262.

Hennig W., *Phylogenetic Systematics*, Illinois University Press, 1966.

Hennig W., « "Cladistic analysis or cladistic classification ?" A reply to Ernst Mayr », *Syst. Zool.*, 24, 244-256, 1975.

Henry C. S., M. L. M. Wells, « Adaptation or random change ? The evolutionary response of songs to substrate properties in lacewings », *Anim. Behav.*, 68, 879-895 2004.

Herbers J. M., C. J. DeHeer, S. Foitzik, « Conflict over sex allocation drives conflict over reproductive allocation in perennial social insect colonies », *Am. Nat.*, 158, 178-192, 2001.

Herre E. A., N. Knowlton, U. G. Mueller, S. A. Rehner, « The evolution of mutualisms, exploring the path between conflict and cooperation », *Trends in Ecol. Evol.*, 142, 49-53, 1999.

Herridge A., M. Lister, « Extreme insular dwarfism evolved in a mammoth », *Proc. R. Soc. B.*, 279, 1741, 2012.

Herron M. D., R. E. Michod, « Evolution of complexity in the volvocine algae. Transitions in individuality through Darwin's eye », *Evolution*, 62, 436-451, 2008.

Hill G. E., R. Montgomerie, C. Roeder, P. Boag, « Sexual selection and cuckoldry in a monogamous songbird, implications for sexual selection theory », *B. E. S.*, 35, 193-199, 1994.

Höbel G., H. C. Gerhardt, « Reproductive character displacement in the acoustic communication system of green tree frogs *Hyla cinerea* », *Evolution*, 57, 894-904, 2003.

Holbach P.-H. d', *Système de la nature ou Des lois du monde physique et du monde moral*, 1770.

Homyack J. A. *et al.*, « Canada lynx-bobcat *Lynx canadensis* x *L. rufus* hybrids at the southern periphery of lynx range in Maine, Minnesota and New Brunswick », *Amer. Midl. Nat.*, 159, 504-508, 2008.

Hough R. B., A. Avivi, J. Davis, A. Joel, E. Nevo, J. Piatigorsky, « Adaptive evolution of small heat shock protein », *PNAS*, 99 (12), 8145-8150, 2002.

Horandl E. A., « Combinational theory for maintenance of sex », *Heredity*, 103, 445-457, 2009.

Hurst L. D., « Why are there only two sexes ? », *Proc. R. Soc. Lond. B. Biol. Sci.*, 263, 415-422, 1996.

Ichinose K., A. Lenoir, « Reproductive conflict between laying workers in the ant, Aphaenogaster senilis », *J. Ethol.*, 2009.

Insel T. R., J. T. Winslow, Z. X. Wang, L. J. Young, « Oxytocin, vasopressin, and the neuroendocrine basis of pair bond formation », *Adv. Exp. Med. Biol.*, 449, 215-224, 1998.

Irwin R., J. L. Bronstein, J. Manson, L. E., « Richardson, Nectar-robbing, ecological and evolutionary perspectives », *Ann. Rev. Ecol., Evol. Syst.*, 41, 271-292, 2010.

Iwanishi S., E. Hasegawa, K. Ohkawara, « Worker oviposition and policing behaviour in the myrmicine ant *Aphaenogaster smythiesi japonica* Forel », *Anim. Behav.*, 65, 1-7, 2003.

Jacob F., « Evolution and tinkering », *Science*, 196, 1161-1166, 1977.

Jain R., M. C. Rivera, J. E. Moore, J. A. Lake, « Horizontal gene transfer accelerates genome innovation and evolution », *Mol. Biol. Evol.*, 1598-1602, 2003.

Jang Y., H. C. Gerhardt, « Divergence in the calling songs between sympatric and allopatric populations of a wood cricket *Gryllus fultoni* Orthoptera, Gryllidae », *J. Evol. Biol.*, 19, 459-472, 2006.

Javaux E. J., C. P. Marshall, A. Bekker, « Organic-walled microfossils in 3.2 billion-year-old shallow-marine siliciclastic deposits », *Nature*, 463, 934-938, 2010.

Jeschke J. M., S. Wanless, M. P. Harris, H. Kokko, « How partnerships end in guillemots *Uria aalge*, chance events, adaptive change, or forced divorce ? », *Behav. Ecol.*, 18, 460-466, 2007.

Jiggins C. D., J. Mallet, « Bimodal hybrid zones and speciation », *TREE*, 15, 250-255, 2000.

Jiggins C. D., R. E. Naisbit, R. L. Coe, J. Mallet, « Reproductive isolation caused by colour pattern mimicry », *Nature*, 411, 302-305, 2001.

Johanet A., J. Secondi, O. Pays, A. Pagano, T. Lodé, C. Lemaire, « A case of reproductive character displacement in female palmate newts *Lissotriton helveticus* », *C. R. Biologies*, 332, 548-557, 2009.

Johnsen A., J. T. Lifjeld, P. A. Rohde, C. R. Primmer, H. Ellegren, « Sexual conflict over fertilizations, female bluethroats escape male paternity guards », *Behav. Ecol. Sociobiol.*, 43, 401-408, 1998.

Johnson K. P., M. Kennedy, K. G. McCracken, « Reinterpreting the origins of flamingo lice, cospeciation or host-switching ? », *Biol. Lett.*, 22, 275-278, 2006.

Joly J., F. Chesnel, D. Boujard, « Biological adapatations and reproductive strategies in the genus *Samandra* », *Mertensiella*, 4, 255-269, 1994.

Joron M., Y. Iwasa, « The evolution of a Müllerian mimic in a spatially-distributed community », *J. Theor. Biol.*, 237, 87-103, 2005.

Joron M., « Polymorphic mimicry, microhabitat use, and sex-specific behaviour », *J. Evol. Biol.*, 18, 547-556, 2005.

Kaper J., J. Hacker, *Pathogenicity Islands and Other Mobile Genetic Elements*, ASM Press, 1999.

Katzav-Gozansky T., V. Soroker, A. Hefetz, « Evolution of worker sterility in honey bees, egg-laying workers express queen-like secretion in Dufour's gland », *Behav. Ecol. Sociobiol.*, 51, 588-589, 2002.

Kawli T. S., S. Kaushik, « Cell fate choice and social evolution in *Dictyostelium discoideum*, Interplay of morphogens and heterogeneities », *J. Biosciences*, 26, 130-133, 2001.

Keeling P. J., « Functional and ecological impacts of horizontal gene transfer in eukaryotes », *Curr. Op. Gen. Dev.*, 19, 613-619, 2009.

Kellner J., R. A. Alford, « The ontogeny of fluctuating asymmetry », *Am. Nat.*, 161, 931-947 2003.

Kempenaers B., G. R. Verheyen, M. Van den Broeck, T. Burke, C. Van Broeckhoven, A. A. Dhondt, « Extra-pair paternity results from female preference for high-quality males in the blue tit », *Nature*, 357, 494-496, 1992.

Kiers E. T., T. M. Palmer, A. R. Ives, J. F. Bruno, J. L. Bronstein, « The global breakdown of mutualistic interactions among species », *Ecol. Lett.*, 13, 1459-1474, 2010.

Kikuchi D. W., D. W. Pfennig, « A Batesian mimic and its model share color production mechanisms », *Curr. Zool.*, 58, 657-666, 2012.

King N., « The unicellular ancestry of animal development », *Dev. Cell*, 7, 313-325, 2004.

Kirk D. L., I. Nishii, « *Volvox carteri* as a model for studying the genetic and cytological control of morphogenesis », *Dev. Growth Diff.*, 43, 621-631, 2001.

Koch A. L., S. Silver, « The first cell », *Adv. Microb. Physiol.*, 50, 227-259, 2005.

Kondrashov A. S., « Sex and deleterious mutations », *Nature*, 369, 99-100, 1994.

Koonin E. V., « Darwinian evolution in the light of genomics », *Nucleic Acids Research*, 37, 1011-1034, 2009.

Koonin E. V., « The origin and early evolution of eukaryotes in the light of phylogenomics », *Genome Biol.*, 11, 209, 2010.

Krause J. et al., « The complete mitochondrial DNA genome of an unknown hominin from southern Siberia », *Nature*, 464, 7290, 894-897, 2010.

Krebs J. R., N. B. Davis, *Behavioral Ecology, an Evolutionary Approach*, Blackwell, 1991.

Krief S., J. M. Krief, J. Kasenene, T. Sévenet, C. M. Hladik, G. Snounou, J. Guillot, « Great apes, who are they ? Are they able to self-medicate ? », *Bull. Acad. Natl. Med.*, 1958, 1927-1935, 2012.

Kropotkine P., *L'Entr'aide, un facteur de l'évolution*, 1902, Écosociété, Québec, 2001.

Kruger D. J., C. J. Fitzgerald, « Understanding sex differences in human mortality rates through Tinbergen's four questions », *Hum. Ethol. Bull.*, 26, 8-24, 2011.

Kühnel S., S. Reinhard, A. Kupfer, « Evolutionary reproductive morphology of amphibians, an overview », *B. Zool. Bull.*, 57, 119-126, 2010.

Kupiec J.-J., « A probabilist theory for cell differentiation, embryonic mortality and DNA C-value paradox », *Specul. Sci. Technol.*, 6, 471-478, 1983.

Kupiec J.-J., *L'Origine des individus*, Fayard, 2008.

Kupiec J.-J., P. Sonigo, *Ni Dieu ni gène, pour une autre théorie de l'hérédité*, Seuil, 2000.

Kurland C. G., L. J. Collins, D. Penny, « Genomics and the irreducible nature of eukaryote cells », *Science*, 312, 1011-1014, 2006.

Lake J. A., M. C. Rivera, « Was the nucleus the first endosymbiont ? », *Proc. Natl. Acad. Sci. USA*, 91, 2880-2881, 1994.

Lamarck J.-B. (1809), *Philosohie zoologique*, Flammarion, « GF », 1994.

Lane N., W. Martin, « The energetics of genome complexity », *Nature*, 467, 929-934, 2010.

Lane N., « Energetics and genetics across the prokaryote-eukaryote divide », *Biol. Direct.*, 6, 35, 2011.

Lane N., J. F. Allen, W. Martin, « How did LUCA make a living ? Chemiosmosis in the origin of life », *BioEssays*, 32, 271-280, 2010.

Lardy S., A. Cohas, I. Figueroa, D. Allainé, « Mate change in a socially monogamous mammal, evidences support the "forced divorce" hypothesis », *Behav. Ecol.*, 221, 120-125, 2011.

Lahr D. J. G., L. Wegener Parfrey, E. A. D. Mitchell, L. A. Katz, E. Lara, « The chastity of amoebae : Re-evaluating evidence for sex in amoeboid organisms », *Proc. Biol. Sci.*, 278, 2081-2090, 2011.

Larry J. Y., R. Nilsen, K. G. Waymire, G. R. MacGregor, T. R. Insel, « Increased afiliative response to vasopressin in mice expressing the V1a receptor from a monogamous vole », *Nature*, 400, 766-768, 1999.

Le Galliard J.-F., R. Ferrière, U. Dieckmann, « The adaptive dynamics of altruism in spatially heterogeneous populations », *Evolution*, 57, 1-17, 2003.

Le Guigo P., A. Rolier, J. Le Corff, « Plant neighborhood influences colonization of Brassicaceae by specialist and generalist aphids », *Œcologia*, 169, 753-761, 2012.

Le Guyader H., G. Lecointre, *Classification phylogénétique du vivant*, Belin, 2001.

Leavens D., « Animal communication. Laughter is the shortest distance between two apes », *Curr. Biol.*, 19, 511-513, 2009.

Lecointre G., *Guide critique de l'évolution*, Belin, 2009.

Lehman N., « A recombination-based model for the origin and early evolution of genetic information », *Chem. Biodiv.*, 5, 1707-1717, 2008.

Lehman N., A. Eisenhower, K. Hansen, L. D. Mech, R. O. Peterson, P. J. P. Gogan, R. K. Wayne, « Introgression of coyote mitochondrial DNA into sympatric North American grey wolf populations », *Evolution*, 45, 104-119, 1991.

Lemasson A., E. Gandon, M. Hausberger, « Attention to elders' voice in non-human primates », *Biol. Lett.*, 6, 325-328, 2010.

Lemmon A. R., C. Smadja, M. Kirkpatrick, « Reproductive character displacement is not the only outcome of reinforcement », *J. Evol. Biol.*, 17, 177-183, 2004.

Lenoir A., P. D'Ettorre, C. Errard, A. Hefetz, « Chemical ecology and social parasitism in ants », *Ann. Rev. Entomol.*, 46, 573-579, 2001.

Lesbarrères D., « Sex or no sex, reproduction is not the question », *BioEssays*, 33, 818, 2011.

Lesbarrères D., L. Fahrig, « Measures to reduce population fragmentation by roads. What has worked and how do we know ? », *TREE*, 27, 374-80, 2012.

Lesbarrères D., M. Fowler, A. Pagano, T. Lodé, « Recovery of anuran community diversity following habitat replacement », *J. Appl. Ecol.*, 47, 148-156, 2010.

Lesbarrères D., J. Merilä, T. Lodé, « Male breeding success is predicted by call frequency in a territorial species, the agile frog *Rana dalmatina* », *Can. J. Zool.*, 86, 1273-1279, 2008.

Lesbarrères D., T. Lodé, J. Merilä, « What type of amphibian tunnel could reduce road kills ? », *Oryx*, 38, 220-223, 2004.

Lesbarrères D., A. Pagano, T. Lodé, « Inbreeding and road effect zone in a Ranidae, the case of Agile frog, *Rana dalmatina* Bonaparte, 1840 », *C. R. Biol.*, 326, 68-72, 2003.

Lesbarrères D., C. R. Primmer, T. Lodé, J. Merilä, « The effects of 20 years of highway presence on the genetic structure of *Rana dalmatina* populations », *Ecoscience*, 13, 531-536, 2006.

Lewis P. J., « Bacterial chromosome segregation », *Microbiol.*, 14, 519-526, 2001.

Lichten M., « Meiotic recombination, breaking the genome to save it », *Curr. Biol.*, 11, 253-256, 2001.

Lieberman B. S., E. S. Vrba, « Hierarchy theory, selection, and sorting », *BioScience*, 45, 394-399, 1995.

Liou L. W., T. D. Price, « Speciation by reinforcement of premating isolation », *Evolution*, 48, 1451-1459, 1994.

Lippolis G., J. M. Joss, L. J. Rogers, « Australian lungfish Neoceratodus forsteri, a missing link in the evolution of complementary side biases for predator avoidance and prey capture », *Brain Behav. Evol.*, 73, 295-303, 2009.

Liu J., L. Yu, M. L. Arnold, C. H. Wu, S. F. Wu, X. Lu, Y. P. Zhang, « Reticulate evolution, frequent introgressive hybridization among chinese hares genus Lepus revealed by analyses of multiple mitochondrial and nuclear DNA loci », *BMC Evol. Biol.*, 11, 223, 2011.

Livezey B. C., « Flightlessness in the Galápagos cormorant Compsohalieus [Nannopterum] harrisi, heterochrony, giantism and specialization », *Z. J. Linn. Soc.*, 105, 155-224, 1992.

Lodé T., « Effect of a motorway on mortality and isolation of wildlife populations », *Ambio*, 29, 163-166, 2000.

Lodé T., « Functional response and area-restricted search of a predator, seasonal exploitation of anurans by European polecat *Mustela putorius* », *Austral Ecol.*, 25, 223-231, 2000.

Lodé T., « Character convergence in advertisement call and mate choice in two genetically distinct water frog hybridogenetic lineages *Rana kl esculenta, R. kl grafi* », *J. Zool. Syst. Evol. Res.*, 39, 91-96, 2001.

Lodé T., « Genetic divergence without spatial isolation in polecat *Mustela putorius* populations », *J. Evol. Biol.*, 14, 228-236, 2001.

Lodé T., *Les Stratégies de reproduction des animaux : l'aventure évolutive de la sexualité*, Dunod/Masson, 2001.

Lodé T., « Kin recognition versus familiarity in a solitary mustelid, the European polecat *Mustela putorius* », *C. R. Biologies*, 331, 248-254, 2008.

Lodé T., « Sex is not a solution for reproduction, the libertine bubble theory », *BioEssays*, 33, 419-422, 2011.

Lodé T., « Sex and the origin of genetic exchanges », *Trends in Evol. Biol.*, 4, e1, 2012.

Lodé T., « For quite a few chromosome more, the origin of eukaryotes », *J. Mol. Biol.*, 423, 135-142, 2012.

Lodé T., « Oviparity or viviparity ? That is the question... », *Reprod. Biol.*, 12, 259-264, 2012.

Lodé T., « Have sex or not, lessons from bacteria », *Sex. Dev.*, 6, 325-328, 2012.

Lodé T., « Adaptive significance and long-term survival of asexual lineages », *Evol. Biol.*, 2013.

Lodé T., D. Le Jacques, « Influence of advertisement call on reproductive success in *Alytes obstetricans* », *Behaviour*, 140, 885-898, 2003.

Lodé T., J. P. Cormier, D. Le Jacques, « Decline in endangered species as an indication of anthropic pressures, the case of European mink *Mustela lutreola* western population », *Envir. Manag.*, 28, 727-735, 2001.

Lodé T., G. Guiral, D. Peltier, « European mink-polecat hybridization events, hazards from natural process ? », *J. Hered.*, 96, 1-8, 2005.

Lomolino M. V., « Body size evolution in insular vertebrates, generality of the island rule », *J. Biogeog.*, 32, 1683-1699, 2005.

Lorenz E., « Predictability. Does the Flap of a Butterfly's Wings in Brazil Set off a Tornado in Texas ? », *Am. Ass. Adv. Sc.*, 1972.

Losos J. B., « Ecological character displacement and the study of adaptation », *PNAS*, 97, 5693-5695, 2000.

Lourenço P., C. Brito, T. Backeljau, D. Thierry, M. A. Ventura, « Molecular systematic of *Chrysoperla carnea* group in Europe », *J. Zool. Syst. Evol. Res.*, 44, 180-184, 2006.

Loxdale H. D., G. Lushai, « Rapid changes in clonal lines, the death of a sacred cow », *Biol. J. Linn. Soc.*, 2003, 79, 3-16.

Loyau A., M. Saint Jalme, C. Cagniant, G. Sorci, « Multiple sexual advertisements honestly reflect health status in peacocks Pavo cristatus », *B. E. S.*, 58, 552-557, 2005.

Lucotte G., *Introduction à l'anthropologie moléculaire. Ève était noire*, Fayard, 1995.

Lyell K., *The Life and Letters of Sir Charles Lyell*, vol. 1, 1881.

McNab B. K., « Minimizing energy expenditure facilitates vertebrate persistence on oceanic islands », *Ecol. Lett.*, 5, 693-704, 2002.

Madden J. R., J. F. Nielsen, T. H. Clutton-Brock, « Do networks of social interactions reflect patterns of kinship ? », *Curr. Zool.*, 58, 319-328, 2012.

Maiden M., « Horizontal genetic exchange, evolution, and spread of antibiotic resistance in bacteria », *Clin. Infect. Dis.*, 27, S12-20, 1998.

Mallet J., M. Joron, « The evolution of diversity in warning colour and mimicry », *Ann. Rev. Ecol. Syst.*, 1999.

Mallet J., N. H. Barton, « Strong natural selection in a warning-color hybrid zone », *Evolution*, 43, 421-431, 1989.

Mallet J., « A species definition for the modern synthesis », *TREE*, 10, 294-299, 1995.

Mallet J., « Hybrid speciation », *Nature*, 446, 279-283, 2007.

Manning J. T., « Choosy females and correlates of male age », *J. Theor. Biol.*, 116, 349-354, 1985.

Mans B. J., V. Anantharaman, L. Aravind, E. V. Koonin, « Comparative genomics, evolution and origins of the nuclear envelope and nuclear pore complex », *Cell Cycle*, 3, 1612-1637, 2004.

Marcellini D. L., T. E. Keefer, « Analysis of the gliding hehavior of *Ptychozoon lionatum* [sic] Reptilia, Gekkonidae », *Herpetologica*, 32, 362-366, 1976.

Margulis L., M. F. Dolan, R. Guerrero, « The chimeric eukaryote. Origin of the nucleus from the karyomastigont in amitochondriate protists », *PNAS*, 97, 6954-6959, 2000.

Margulis L., *Origin of Eukaryotic Cells*, Yale Univ. Press, 1970.

Margulis L., « Archaeal-eubacterial mergers in the origin of Eukarya, phylogenetic classification of life », *PNAS*, 93, 1071-1076, 1996.

Marshall D. C., J. R. Cooley, « Reproductive character displacement and speciation in periodical cicadas, with description of a new species, 13-year *Magicicada neotredecim* », *Evolution*, 54, 1313-1325, 2000.

Marshall J. L., M. L. Arnold, D. J. Howard, « Reinforcement with multiple mating », *TREE*, 18, 166, 2003.

Martens K., G. Rossetti, D. J. Home, « How ancient are ancient asexuals ? », *PNAS*, 270, 723-729, 2003.

Martin N., S. Muller, M. Kahlenberg, M. E. Thompson, R. W. Wrangham, « Male coercion and the costs of promiscuous mating for female chimpanzees », *Proc. Biol. Sci.*, 274, 1009-1014, 2007.

Martin R. A., D. W. Pfennig, « Evaluating the targets of selection during character displacement », *Evolution*, 65, 2946-2958, 2011.

Martin S. J., G. R. Jones, « Conservation of bio-synthetic pheromone pathways in honeybees *Apis* », *Naturwiss.*, 91, 232-236, 2004.

Martin S. J., N. Chaline, B. P. Oldroyd, G. R. Jones, F. L. W. Ratnieks, « Egg marking pheromones of anarchistic worker honeybees (*Apis mellifera*) », *Behav. Ecol.*, 15, 839-844, 2004.

Martin S. J., G. R. Jones, N. Chaline, H. Middleton, F. L. W. Ratnieks, « Reassessing the role of the honeybee (*Apis mellifera*) Dufour's glands in egg marking », *Naturwiss.*, 89, 528-532, 2002.

Martin W. F., « Evolutionary origins of metabolic compartmentalization in eukaryotes », *Phil. Trans. R. Soc. B.*, 365, 847-855, 2010.

Martinson B. C., M. S. Andersson, R. De Vries, « Scientists behaving badly », *Nature*, 435, 737-738, 2005.

Meyer M. *et al.*, « A High-Coverage genome sequence from an archaic Denisovan individual », *Science*, 338 (6104), 222-226, 2012.

Maynard Smith J., *Evolutionary Genetics*, Oxford Univ. Press, 1989.

Maynard Smith J., G. R. Price, « The logic of animal conflict », *Nature*, 246, 15-18, 1973.

Maynard-Smith J. M., *The Evolution of Sex*, Cambridge Univ. Press, 1978.

Mayr E., *Animal Species and Evolution*, The Belknap Press/Harvard Univ. Press, 1963.

Mayr E., *Après Darwin, la biologie, une science pas comme les autres*, Dunod, 2006.

McDermott S. R., M. A. F. Noor, « The role of meiotic drive in hybrid male sterility », *Phil. Trans. R. Soc. B.*, 365, 1265-1272, 2010.

McInerney J. O., W. F. Martin, E. V. Koonin, J. F. Allen, M. Y. Galperin, N. Lane *et al.*, « Planctomycetes and eukaryotes, a case of analogy not homology », *BioEssays*, 33, 810-817, 2011.

McLennan D. A., M. J. Ryan, « Female swordtails, *Xiphophorus continens*, prefer the scent of heterospecific males », *Anim. Behav.*, 75, 1731-1737, 2008.

Megan L., « Head Robert Brooks sexual coercion and the opportunity for sexual selection in guppies », *Anim. Behav.*, 71, 515-522, 2006.

Meiri S., N. Cooper, P. Purvis, « The island rule, made to be broken ? », *Proc. R. Soc. B.*, 275, 141-148, 2008.

Meiri S., D. Simberloff, T. Dayan, « Community-wide *character displacement* in the presence of clines. A test of Holarctic weasel guild », *J. Anim. Ecol.*, 80, 824-834, 2011.

Meiri S., T. Dayan, D. Simberloff, « Body size of insular carnivores, little support for the island rule », *Am. Nat.*, 163, 469-479, 2004.

Michod R., D. Roze, « Cooperation and conflict in the evolution of multicellularity », *Heredity*, 86, 1-7, 2001.

Michod R., « Evolution of the individual », *Am. Nat.*, 150, S5, 1997.

Miller S. M., D. L. Kirk, « *glsA*, a *Volvox* gene required for asymmetric division and germ cell specification, encodes a chaperone-like protein », *Development*, 126, 649-658, 1999.

Møller A. P., « Preferred males acquire mates of higher phenotypic quality », *Proc. R. Soc. Lond. B.*, 245, 179-*182*, 1991.

Monroe M., F. Bokma, « Punctuated equilibrium in a neontological context », *Theor. Biosc.*, 2010.

Moran Y., D. Fredman, P. Szczesny, M. Grynberg, U. Technau, « Recurrent horizontal transfer of bacterial toxin genes to eukaryotes », *Mol. Biol. Evol.*, on line, 2012.

Morange M., *La Vie expliquée ? 50 ans après la double hélice*, Odile Jacob, 2003.

Moreira D., P. Lopez-Garcia, « Symbiosis between methanogenic archaea and deltaproteobacteria as the origin of eukaryotes, the syntrophic hypothesis », *J. Mol. Evol.*, 47 (5), 517-530, 1998.

Mori A., D. Grasso, R. Visicchio, F. Le Moli, « Colony founding in *Polyergus rufescens*, the role of the Dufour's gland », *Insect. Soc.*, 47, 7-10, 2000.

Morran L. T., O. G. Schmidt, I. A. Gelarden, R. C. I. Parrish, C. M. Lively, « Running with the red queen, host-parasite coevolution selects for biparental sex », *Science*, 333, 216-218, 2011.

Morwood M. J. *et al.*, « Archaeology and age of a new hominin from Florès in eastern Indonesia », *Nature*, 431, 1087-1091, 2004.

Muchhala N., M. D. Pott, « Character displacement among bat-pollinated flowers of the genus Burmeistera, analysis of mechanism, process and pattern », *Proc. R. Soc. B.*, 274, 2731-2737, 2007.

Muchhala N., J. D. Thomson, « Going to great lengths, selection for long corolla tubes in an extremely specialized bat-flower mutualism », *Proc. R. Soc. B.*, 276, 2147-2152, 2009.

Müller F., « Ueber die Vortheile der Mimicry bei Schmetterlingen », *Zool. Anz.*, 1, 54-55, 1878.

Naisbit R., C. D. Jiggins, J. Mallet, « Disruptive sexual selection against hybrids contributes to speciation between *Heliconius cydno* and *H. melpomene* », *Proc. Roy. Soc. B.*, 268, 1849-1854, 2001.

Nedelcu A. M., « Environmentally induced responses co-opted for reproductive altruism », *Biol. Lett.*, 5, 805-808, 2009.

Nevo E., H. Bar-El, « Hybridization and speciation in fossorial mole rats », *Evolution*, 30, 831-840, 1976.

Norton J., M. Ashley., « Genetic variability and population structure among wild Baird's Tapirs », *Anim. Conserv.*, 7, 211-220, 2004.

Nowak M. A., R. Highfield, *SuperCooperators, Altruism Evolution and Why We Need Each Other to Succeed ?*, Free Press, 2011.

Nowak M. A., « Five rules for the evolution of cooperation », *Science*, 314, 1560-1563, 2006.
Nowak M. A., C. Tartina, E. O. Wilson, « The evolution of eusociality ? », *Nature*, 466, 2010.
Nowak R. M., « The red wolf is not a hybrid », *Conserv. Biol.*, 6, 593-595, 1992.
O'Brien S. J., E. Mayr, « Species hybridization and protection of endangered animals », *Science*, 253, 251-252, 1991.
Ocklenburg S., O. Güntürkün, « Head-turning asymmetries during kissing and their association with lateral preference », *Laterality*, 14, 79-85, 2009.
Orlaith N. F., T. Bugnyar, « Do Ravens show consolation ? Responses to distressed others », *PLoS One*, 5, e10605, 2010.
Otte D., J. Endler (éd.), *Speciation and Its Consequences*, Sinauer, 1989.
Otto S., A. Gerstein, « Why have sex ? The population genetics of sex and recombination », *Bioch. Soc. Trans.*, 34, 519-522, 2006.
Otto S. P., « The Evolutionary consequences of polyploidy », *Cell*, 131, 452-462, 2007.
Padilla M., R. Dowler, « *Tapirus terrestris* », *Mamm. Sp.*, 481, 1-8, 1994.
Pagano A., D. Lesbarrères, R. O'Hara, A. Crivelli, M. Veith, T. Lodé, D. S. Schmeller, « Geographical and ecological distributions of frog hemiclones suggest occurrence of both "General Purpose Genotype" and "Frozen Niche Variation" clones », *J. Zool. Syst. Evol. Res.*, 46, 162-168, 2008.
Palombo M. R., « Endemic elephants of the Mediterranean Islands, knowledge, problems and perspectives », *Proc. 1st Int. Congr.*, Rome, 486-491, 2001.
Panksepp J., J. Burgdorf, « "Laughing" rats and the evolutionary antecedents of human joy ? », *Physiol. Behav.*, 79, 533-547, 2003.
Paterson H. E. H., « The recognition concept of species », *in* E. S. Vrba, (éd.), *Species and Speciation*, Transvaal Museum Monograph, 4, p. 21-29, 1985.
Payne H. F. P., J. M. Lawes, S. P. Henzi, « Competition and the exchange of grooming among female samango monkeys *Cercopithecus mitis erythrarchus* », *Behaviour*, 140, 453-471, 2003.
Pelt J. M., *La Solidarité chez les plantes, les animaux, les humains*, Fayard, 2004.
Penny D., « The evolution of meiosis and sexual reproduction », *Biol. J. Linn. Soc. Lond.*, 25, 209-220, 1985.
Pfennig D. W., K. S. Pfennig, « Character displacement and the origins of diversity », *Am. Nat.*, 176, S26-44, 2010.
Pfennig D. W., K. S. Pfennig, « Development and evolution of character displacement », *Ann. NY Acad. Sc.*, 1256, 89-107, 2012.
Pfennig D. W., « Kinship and cannibalism », *Bioscience*, 47, 667-675, 1997.
Pfennig K. S., D. W. Pfennig, « Character displacement as the "best of a bad situation", fitness trade-offs resulting from selection to minimize resource and mate competition », *Evolution*, 10, 2200-2208, 2005.

Pichot A., *La Société pure de Darwin à Hitler*, Flammarion, 2000.

Pickett C., E. F. Stevens, « Managing the social environments of Flamingos for Reproductive Success », *Zoo Biol.*, 135, 501-507, 1994.

Pieau C., « Temperature variation and sex determination in reptiles », *BioEssays*, 18, 1995.

Pluhacek J., L. Bartos, J. Vichova, « Variation in incidence of male infanticide within subspecies of plains zebra *Equus burchelli* », *J. Mammal.*, 87, 35-40, 2006.

Pohl S., S. Foitzik, « Decision making and host nest choice in the slavemaking ant *Protomognathus americanus* », 1st *Central Eur. Meet. Int. Union for Stud. Soc. Insects*, Frauenchiemsee, 2009.

Poincaré H., *Science et méthode*, Flammarion, 1908.

Poole A. M., N. Neumann, « Reconciling an archaeal origin of eukaryotes with engulfment, a biologically plausible update of the Eocyte hypothesis », *Res. Microbiol.*, 162, 71-76, 2011.

Poole A. M., D. Penny, « Eukaryote evolution, engulfed by speculation », *Nature*, 447, 913, 2007.

Portier P. J., *Les Symbiotes*, Masson, 1918.

Price G. R., « Selection and covariance », *Nature*, 227, 520-521, 1970.

Provine R. R., *Laughter, a Scientific Investigation*, Viking, 2000.

Puigbï P., Y. I. Wolf, E. V. Koonin, « The tree and net components of prokaryote evolution », *Genome Biol. Evol.*, 2, 745-756, 2010.

Qvarnström A., C. Wiley, N. Svedin, N. Vallin, « Life-history divergence facilitates regional coexistence of competing *Ficedula* flycatchers », *Ecology*, 90, 1948-1957, 2009.

Rainey P. B., K. Rainey, « Evolution of cooperation and conflict in experimental bacterial populations », *Nature*, 425, 72-74, 2003.

Raoult D., « The post-Darwinist rhizome of life », *Lancet*, 375, 104-105, 2010.

Raoult D., *Dépasser Darwin*, Plon, 2011.

Ravosa M. J., « Cranial ontogeny, diet, and ecogeographic variation in African lorises », *Am. J. Prim.*, 69, 59-73, 2006.

Redfield R. J., « Do bacteria have sex ? », *Nat. Rev. Genet.*, 2, 634-639, 2001.

Redfield R. J., « Genes for breakfast. The have-your-cake and-eat-it-too of bacterial transformation », *J. Hered.*, 84, 400-404, 1993.

Reifová R., J. Reif, M. Antczak, M. W. Nachman, « Ecological character displacement in the face of gene flow. Evidence from two species of nightingales », *BMC Evol. Biol.*, 11, 138, 2011.

Rice W. R., A. K. Chippendale, « Sexual recombination and the power of natural selection », *Science*, 294, 555-559, 2001.

Rice W. R., « Dangerous liaisons », *PNAS*, 97, 12953-12955, 2000.

Rice W. R., « Sexually antagonistic male adaptation triggered by experimental arrest of female evolution », *Nature*, 381, 232-234, 1996.

Richards-Zawacki C. L., M. E. Cummings, « Intraspecific reproductive character displacement in a polymorphic poison dart frog, *Dendrobates pumilio* », *Evolution*, 1, 259-267, 2011.

Robinson B. W., D. S. Wilson, « Character release and displacement in fishes – a neglected literature », *Amer. Nat.*, 144, 596-627, 1994.

Rödl T., « The wintering of territorial stonechat pairs *Saxicola torquata* in Israel », *J. Ornithol.*, 136, 423-433, 1995.

Roos C. *et al.*, « Nuclear versus mitochondrial DNA, evidence for hybridization in colobine monkeys », *BMC Evol. Biol.*, 11, 77, 2011.

Rose M. R., T. H. Oakley, « The new biology, beyond the Modern synthesis », *Biol. Direct.*, 2, 30, 2007.

Rothschild L. J., R. L. Mancinelli, « Life in extreme environments », *Nature*, 409, 1092-1101, 2001.

Roughgarden J., *Le Gène généreux*, Seuil, 2012.

Roze D., « Disentangling the benefits of sex », *PLoS Biol.*, 105, e1001321, 2012.

Rundle H. D. *et al.*, « Experimental test of predation's effect on divergent selection during character displacement in sticklebacks », *PNAS*, 100, 14943-14948, 2003.

Saetre G.-P., T. Moum, S. Bures, M. Kral, M. Adamjan, J. Moreno, « A sexually selected character displacement in flycatchers reinforces premating isolation », *Nature*, 387, 589-592, 1997.

Sanyal S., G. J. Harry, W. J. de Grip, E. Nevo, W. W. de Jongt, « The eye of the blind mole rot, *Spalax ehrenbergi* », *Invest. Oph. Vis. Sci.*, 31, 1398-1404, 1990.

Schino G., F. Aureli, « A few misunderstandings about reciprocal altruism », *Com. Int. Biol.*, 36, 561-563, 2010.

Schluter D., « Ecological character displacement in adaptive radiation », *Am. Nat.*, 156, S4-S16, 2000.

Schopf J. W., B. M. Packer, « Early Archean 3.3 billion to 3.5 billion-year-old microfossils from Warrawoona group, Australia », *Science*, 237, 70-73, 1987.

Schwander T., B. Crespi, « Multiple direct transitions from sexual reproduction to apomictic parthenogenesis in *Timema* stick insects », *Evolution*, 63, 84-103, 2008.

Schwartz M. K., K. L. Pilgrim, K. S. McKelvey, L. F. Ruggiero, E. L. Lindquist, S. Loch, J. J. Claar, « Hybridization between Canada lynx and bobcats. Genetic results and management implications », *Cons. Gen.*, 5, 349-355, 2004.

Schweber S., « Facteurs idéologiques et intellectuels dans la genèse de la théorie de la sélection naturelle », *in* Y. Conry, *De Darwin au darwinisme, science et idéologie*, Vrin, 1983.

Servedio M. R., M. A. F. Noor, « The role of reinforcement in speciation, theory and data », *Ann. Rev. Ecol. Syst.*, 34, 339-364, 2003.

Shine R., M. M. Olsson, M. P. LeMaster, I. T. Moore, R. T. Mason, « Are snakes right-handed ? Asymetry in hemipenis size and usage in gartersnakes *thamnophis sirtalis* », *Behav. Ecol.*, 11, 411-415, 2000.

Silva L., I. Sobrino, F. Ramos, « Reproductive biology of the common octopus, *Octopus vulgaris* in the gulf of Cadiz SW Spain », *Bull. Mar. Sci.*, 712, 837-850, 2002.

Simberloff D., T. Dayan, C. Jones, G. Ogura, « Character displacement and release in the small Indian Mongoose, *Herpestes Javanicus* », *Ecology*, 818, 2086-2099, 2000.

Simonet P., M. Murphy, A. Lance, « Laughing dog, vocalizations of domestic dogs during play encounters », *Anim. Behav. Soc. Conf. Corvallis*, 2001.

Skulason, S., T. B. Smith, « Resource polymorphisms in vertebrates », *TREE*, 10, 366-370, 1995.

Smith T. B., « Evolutionary significance of resource polymorphisms in fishes, amphibians, and birds », *Ann. Rev. Ecol. Syst.*, 27, 111-113, 1996.

Smith J. M., « Group selection and Kin selection », *Nature*, 201, 1145-1147, 1964.

Smith R. J., T. Kamiya, D. J. Horne, « Living males of the "ancient asexual" *Darwinulidae Ostracoda, Crustacea* », *PNAS*, 273, 1569-1578, 2006.

Sober E., *Philosophy of Biology*, Westview Press, 1993.

Södersten P., « How different are male and female brains ? », *Trends Neurosci.*, 10, 197-198, 1987.

Sokal R. R., T. J. Crovello, « The biological species concept. A critical evaluation », *Am. Nat.*, 104, 107-123, 1970.

Sonenshine D. E., *Biology of Ticks*, Oxford Univ. Press, 1991.

Speed M. P., « Mistakes not necessary for Mullerian mimicry », *Nature*, 396, 323, 1998.

Stachowicz J. J., « Mutualism, facilitation, and the structure of ecological communities », *Bioscience*, 51, 235-246, 2001.

Starin E. D., « Masturbation observations in Temmnick's red colobus », *Folia Prim.*, 75, 114-117, 2004.

Stearns S. C., *The Evolution of Life Histories*, Oxford Univ. Press, 1992.

Steenkamp E. T., J. Wright, S. L. Baldauf, « The protistan origins of animals and fungi », *Mol. Biol. Evol.*, 23, 93-106, 2006.

Stephens S., E. Cheadle, V. Smith, « Reproductive management of the white rhino population (*Ceratotheriumsimum simum*) in Australasia – problems and potential solutions », *Proc. Aust. Reg. Ass. Zool. Parks & Aquaria Conf.*, Wellington, 2007.

Strassmann J. E., Y. Zhu, D. C. Queller, « Altruism and social cheating in the social amoeba *Dictyostelium discoideum* », *Nature*, 408, 965-967, 2000.

Sun S., J. Heitman, « Is sex necessary ? », *BMC Biol.*, 9, 56, 2011.

Syvanen M., « Cross-species gene transfer, implications for a new theory of evolution », *J. Theor. Biol.*, 112, 333-343, 1985.

Szathmary E., J. M. Smith, « The major evolutionary transitions », *Nature*, 374, 227-232, 1995.

Szostak J. W., « Origins of life, systems chemistry on early Earth », *Nature*, 459, 171-172, 2009.

Tassy P., *L'Arbre à remonter le temps*, Christian Bourgois, 1991.

Templeton A., « The meaning of species and speciation. A genetic perspective », p. 3-27, *in* D. Otte, J. A. Endler (éd.), *Speciation and Its Consequences*, Sinauer Associates, 1989.

Theißen G., « Saltational evolution, hopeful monsters are here to stay », *Theor. Bios.* 128, 43-51, 2009.

Theobald D. L., « A formal test of the theory of universal common ancestry », *Nature*, 465, 219-222, 2010,

Thierry D., R. Cloupeau, M. Jarry, « Variation in the overwintering ecophysiological traits in the common green lacewing west-Palaearctic complex », *Acta Œcol.*, 15, 593-606, 1994.

Thierry D., M. Canard, B. Deutsch, M. Ventura, P. Lourenço, T. Lodé, « Ecologic character displacements in the European competing common green lacewings, a route to speciation ? », *Biol. J. Lin. Soc.*, 202, 292-300, 2011.

Tindle R., « The evolution of breeding strategies in the flightless cormorant *Nannopterum harrisi* of the Galápagos », *Biol. J. Lin. Soc.*, 21, 157-164, 1984.

Toni P., T. Lodé, « Fragmented populations of leopards in central-west Africa : Facing to an uncertain future », *Afr. Zool.*, 2013.

Tort P., *Darwin et la science de l'évolution*, Gallimard, 2000.

Touraille P., « Des poils et des hommes. Entre réalités biologiques et imaginaires de genre eurocentrés », *Cah. d'Anth. Soc.*, 6, 27-42, 2010.

Tregenza T., N. Wedell, « Polyandrous females avoid costs of inbreeding », *Nature*, 415, 71-73, 2002.

Trivers R. L., « Parental investment and sexual selection », *in* B. Campbell (éd), *Sexual Selection and the Descent of Man, 1871-1971*, Chicago, 136-179, 1972.

Trivers R. L., « The evolution of reciprocal altruism », *Q. Rev. Biol.*, 46, 35-57, 1971.

Trivers R. L., *Deceit and Self Deception, Fooling Yourself. The Better to Fool Others*, EA. Lane, 2011.

Tuner G. F., M. T. Burrows, « A model of sympatric speciation by sexual selection », *Proceedings of the Royal Society of London B.*, 260, 287-292, 1995.

Tyerman J. G., M. Bertrand, C. C. Spencer, M. Doebeli, « Experimental demonstration of ecological character displacement », *BMC Evol. Biol.*, 8, 34, 2008.

Uzzell T., C. Spolsky, « Origin of the eukaryotic cell », *Am. Scientist*, 62, 334-343, 1974.

Vallin N., A. M. Rice, R. I. Bailey, A. Husby, A. Qvarnström, « Positive feedback between ecological and reproductive character displacement in a young avian hybrid zone », *Evolution*, 66, 1167-1179, 2011.

Van Breukelen N. A., M. Draud, « The roles of male size and female eavesdropping in divorce in the monogamous convict cichlid Archocentrus nigrofasciatus, Cichlidae », *Behaviour*, 142, 1023-1103, 2005.

Van der Kamp J., R. Canal Bruland, « Kissing right ? On the consistency of the head-turning bias in kissing », *Laterality*, 15, 1-11, 2010.

Van Valen L. M., « A new evolutionary law », *Evol. Theor.*, 1, 1-30, 1973.

Van Valen L. M., « Pattern and the balance of nature », *Evol. Theor.*, 1, 31-49, 1973.

Van Valen L. M., « Ecological species, multispecies, and oaks », *Taxon*, 25, 233-239, 1976.

Vienne C., C. Errard, A. Lenoir, « Influence of the queen on worker behaviour and queen recognition behaviour in Ants », *Ethology*, 104, 431-446, 1998.

Villenave J., B. Deutsch, T. Lodé, E. Rat-Morris, « Pollen preference of the *Chrysoperla* species occurring in the crop environment », *Eur. J. Ent.*, 103, 771-777, 2006.

Vincent J.-D., *Biologie des passions*, Odile Jacob, 1986.

Vincent J.-D., *Voyage extraordinaire au centre du cerveau*, Odile Jacob, 2007.

Vogan A. A., P. G. Higgs, « The advantages and disadvantages of horizontal gene transfer and the emergence of the first species », *Biol. Dir.*, 6, 1-14, 2011.

Vos M., « Why do bacteria engage in homologous recombination ? », *Trends Microbiol.*, 17, 226-232, 2009.

Vrba E. S., S. J. Gould, « The hierarchical expansion of sorting and selection, sorting and selection cannot be equated », *Paleobiology*, 12, 217-228, 1986.

Vrijenhoek R. C., « Animal clones and diversity. Are natural clones generalists or specialists ? », *Bioscience*, 48, 617-628, 1998.

Waal F. De, *Lanting, Bonobo. The Forgotten Ape*, Univ. Cal. Press, 1997.

Warwick H., P. Moriss, D. Walker, « Survival and weight changes of hedgehog translocated from Hebrides to Mainland Scotland », *Lutra*, 49, 89-102, 2006.

Waterman J., « The adaptive function of masturbation in a promiscuous African ground squirrel », *PLoS One*, 5, 2009.

Wayne R. K., N. Lehman, M. W. Allard, R. L. Honeycutt, « Mitochondrial DNA variability of the grey wolf – genetic consequences of population decline and habitat fragmentation », *Cons. Biol.*, 6, 559-569, 1992.

West S. A., A. S. Griffin, « A Gardner evolutionary explanations for cooperation », *Curr. Biol.*, 17, R661-R672, 2007.

West S. A., C. M. Lively, A. Read, « A pluralist approach to sex and recombination », *J. Evol. Biol.*, 12, 1003-1112, 1999.

West S. A., M. G. Murray, C. A. Machado, A. S. Griffin, E. A. Herre, « Testing Hamilton's rule with competition between relatives », *Nature*, 409, 510-513, 2001.
Westerg L., « Vasopressin and pair bounding, from voles to human », *Scan. Neur. Psychol. Pharmacol.*, 2, 50th Meeting, 2009.
Westneat D. F., « Extra pair copulations in a predominatly monogamous bird, observations of behavior », *Anim. Behav.*, 35, 865-876, 1987.
White A. M., R. R. Swaisgood, N. Czekala, « Ranging patterns in white rhinoceros, *Ceratotherium simum simum* : implications for mating strategies », *Anim. Behav.*, 74, 349-356, 2007.
Wigby S., T. Chapman, « Female resistance to male harm evolves in response to manipulation of sexual conflict », *Evolution*, 58, 1028-1037, 2004.
Wilder S. M., A. L. Rypstra, « Males make poor meals, a comparison of nutrient extraction during sexual cannibalism and predation », *Œcologia*, 162, 617-625, 2010.
Wiley E. O., « The evolutionary species concept reconsidered », *Syst. Zool.*, 27, 17-26, 1978.
Wilkinson G. S., C. L. Fry, « Meiotic drive alters sperm competitive ability in stalk-eyed flies », *Proc. R. Soc. Lond. B.*, 268, 2559-2564, 2001.
Williams G. C., *Sex and Evolution*, Princeton Univ. Press, 1975.
Williams G. C., *Adaptation and Natural Selection*, Oxford University Press, 1966.
Williamson D. I., « Hybridization in the evolution of animal form and life-cycle », *Zool. J. Linn. Soc.*, 148, 585-602, 2006.
Wilson E. O., *Sociobiology, the New Synthesis*, Harvard Univ. Press, 1975.
Witmer L., S. Sampson, N. Solounias., « The proboscis of tapirs, a case study in novel narial anatomy », *J. Zool.*, 249, 250-266, 1999.
Woese C. R., « The universal ancestor », *PNAS*, 95, 6854-6859, 1998.
Woese C. R., « A new biology for a new century », *Mic. Mol. Biol. Rev.*, 682, 173-186, 2004.
Wynne-Edwards V. C., *Animal Dispersion in Relation to Social Behavior*, Oliver & Boyd, 1962.
Young L. J., Z. Wang, T. R. Insel, « Neuroendocrine bases of monogamy », *Trends Neurosci.*, 21, 71-75, 1998.
Yutin N., M. Y. Wolf, Y. I. Wolf, E. V. Koonin, « The origins of phagocytosis and eukaryogenesis », *Biol. Direct.*, 4, 9, 2009.
Zahn R. K., « A green alga with minimal eukaryotic features, *Nanochlorum eucaryotum* », *Orig. Life*, 13, 289-303, 1984.
Zeh J. A., D. W. Zeh, « Reproductive mode and the genetic benefits of polyandry », *Anim. Behav.*, 61, 1051-1063, 2000.
Zimmer C., « On the origin of eukaryotes », *Science*, 325, 666-668, 2009.

Glossaire

ADN : acide désoxyribonucléique ; constitue le génome des êtres vivants, l'ensemble des gènes.

Algues : terme vernaculaire qui rassemble plusieurs taxons d'organismes procaryotes ou eucaryotes aquatiques et capables de photosynthèse ; indiquons que ce regroupement n'est pas phylogénétiquement pertinent.

Allèle : l'un des variants d'un gène sur un locus.

Allopatrie : distribution géographique séparée de deux ou plusieurs espèces.

Anthère : partie terminale de l'étamine qui produit le pollen.

Archées : groupe de micro-organismes unicellulaires proche des bactéries.

ARN : acide ribonucléique ; molécule utilisée par la cellule comme support intermédiaire des gènes ou constituant fondamental de certains micro-organismes.

Assortiment : préférence d'accouplement orientée vers un individu particulier révélant un caractère particulier.

Bons gènes : ensemble de différentes théories soutenant que les individus s'apparient pour obtenir de meilleurs gènes en se fondant sur des caractères indicateurs de ces gènes. Plusieurs gènes sont obligatoirement impliqués (gène indicateur, bon gène de reproduction et gène du bon choix…).

Bréchet : carène osseuse du sternum des oiseaux sur laquelle s'insèrent les muscles du vol.

Bulles libertines : théorie matérialiste qui énonce que les relations, dont les relations sexuelles, se sont élaborées à partir d'interactions archaïques dérivées du métabolisme cellulaire primitif et que la sexualité est indépendante de la reproduction.

Caractère : trait physique ou comportemental considéré comme héréditaire.

Champignons : terme vernaculaire qui englobe plusieurs taxons d'organismes eucaryotes hétérotrophes ; ce regroupement vernaculaire n'est pas phylogénétiquement pertinent.

Chromosomes : structure d'ADN qui porte les gènes ; l'espèce humaine dispose de 22 paires de chromosomes homologues plus les chromosomes sexuels, XX ou XY.

Clones : ensemble d'individus qui possèdent un génome identique dérivant d'une reproduction sans méiose recombinante.

Coévolution : influences réciproques de deux ou plusieurs espèces dans l'évolution.

Coévolution antagoniste : évolutions parallèles d'organismes en contradiction les unes par rapport aux autres.

Commensalisme : exploitation non parasitaire d'une espèce par une autre (voir aussi « Mutualisme »).

Conflit sexuel : intérêts divergents entre mâle et femelle qui entraînent une coévolution contradictoire, dite antagoniste.

Déplacement de caractères : modification d'un trait particulier sous l'influence d'une autre espèce.

Dimorphisme sexuel : divergence morphologique entre mâle et femelle.
Diploïde : qui possède deux paires de chromosomes.
Distorsion de ségrégation : modification de la méiose qui entraîne une répartition inégale des gènes dans la cellule sexuelle.
Ectothermie : se dit des animaux dont la température corporelle varie en fonction du milieu de vie.
Emballement de Fisher : processus évolutif de réitération ou effet « boule de neige ».
Embryogenèse (ou embryogénie) : développement embryonnaire.
Endosymbiose : inclusion symbiotique d'un organisme à l'intérieur d'un autre et déterminant une dépendance entre eux (voir aussi « Symbiose »).
Épistasie : interaction entre l'expression de deux ou plusieurs gènes.
Éthologie : discipline scientifique de l'étude des comportements animaux.
Eucaryotes : domaine regroupant tous les êtres vivants pourvus de noyaux cellulaires ; sommairement, on y retrouve les anciens « protistes » (unicellulaires en fait distribués dans plusieurs groupes distincts – ciliés, flagellés, amibes), les champignons (et les myxomycètes), les plantes (*Plantae*) et les animaux (*Metazoa*).
Eugénisme : théorie proposée par Francis Galton et techniques promouvant l'amélioration génétique des individus. L'eugénisme, obsédé par l'hypothèse d'une dégénérescence de l'humanité, est généralement teinté de racisme.
Exogamie : recherche du partenaire sexuel à l'extérieur du groupe de référence.
Facilitation : processus qui, à travers les interactions individuelles, produit des effets à l'échelle de la communauté et des structurations mutualistes.

Fitness : en biologie, cet anglicisme désigne la valeur sélective d'un individu en fonction de sa capacité à survivre, théoriquement mesurée à travers son succès reproducteur.

Gamètes : cellules sexuelles haploïdes, comme le spermatozoïde ou l'ovule.

Génome : ensemble de l'ADN propre à une espèce, à un individu.

Génotype : ensemble des allèles génétiques détenus par un individu (voir aussi « Phénotype »).

Gradualisme : hypothèse d'une évolution graduelle de la fréquence des variations développée à travers l'accumulation de changements minimes.

Haploïde : qui ne contient qu'une paire de chromosomes, en général les cellules sexuelles, par opposition à diploïde.

Homéothermie : se dit des animaux capables de réguler leur température – les mammifères, par exemple.

Introgression : inclusion dans le génome d'une espèce de séquences entières d'une autre espèce – généralement, par hybridation.

Locus : emplacement supposé d'un « gène » sur un chromosome.

Méiose réductionnelle : division cellulaire au cours de laquelle une réduction du matériel génétique intervient, entraînant l'haploïdie des cellules sexuelles – spermatozoïdes et ovules.

Mendélienne : l'hérédité mendélienne caractérise la transmission héréditaire statistiquement prévisible d'un ou de plusieurs gènes. On parle d'hérédité non mendélienne quand la transmission ne suit pas ces lois statistiques ou ne dépend pas de la méiose.

Mitochondrie : inclusion cellulaire (organite) d'environ 1 micromètre qui fournit à travers un processus d'oxydation l'énergie à la cellule des eucaryotes.

Mutation : modification irréversible et héréditaire d'un gène (exon) par substitution d'une base nouvelle soit par ajout, soit par perte de matériel (insertions ou délétions).

Mutualisme : relation neutre ou bénéfique entre différents individus. Le mutualisme peut être intraspécifique (entre individus de la même espèce), mais, le plus souvent, la relation n'est considérée que comme interspécifique (entre deux ou plusieurs espèces).

Néodarwinisme : aussi nommé « synthèse moderne » ou « théorie synthétique » ; théorie évolutive qui affirme accomplir la synthèse entre la théorie de la sélection naturelle et la théorie de l'information génétique.

Ontogenèse : développement progressif d'un individu depuis sa conception.

Organite, organelle : inclusions cellulaires spécialisées contenues dans le cytoplasme d'une cellule ; les mitochondries, les chloroplastes sont des organites.

Oviparité : mode de développement de l'embryon dans un œuf externe.

Panchronique : qualifie une espèce dont la morphologie est restée très semblable à celle de ses ancêtres fossiles – on parle improprement de « fossile vivant ».

Paradoxe du lek : paradoxe montrant que la sélection réitérée des mêmes caractères (le tri évolutif) entraîne *paradoxalement* une réduction de la variation et des occasions de choix au fur et à mesure des générations, au contraire de la diversité attendue.

Parasitoïde : insecte prédateur d'un autre insecte dans le corps duquel il pond et où sa larve se développe.

Parthénogénétique : se dit de la reproduction à partir d'un ovule non fécondé.

Phanère : production de l'épiderme, comme l'ongle, le poil, la plume.

Phénotype : ensemble des caractères héréditaires s'exprimant de façon visible ; les gènes récessifs, par exemple, ne seront pas apparents (voir aussi « Génotype »).

Phéromone : substance olfactive détectée par l'organe voméro-nasal.

Phylogenèse : généalogie d'une espèce ou d'un groupe d'espèces.

Plasticité phénotypique : situation dans laquelle un organisme pourrait présenter des phénotypes différents bien qu'exprimés à partir d'un même génome.

Procaryotes : ensemble des espèces sans noyaux et regroupant les archées et les bactéries.

Propagande : théorie *non génétique* selon laquelle les individus s'apparient de manière opportuniste à travers une simple propagande de leur attribut.

Recombinaison : réarrangement de l'ADN des géniteurs lors de la formation du génome du descendant.

Reproduction différentielle : différence de succès reproducteur entre les individus.

Réticulée : du latin *reticulum*, « filet » ; se dit d'une évolution où le changement et la formation de nouvelles espèces incluent la combinaison de gènes d'autres espèces au lieu d'une évolution ramifiée.

Saltationnisme : hypothèse d'une évolution par sauts, développée à travers de brusques changements des organismes (macromutations).

Spéciation : processus de formation d'une ou de plusieurs nouvelles espèces.

Symbiose : mutualisme obligatoire et considéré comme bénéfique (voir aussi « Endosymbiose »).

Taxon : ensemble d'organismes possédant des caractères en commun.

Tir à la corde évolutif : évolution contradictoire en résistance d'un individu contre un autre (coévolution antagoniste).

Transformisme : théorie biologique, initiée par Lamarck, d'après laquelle les espèces subissent une évolution en s'adaptant à leur milieu.

Trophique : relatif à la nourriture.

Viviparité : mode de développement de l'embryon implanté à l'intérieur de la mère ; son contraire est l'oviparité.

Index

abeille, 99, 133, 141, 156
abeilles anarchistes, 142
Acanthoscelides obtectus, 80
Acheta domesticus, 241
Acinonyx jubatus, 240
Acraea, 251
acritarches, 109
activité masturbatoire, 193
activity switching, Voir glissement d'activité, 187
Acyrthosiphon pisum, 85
adaptation, 32, 34, 54, 70, 71, 102, 136, 137, 168, 180, 195, 196, 204, 215, 218, 219, 222, 224, 225, 231, 239, 250
age-based indicator theory, Voir indicateur basé sur l'âge, 258
aigle impérial, 259
aile de papillon, effet, 221
albatros, 228, 269
Alces alces, 256
Aldabrachelys gigantea, 218
algues vertes, 139
allochronie, 209

allopatrie, 205, 211
altruisme réciproque, 117, 118
altruistic gene, Voir gène de l'altruisme, 122
alytes, 258
Alytes obstetricans, 258
amibes, 126, 127, 129, 152
amnios, 163, 164
anableps, 171
Anableps anableps, 171
Anas platyrhynchos, 210
Anas superciliosa, 210
anèmogamie, 155
Anguilla anguilla, 58
Anguilla rostrata, 58
anguille électrique, 207
anguilles, 58
anisogamie, 268
Anoura caudifer, 197
Anoura geoffroyi, 197
antagonistic coevolution, Voir conflit sexuel, 138
anting, 186
Apis mellifera, 141

apomorphies, 70
Apus apus, 181
Aquila adalberti, 259
archées, 77, 100, 101, 102, 265
Archeopsylla erinace, 180
Archocentrus nigrofasciatus, 43
Arctica islandica, 260
Arctocebus calabarensis, 195
Arthrobotrys dactyloïde, 159
Aspidocelis uniparens, 61
associational resistance, 157
autogenous theory, Voir caryogenèse, 111
autotrophes, 101, 110

bactéries, 67, 73, 77, 78, 79, 80, 87, 94, 96, 97, 98, 99, 100, 101, 102, 106, 107, 108, 109, 110, 111, 112, 114, 126, 127, 146, 147, 150, 151, 153, 159, 195, 264, 265, 267, 275
baiser, 131, 132, 134
Balaenoptera musculus, 182
baleine bleue, 182
barbion à croupion jaune, 198, 199, 200
barbion à gorge jaune, 198, 199, 200, 201
Basileuterus tristriatus, 186
Batesian mimicry, Voir mimétisme batésien, 244
behavioral ecology, Voir écologie comportementale, 175
belette, 211, 216
belette de Corse, 216
bernard-l'ermite, 241
best male mechanism, 29, 44
best of a bad job, Voir meilleure des mauvaises solutions, 203, 262
better option hypothesis, 44
between-group resource competition model, Voir modèle égalitaire, 174
biological concept of species, 65
biological degeneration, Voir dégénérescence, 223

bobcat, Voir lynx roux, 54
Bombina variegata, 248
bonobos, 269
bons gènes, théorie des, 44, 76, 150, 170, 232, 242, 257, 258, 259, 260, 279
Bothriomyrmex decapitans, 183
bourdon, 156
Brevicoryne brassicae, 157
Bufo americanus, 209
Bufo fowleri, 209
bulles libertines, théorie des, 89, 149, 150, 266, 276, 279, 280
Burhinus vermiculatus, 187
Burmeistera tenuiflora, 197

caille des blés, 59
caille japonaise, 59
Calopteryx, 202
Camarhynchus pallidus, 190
campagnol américain, 177
canard de Nouvelle-Zélande, 210
Canis familiaris, 92
Canis latrans, 91
Canis lupus, 91, 92, 204
Canis lupus lupaster, 92
Canis rufus, 91
Canis simensis, 92
cannibalisme, 137, 151, 170
Capreolus capreolus, 178
Caprimulgus europaeus, 241
Carpodacus mexicanus, 29
caryogenèse, théorie de la, 111
catarhiniens, 61
Centropristis striata, 148
Ceratotherium simum, 22
Cercopithecus mitis erythrarchus, 174
cerf élaphe, 258
Cervus elaphus, 258, 269
character convergence, Voir convergence de caractères, 210
character displacement, Voir déplacements de caractères, 91

Index 317

character reinforcement, *Voir* renforcement du caractère, 203
chat domestique, 174
chauve-souris, 155, 196, 197, 198, 211, 228
chauve-souris sans queue, 197
Chelonoidis nigra, 218, 260
chenille arpenteuse de la larentie, 241
cheval domestique, 59, 133
chevreuil, 178
chicken game, *Voir* modèle du conducteur fou, 231
chien, 30, 92, 117, 216, 274
chimpanzé, 179, 263, 273
chiroptères, 196, 197, 198
Chlamydomonas reinhardtii, 139
Chlorocebus aethiops, 174
choanates, 71
chouette harfang des neiges, 122
chromatine, 113
Chrysoperla affinis, 205
Chrysoperla carnea, 205, 206
Chrysoperla sp., 205
chrysope verte, 205
cigale, 209
cigale dix-sept ans, 209
cigale treize ans, 209
cladistique, 70, 71
Clonopsis gallica, 241
Cnemidophorus uniparens, 146
coercition sexuelle, 262
coévolution, 253
coévolution antagoniste, 138
coévolution antagoniste, *Voir aussi* conflit sexuel, 138
coévolution asymétrique, 187
coévolution écologique, modèle de, 40, 86, 87, 93, 153, 189, 190, 196, 232, 247, 251, 252, 279
colibris, 197
colobe à épaules blanches, 106

colobe blanc et noir, 193
colobe de Temminck, 193
colobe olive, 193
colobe rouge, 193
Colobus b. temmincki, 193
Colobus guereza, 105, 106
Colobus polykomos, 193
coloration aposématique, 248
combattant varié, 271
complexe d'espèces, 181, 205
concurrence, principe de, 202
conflit reproducteur, 183
conflits de génomes, 60, 147
conflit sexuel, théorie du, 26, 27, 46, 90, 138, 163, 164, 188, 262, 263
conjugaison, 78, 114, 264, 266
convergence de caractères, 210
cooking data, 80
copulation forcée, 262
corbeau, 274
cormoran, 227, 228, 229, 230, 231, 233
cormoran de Bougainville, 228, 233
cormoran des Galápagos, 227, 228, 229
Corvus corax, 274
Coturnix coturnix, 59
Coturnix japonica, 59
couleur aposématique, 242
couleuvre à collier, 244
couleuvre rayée, 134
coyote, 91, 92, 93
crabe décorateur, 241
crâniates, 71
crapaud, 242, 248, 251, 258
crapaud mimétique du Pérou, 251
crapauducs, 240
créationnistes, 86, 220
crevette nettoyeuse, 187
criquet brun des buissons, 137
criquet écailleur d'Australie, 270
crocodiles, 145, 187
Crocrodilus niloticus, 187

Ctenocephalides canis, 180
Cyanistes caeruleus, 29

Danaus, 251
Dasyurus maculatus, 202
Dasyurus viverrinus, 202
définition biologique de l'espèce, 65
dégénérescence biologique atavique, 223
Dendrobates fantasticus, 251
Dendrobates imitator, 251
Dendrobates tinctorius, 242
Dendrobates variabilis, 251
dendrobate teint, 242
Dendrocopos major, 181
denisoviens, 214
déplacement de caractères, 91, 196, 199, 201, 202, 205, 210, 218, 233
dérive génétique, 239
descendance avec modification, *Voir* principe de, 79
destruction mutuelle assurée, théorie de la, 28
déterminisme thermique su sexe, 145
Diaeretiella rapae, 157
diamant mandarin, 30
Diceros bicornis, 19
Dictyostelium discoideum, 126
dilemme de Marius, 127
dinoflagellés, 109
Dinornis robustus, 215
Diomedea antipodensis, 269
dipneuste, 69, 70, 71
distance de fuite, 240
distorsions de ségrégation, 56
divergence d'intérêt sexuel, 27, 262, 268
divorce forcé, hypothèse du, 46
domaine vital, 236, 237
dragon de Komodo, 216
droséracées, 158
dwarf endemism, *Voir* nanisme insulaire, 214
dytique bordé, 202

écoéthologie, 280
ecological coevolution model, 40, 72, 87, 189, 196
écologie comportementale, 45, 76, 175, 176, 177, 189, 260, 278
écologie du paysage, 238
effet Allee, 242
effet de densité-dépendance, 242
effet de fragmentation du paysage, 238, 240
effet vétérinaire, 161
efficacité provisoire, principe d', 153, 219, 220, 221, 223, 226, 230, 271
efficacité temporaire, *Voir* efficacité provisoire, 88
effraie des clochers, 226
élan, 256, 257
éléphant, 47, 66, 213, 214, 215, 258
éléphant nain, 213
Elephas maximus, 258
emballement de Fisher, 89, 114, 128, 151, 152, 260
émeu australien, 215
endosymbiose, 93, 94, 95, 96, 98, 101, 107, 109, 110, 311
endosymbiotic theory, *Voir* théorie endosymbiotique, 94
engoulevent, 241
entraide, 188
eocyte model, *Voir* éocytes, 101
éocytes, 101
épinoche, 202
épistasie négative, 114
Equus burchellii, 138
Equus caballus, 133
Erinaceus europaeus, 236
escargots, 56, 148
esclavagistes, fourmis, 183, 184
état critique, 203
éthologie, 132, 175
étourneau sansonnet, 186

Index

eucaryotes, 93, 94, 99, 100, 101, 102, 103, 105, 106, 107, 108, 109, 110, 111, 112, 114, 115, 121, 125, 128, 135, 139, 147, 149, 151, 153, 154, 160, 263, 265, 266, 267, 275, 279, 312
euglènes, 97, 98
euplecte rouge, 29
Euplectes orix, 29
euryptéridés, 182
Ève mitochondriale, 68
événement fortuit, *Voir* phénomène fortuit, 222
evolutionary dead-end, *Voir* impasse évolutive, 55
évolution réticulée, 72, 73, 74, 76, 81, 82, 87, 202, 279
exaptation, 222, 223, 231

facilitation, 81, 139, 148, 149, 150, 151, 159, 189, 264, 270, 274, 275, 276, 279, 280
familiarité, hypothèse de la, 118
familiarity hypothesis, *Voir* familiarité, 118
fauvette à trois bandes, 186
Felis catus, 174
Ficedula albicollis, 30, 202
Ficus capensis, 179
Fisher runaway, *Voir* emballement de Fisher, 89
fitness, 44, 117, 142, 175, 176
flamant rose, 274, 275, 280
flehmen, 21, 135
fluctuating asymmetry, *Voir* fluctuation d'asymétrie, 257
fluctuation d'asymétrie, 257
forced divorce hypothesis, 46
Formica rufa, 181
fouine, 72, 74, 202, 240
fouine marsupiale, 202
fourmilliage, 186

fourmis, 141, 181, 182, 183, 184, 185, 186, 190
fourmi sanguine, 183
fraude scientifique, 80
frozen niche variation, *Voir* niche gelée, modèle de la, 147
furet domestique, 61, 74

Gaïa, *Voir* théorie Gaïa, 97
Garrulus glandarius, 180
Gasterosteus aculeatus, 202
Gazella thomsonii, 240
gazelle de Thomson, 240
geai des chênes, 180, 181, 185, 186, 190, 191, 280
Gemmata, 110
gene cookbook theory, *Voir* gène livre de cuisine, théorie du, 90
gène de l'altruisme, 122, 123, 125, 128, 140
gène livre de cuisine, théorie du, 90, 145, 222, 279
gènes égoïstes, théorie des, 116
gène SRY, 145
genomic drive, 60
Geometridae larentiinae, 241
géospize pique-bois, 190
gigantisme insulaire, *Voir* nanisme insulaire, 216
glande de Dufour, 142
Glis glis, 215
glissement d'activité, 187
glissement de niche écologique, 206
glouton, 122
glucosinolates, 157
gobe-mouches à collier, 30, 202
gorge-bleue, 28, 207
gorilles, 269, 273
gradualisme, 37, 49, 50, 51, 52, 53, 66, 70, 86
grenouille agile, 269
grenouille du Texas, 209

grenouille léopard, 134
grenouille rieuse, 210
grenouille verte, 210
grillon, 209, 241
grillon des bois, 209
grillon domestique, 241
grive litorne, 248
grooming, *Voir* toilettage, 174
group selection, *Voir* sélection de groupe, 123
Gryllus fultoni, 209
Gryllus vernalis, 210
Grypania spiralis, 109
guépard, 240
guêpe, 242, 243, 245
guêpe germanique, 242
guêpe parasitoïde, 157
guillemot de Troïl, 45
guppies, 263
Gurrulus glandarius, 173
Gymnotus, 207

Hamilton's rule, *Voir* sélection de parentèle, 141
Hapithus agitator, 137
harcèlement, 262
hectocotyle, 131
Heliconius erato, 245
Heliconius melpomene, 245
Heliconius numata, 251
hémipénis, 134, 148
hérisson d'europe, 236, 237, 238, 240
hermine, 48, 122
héron bihoreau, 189
Herpestes edwardsii, 203
Herpestes javanicus, 203
Herpestes smithii, 203
hippopotame, 187
hippopotame pygmée de Sicile, 218
Hippopotamus pentlandi, 218
hirondelle rustique, 29
Hirundo rustica, 29

homard, 197
homéothermes, 237
homéothermie, 180
homme de Florès, 214, 215
Homo denisova, 214
Homo erectus, 214
Homo floresiensis, 214, 215
Homo neanderthalis, 214
Homo sapiens, 214
hopeful monsters, 49, 53
horizontal gene transfer, 77, 79
Humpty-Dumpty, *Voir* principe de, 251
Hyalomma asiaticum, 180
hybridation, 56
hybridation introgressive, 210
hybridogenèse, 210
hybrid sink hypothesis, *Voir* puits hybride, 55
hybrid speciation, 61
Hyla cinerea, 209
Hyla gratiosa, 209
Hypothenemus hampei, 83

immortalité, 259
impasse évolutive, 55
indicateur basé sur l'âge, 257, 258
inflorescences sèches, 156
information génétique, théorie de l', 35, 36, 279
inheritance of acquired characteristics, 32
inné et acquis, 175
interférence, 231
introgression hybride, 76, 80, 210
introgressive hybridization, *Voir* introgression hybride, 58
investissement parental, 164
Ips typographus, 83
island rule, *Voir* nanisme insulaire, 216
isolement reproducteur, 55, 60, 65, 201
ivraie annuelle, 156
Ixodia ricinus, 180

Index

jacana du Mexique, 269
Jacana spinoza, 269
Jaekelopterus rhenaniae, 182
Janus principle, *Voir* principe de Janus, 179

Kallima inachus, 241
karyogenesis, *Voir* caryogenèse, 111
kin recognition, *Voir* reconnaissance de parentèle, 117
kin selection theory, *Voir* sélection de parentèle, 117

labre à rayures, 187
Labroides phthirophagus, 187
lapin, 49, 56, 182, 216
lapin géant de Minorque, 216
last universal common ancestor, 66
leicitrotrophie, 168
Leithia melitensis, 215
lek paradoxe, *Voir* paradoxe du lek, 75
lemming de Norvège, 122
Lemmus lemmus, 122
léopard, 194
Lepus arcticus, 48, 64
Lepus capensis, 71
Lepus castroviejo, 72
Lepus europaeus, 63
Lepus granatensis, 72
Lepus hainanus, 72
Lepus mandshurica, 71
Lepus oiostolus, 71
Lepus sinensis, 71
Lepus timidus, 64
Lepus yarkandensis, 71
lézard, 61, 134, 144, 145, 146, 147, 171
lézard des murailles, 244
lézard vivipare, 168
libellule, 202, 205
libertine bubble theory, *Voir* bulles libertines (théorie des), 89
libre choix, théorie du, 188

lièvre arctique, 48, 64
lièvre chinois, 71
lièvre d'Europe, 63
lièvre de Hainan, 72
lièvre du Cap, 71
lièvre laineux, 71
lièvre manchou, 71
lièvre variable, 64, 71
lièvre yarkand, 71
lion, 134, 154, 161, 162, 270
Lissotriton helveticus, 209
loi de Gloger, 204
loir de Malte, 215
loir gris, 215
Lolium temulentum, 156
loup, 204
loup d'Abyssinie, 92
loup gris, 91, 92
loup rouge, 91, 92, 93
LUCA, 66, 73, 76
Luscinia luscinia, 207
Luscinia megarhynchos, 207
Luscinia svecica, 28
lynx boréal, 43, 47
Lynx canadensis, 47, 54
lynx gris, 47, 54, 56
Lynx lynx, 43, 47
lynx roux, 54
Lynx rufus, 54

Macaca fuscata, 178
macaque japonais, 178
Magicicada cassini, 209
Magicicada neotredecim, 209
Magicicada septendecula, 209
mammouth nain de Wrangel, 214
mammouth pygmée de Crète, 213
Mammuthus creticus, 213
Mammuthus exilis, 214
manchot royal, 28
mangouste grise, 203
mangouste indienne, 203

mangouste rousse, 203
Margaritifera margaritifera, 260
Marius dilemma, Voir dilemme de Marius, 127
Marmota marmota, 45
marmotte des Alpes, 45
marte des pins, 74
Martes foina, 74
Martes martes, 74
martinet noir, 181
matrotrophie, 168
mécanisme du meilleur mâle, 29
méduse, 261
meilleure des mauvaises solutions, 262
meilleure option, hypothèse de la, 44
meiotic drive, 56
Melinaea hypothyris, 251
Mephitis mephitis, 244
mésange bleue, 29
Microtus ochrogaster, 177
mimétisme batésien, 244, 245, 246, 247, 250, 251, 253
mimétisme de diversion, 244
mimétisme müllerien, 243
mimétisme, *Voir* stratégie du, 253
mixed strategy, *Voir* stratégie mixte, 125
moas néozélandais, 215
modèle de fusion virale, 101
modèle de thermoréduction, 102
modèle du conducteur fou, 231
modèle égalitaire, 174
modèle syntrophique, 101
monophylie, 67
monstres prometteurs, 49, 53
mouche scatophage, 124
moule d'eau douce, 260
müllerian mimicry, *Voir* mimétisme müllerien, 243
müllerian paradox, 242
murciélagos, 197
murin de Daubenton, 197
musaraigne, 269

Mustela domesticus, 74
Mustela eversmani, 74
Mustela lutreola, 57, 74
Mustela nivalis, 211, 216
Mustela putorius, 57, 74
mutual destruction theory, 28
Myotis daubentonii, 197
Myzus persicae, 157

nanisme achondroplasique, 215
nanisme insulaire, 214, 215, 217
Nannopterum phalacrocorax harrisi, 227
Nannospalax leucodon, 223
Nash equilibrium, *Voir* équilibre de Nash, 125
Natrix natrix, 244
Naxia tumida, 241
néanderthaliens, 214
Nectophrynoides occidentalis, 168
nématode, 159
Neoceratodus fosteri, 70
Neophron percnopterus, 189
Neotyphodium coenophialum, 156
niche écologique, 86, 208
niche gelée, modèle de la, 147
Nuralagus rex, 216
Nycticorax nycticorax, 189

Octopus vulgaris, 131
ocytocine, 177
œdicnème vermiculé, 187
Œdipoda caerulescens, 241
œdipode bleu, 241
oiseaux-mouches, 197
omble chevalier, 207
Onchorynchus kisutch, 261
Ondatra zibethicus, 179
oophagie, 170
optimalisation, hypothèse de l', 177
orang-outan, 33, 273
orchidées, 156
organe vestigial, 223, 224, 229
Ornebius aperta, 270

Index

Ornithorhynchus anatinus, 49
ornithorynque, 49, 50
osmose, 102, 110
ostracodes, 146
ours blanc, 204
ours brun, 179, 258
ours noir, 258
oviparité, 168
ovoviviparité, 168
ovuliparité, 168

Pagurus bernhardus, 241
Palaeoloxodon falconeri, 213
panchronique, 50
Pan paniscus, 269
Panthera leo, 135
Panthera pardus, 194
Pan troglodytes, 179, 263
paon, 270
Papagomys armandvillei, 215
Papilio, 252
papillon kallima, 241
papillons batésiens, 251
paradoxe du lek, 75
paramécies, 93, 97, 115
parental investment, Voir investissement parental, 164
parthénogenèse, 60, 146, 148
Pavo cristatus, 270
Pediculus humanus capitis, 180
Pediculus humanus corporis, 180
Perissodus microlepis, 208
Perodicticus p. edwardsi, 196
Perodicticus p. ibeanus, 196
Perodicticus potto, 195
Perodicticus p. potto, 196
petite grenouille verte, 210
phages, 78
phagotrophie, 97, 102, 126, 266
Phalacrocorax bougainvillii, 228
phasme gaulois, 241
phénotype étendu, 176

Philomachus pugnax, 271
Phoebastria irrorata, 228
Phoenicopterus roseus, 274
pic épeiche, 181
pieuvre, 131, 133
pikaia, 53
Piliocolobus badius, 193
pinson, 29
pinson de Darwin, 190
pipistrelle de Kuhl, 197
Pipistrellus kuhli, 197
plasmides, 77, 78
plesiomorphies, 70
Plethodon cinereus, 207
pluricellularité, 125, 126, 129, 137, 139, 152, 267
Podarcis muralis, 133, 244
Poecilia reticulata, 263
Pogoniulus bilineatus, 198
Pogoniulus subsulphureus, 198
poisson-clown, 93, 190
poisson mangeur d'écailles, 208
poissons hermaphrodites, 148
poisson zèbre, 43, 45
pollinisation, 156, 197
polyéthisme, 182
polymorphisme de ressources, 209
Potamopyrgus antipodarum, 148
potto, 195
potto de Calabar, 195
poulpe commun, 131
poupées russes, théorie des, 152, 153, 265
poux de corps, 180
poux de tête, 180
préadaptation, 195
principe de coopération, 129
principe de Janus, 161, 179, 188
principe de la descendance avec modification, 54, 62
principle of temporary efficiency, Voir efficacité provisoire, 88, 219

procaryotes, 100, 101, 102, 108, 115
processus latérale, 75
Procolobus verus, 193
protistes, 97, 99, 109, 115, 264, 266
Protomognathus americanus, 184
protoptère africain, 70
Protopterus dolloi, 70
protozoaires, 80, 93, 126, 135
Pseudacris feriarum, 209
Psychrobacters, 111
ptérygopodes, 134
pucerons, 84, 85, 157, 205
puces, 180, 185
puits hybride, 55
Pulex irritans, 180
puma, 244
Punctuated equilibrium, *Voir* théorie des équilibres ponctués, 52
putois d'Europe, 57, 74, 118, 161, 204, 205, 207, 270
putois des steppes, 74
Pygmées africains, 215

quoll de Tasmanie, 202

racisme, 69, 166
Rana dalmatina, 269
Rana lessonae, 210
Rana pipiens, 134
Rangifer tarandus, 179
Raptiformica sanguinea, 183
rareté des partenaires, théorie de la, 57
rat géant, 215
rat gris, 215, 273
rat musqué, 179
rat-taupe, 223, 225, 226, 227, 229, 231
Rattus norvegicus, 215
reciprocal altruism, *Voir* altruisme réciproque, 117
reconnaissance de parentèle, 117, 118
Red queen hypothesis, *Voir* Reine rouge, 249

règle de Foster, *Voir* nanisme insulaire, 217
Reine rouge, modèle de la, 249, 250
relâchement de caractères, 203
renard gris insulaire, 218
renard polaire, 48
renard roux, 226, 240
renforcement du caractère, 203
renne, 179
reproduction différentielle, 44, 177, 194, 220, 227, 230, 231, 279
reproduction optimale, hypothèse de la, 25
reproductive isolation, *Voir* isolement reproducteur, 55
réseaux trophiques, 158, 159
résistance associative, 157
resource polymorphism, *Voir* polymorphisme de ressources, 209
reticulate evolution, *Voir* évolution réticulée, 72
révolte des fourmis esclaves, 184
rhinocéros blanc, 22, 23, 178
rhinocéros noir, 19, 22
rhinolophe, 197
Rhinolophus hipposideros, 197
Rhipicephalus appendiculatus, 180
roselin familier, 29
rotifères bdeloïdes, 146
rupture épistémologique, 73
Russian doll, *Voir* poupées russes, théorie des, 153

Salamandra atra, 167
Salamandra salamandra fastuosa, 167
salamandre, 167, 168, 169, 170, 171, 207, 243
salamandre des Appalaches, 207
salamandre des Pyrénées, 167
salamandre noire, 167
saltationnisme, 49, 53
Salvelinus alpinus, 207

Index

samangos, 174
sanglier, 178
saumon, 70
saumon cohos, 261
saumons, 207
Saxicola rubicola, 25
Scaeva pyrastri, 243
Scathophaga stercoraria, 124
scatophage du fumier, 124, 125
scolyte, 83, 84
scolyte typographe, 83
scorpion géant, 182
sébaste à œil épineux, 58, 260
sébaste rose, 58
Sebastes aleutianus, 58
Sebastes fasciatus, 58
Sebastes leurancienci, 260
Sebastes mentella, 58
sélection de groupe, théorie de, 123, 124, 125
sélection de parentèle, 117, 140, 141
sélection naturelle, 14, 33, 34, 35, 36, 39, 40, 53, 54, 71, 75, 88, 116, 117, 119, 129, 177, 194, 219, 220, 224, 225, 313
sélection sexuelle, 27, 36, 194, 252
Serviformica cinereas, 184
Serviformica fusca, 183
Serviformica glebarias, 184
Serviformica rufibarbis, 184
sexisme, 164, 166, 263
sexual conflict, 27
sexual propaganda strategy, 23
sitelle des rochers, 201
Sitta tephronota, 201
Skulason, Skuli, 209
skunks rayé, 244
sociobiologie, 26, 176
Solenopsis, 184
sonneur à ventre jaune, 248
Sorex coronatus, 269

Spalax typhlus, 223
spalax, *Voir* rat-taupe, 223, 224, 225, 226, 227
spécialisation, principe de, 133, 140, 152, 190, 195, 203, 208, 209, 211, 231, 263, 266, 268, 276, 279
spécialisation phénotypique, 189, 198, 204, 205, 206
spéciation, 52, 61, 92, 203, 205, 206, 207, 231
spéciation hybride, 61, 92
spéciation sympatrique, 205
specific mate recognition system, 66
spermatophore, 167
sporocarpe, 127
stable evolutionary strategy, *Voir* stratégie évolutivement stable, 125
stégodon, 214
Stegodon sondaari, 214
Stenopus hispidus, 187
stratégie de la propagande, 23, 24
stratégie du mimétisme, 241, 242, 243, 244, 245, 253
stratégie évolutivement stable, 125, 153
stratégie mixte, 125, 127, 129, 152, 153, 220, 221, 279
Sturnus vulgaris, 186
suicide de masse, 122
supercoopérateurs, 122
Sus scrofa, 178
symbiose, 190
sympatrie, 199, 251
synchronisation, 186
syntrophic model, *Voir* modèle syntrophique, 101
syrphe du poirier, 243
syrphes, 246, 247
syrphidés, 243
systématique évolutive, *Voir* cladistique, 69
système de reconnaissance spécifique, 66

Taeniopygia guttata, 30
tamia à queue rousse, 59
Tamias amoenus, 59
tamias rayés, 59
Tamias ruficaudus, 59
Tapinoma, 183
tapir amazonien, 155, 157, 158, 280
Tapirus terrestris, 155, 157
tardigrades, 260
télomérase, 112
télomère, 112
Temnothorax longispinosus, 184
termites, 115, 122, 160
Thamnophis sirtalis, 134
théorie de l'information génétique, 313
théorie de la différence, 196
théorie des équilibres ponctués, 52
théorie endosymbiotique, 94, 96
théorie Gaïa, 96
théorie neutraliste de l'évolution, 195
thermoreduction model, *Voir* modèle de thermoréduction, 102
tiques, 180
tir à la corde évolutif, 46, 138, 253
toilettage, comportement de, 174
tortue géante des Galápagos, 260
tortue géante des Seychelles, 218
tortues, 145, 218
tortues des Galápagos, 218
transfert horizontal de gènes, 77, 79, 80, 82, 84, 85, 86, 101, 171, 279
transmission héréditaire de caractères acquis, 32
transposons, 78, 84
traquet pâtre, 25
triton, 270
triton palmé, 209
tritons, 145, 209

trophic web theory, *Voir* réseaux trophiques, 159
tug of war, 46, 138
Turdus pilaris, 248
Turritopsis nutricula, 261
Tyto alba, 226

Uria aalge, 45
Urocyon littoralis, 218
Ursus americanus, 258
Ursus arctos, 179

valeur sélective, 44, 219
varan de Komodo, *Voir* dragon de, 218
varan du Nil, 187
Varanus komodoensis, 216
Varanus niloticus, 187
vasopressine, 177
vautour percnoptère, 189
Vespula germanica, 242
vestigiality, *Voir* organe vestigial, 223
viral eukaryogenesis, *Voir* modèle de fusion virale, 101
virus, 77, 78, 87, 99, 101, 102, 160
vison d'Europe, 57
viviparité, 164, 167, 168, 170
viviparité hémotrophe, 169, 171
viviparité histotrophe, 168, 169
Volvox carteri, 139, 140, 143, 144
Vulpes lagopus, 48
Vulpes vulpes, 226, 240

within-group competition model, *Voir* modèle socio-écologique de hiérarchie, 174

zèbre des plaines, 138
Zootoca vivipara, 168

Remerciements

Nombre de débats amicaux et de suggestions ont profité à ce livre. Je voudrais remercier les personnes qui ont apporté leurs critiques avisées, leurs conseils scientifiques, leur enthousiasme et leurs encouragements à l'écriture, et plus particulièrement à David Crews, Antoine Danchin, Richard Egel, David Penny et Dominique Thierry. Je suis aussi reconnaissant à toutes celles et à tous ceux qui, complices, lecteurs, naturalistes, chercheurs, étudiants et amis débattent et font connaître les conclusions multiformes de ces théories nouvelles. Enfin, je suis redevable à Marie-Lorraine Colas pour sa relecture minutieuse et à Dominique Le Jacques, ma complice naturelle.

La chrysope verte,
Chrysoperla carnea.

Table des illustrations

Page de titre : ara chloroptère 5
Introduction : Darwin caricaturé 11
Chapitre   1 : rhinocéros blanc 19
Chapitre   2 : lynx boréal 43
Chapitre   3 : lièvre mandchou 63
Chapitre   4 : loup d'Abyssinie 83
Chapitre   5 : colobe guéréza 105
Chapitre   6 : pieuvre commune 131
Chapitre   7 : tapir amazonien 155
Chapitre   8 : geai des chênes 173
Chapitre   9 : murciélago 193
Chapitre 10 : cormoran aptère 213
Chapitre 11 : hérisson d'Europe 235
Chapitre 12 : élan 255
Conclusion : tortue géante des Galápagos 273
Remerciements : chrysope verte 327

DU MÊME AUTEUR
CHEZ ODILE JACOB

La Biodiversité amoureuse. Sexe et évolution, 2011.
La Guerre des sexes chez les animaux, 2007.

Composition et mise en pages : FACOMPO, LISIEUX

Achevé d'imprimer en août 2013 sur rotative numérique Prosper
par Sagim à Nanterre (Hauts-de-Seine).
Sagim est une marque de l'imprimerie Soregraph

Dépôt légal : septembre 2013
N° d'édition : 7381-2974-X
N° d'impression : 13422

Imprimé en France

L'imprimerie Sagim est titulaire de la marque
Imprim'vert® depuis 2004.